普通高等教育“十三五”规划教材

大学语文教程

周加胜　刘　燕　吴　涛　主　编
王　昭　黄　燕　熊恺妮　副主编

科学出版社
北　京

内 容 简 介

本书分为上、下两编。上编是文学常识与作品鉴赏，下编是实用文体写作。上编按“守本求善”的原则，以文体为分类标准，勾勒各种文体的发展演变历史，选取经典作品进行详细解读。下编遵循“经世致用”的原则，概述实用文体的发展简史及其特性、功能后，分别介绍各类实用文体及其写作方法，还专门介绍申论写作。

本书在培养学生知识应用能力的基础上，注重对学生人文精神的培养，既可作为高等学校大学语文教材，亦可作为文学爱好者的读物。

图书在版编目(CIP)数据

大学语文教程/周加胜，刘燕，吴涛主编．—北京：科学出版社，2018.9
（普通高等教育“十三五”规划教材）
ISBN 978-7-03-058054-2

Ⅰ．①大…　Ⅱ．①周…　②刘…　③吴…　Ⅲ．①大学语文课-高等学校-教材　Ⅳ．①H193.9

中国版本图书馆 CIP 数据核字（2018）第 133178 号

责任编辑：戴　薇　王国策　袁星星 / 责任校对：陶丽荣
责任印制：吕春珉 / 封面设计：东方人华平面设计部

科学出版社 出版
北京东黄城根北街 16 号
邮政编码：100717
http://www.sciencep.com
新科印刷有限公司 印刷
科学出版社发行　各地新华书店经销
*
2018 年 9 月第　一　版　开本：787×1092　1/16
2018 年 9 月第一次印刷　印张：15　1/4
字数：354 000

定价：44.00 元

（如有印装质量问题，我社负责调换〈新科〉）
销售部电话 010-62136230　编辑部电话 010-62135763-2047

前言

在高等院校里，大学语文是一门基础性的课程，是所有专业都应该开设的一门必修课。大学语文课程对培养学生的学习能力、形成良好的审美情趣、提升人文素养及塑造健全的人格，都有着不可替代的作用。

余光中先生认为，一本好的大学语文教材，必须兼顾理想与实用，既有人文的意义，又合时代的精神。教育部高等教育司文件中提到："大学语文是大学层面上的母语教育。"所以，编写大学语言教材必须既要体现该门课程的人文性意义，又要注意与当前社会实际及学生实际情况相结合，尤其不要忽视母语教育的实用性和工具性。

鉴于以上对于大学语文教育及教材的认识，编者编写了本书，力求将大学语文教育的人文性及实用性结合起来，切实达到培养学生人文精神和语言应用能力的目的。

本书分为上、下编，上编为文学常识与作品鉴赏，下编为实用文体写作。上编部分，编者响应党中央弘扬中国传统文化的号召，介绍各种文体的发展历史，并选取经典作品进行解读，虽然也涉及一部分外国文学作品，但基本以中国传统文化中的经典作品为解读重点。注重"以点带面"，设置课后练习以启发学生进行深入和广泛阅读。这样，在教学过程中，教师可根据自己的实际需要选择篇章进行讲解，亦方便学生自学。下编为实用文体写作，根据社会对人才的实际需求，分别介绍新闻文书写作、交际文书写作、公务文书写作及事务文书写作。公务员为许多大学毕业生的就业选择，编者在下编还特别针对公务员考试中的申论写作进行专门讲解。

本书由周加胜、刘燕、吴涛任主编，王昭、黄燕、熊恺妮任副主编。具体编写分工如下：黄燕编写第一章，王昭编写第二章，刘燕编写第三章，熊恺妮编写第四章，吴涛编写第五章，周加胜编写第六章～第八章。全书由刘燕统稿。

由于编者水平有限，本书不足之处在所难免，敬请广大读者批评指正，不胜企盼！

编　者

2017 年 12 月 27 日

目录

上编 文学常识与作品鉴赏

下编　实用文体写作

上编　文学常识与作品鉴赏

第一章 诗歌总论

第一节 诗歌的基础知识

一、诗歌的概念

诗歌是一种用高度凝练的语言，形象表达作者丰富情感，集中反映社会生活，并具有一定节奏和韵律的文学体裁。在我国，诗歌作为一种抒情言志的文学样式，其起源可以追溯到上古时期。《尚书·虞夏书·尧典》记载："诗言志，歌永言，声依永，律和声。"《礼记·乐记》记载："诗，言其志也。歌，咏其声也。舞，动其容也。三者本于心，然后乐气从之。"早期，诗、歌与乐、舞是合为一体的。诗即歌词，在实际表演中总是配合音乐、舞蹈而歌唱，后来诗、歌、乐、舞各自发展，独立成体。通常以入乐与否区分歌与诗，入乐为歌，不入乐为诗。现代一般统称为诗歌。诗歌自古也是欧洲主要的文学样式之一。欧洲诗歌由古希腊的荷马、萨福、忒奥克里托斯和古罗马的维吉尔、贺拉斯等诗人开启创作之源。与中国诗歌长于抒情相比，欧洲诗歌更长于叙事，并开创了诗体小说和诗体戏剧等新型诗歌体裁。

二、诗歌的分类

从世界范围来看，诗歌有多种分类方法：按音韵格律可以分为格律诗、自由诗；按作品内容的表达方式可以分为叙事诗和抒情诗；按题材内容可以分为山水田园诗、怀古诗（咏史诗）、咏物诗、悼亡诗、送别诗等。

通常我们按诗歌形式发展演变过程将中国诗歌分为旧体诗和新诗两大类。旧体诗包括不受格律限制的古体诗和严格讲究格律的近体诗两类。新诗是指五四运动前后产生的、有别于古典诗歌的、用白话创作的诗歌体裁。

三、诗歌的特点

诗歌作为一种重要的文学体裁，具有以下几个特点。

（一）语言凝练性

诗歌是用高度概括的艺术形象、精练的文字集中反映社会生活和表达思想感情。与其他文学样式相比，诗歌的概括性、集中性更为突出。它不像小说和戏剧可以细致地刻画人物形象，描写人物之间的激烈冲突，它要求作者抓住感受最深、表现力最强的生活场景和自然景物，用凝练的语言和形象表现丰富的内容，实现对现实生活的审美反映。这就要求诗的语言必须极为凝练、精粹，诗人要对语词进行反复推敲、锤炼，力求简洁而传神。例如，三之涣的五言绝句《登鹳雀楼》以短短二十字描绘了北国河山的磅礴气势和壮丽景象，同时又传达了朴素而深刻的哲理。“白日依山尽，黄河入海流，欲穷千里目，更上一层楼。”前两句用极朴素、浅显的语言，高度概括地把进入视野的万里河山融入短短十个字中，画面宽广壮阔。后两句简单明白地叙写登楼的过程，但其含义深远，耐人寻味，表达了积极探索和无限进取的人生态度。再如，匈牙利诗人裴多菲有一首脍炙人口的诗歌《自由与爱情》：“生命诚可贵，爱情价更高。若为自由故，二者皆可抛。”这首诗只用了短短的二十字，真切地表达了作者献身祖国、献身革命的崇高理想和坚定信念。

（二）跳跃性

跳跃性是指诗歌在结构上具有跳跃性特征。诗歌因自身的特点，常常根据想象和联想，摆脱时空的束缚，由过去跳到未来，由这一端跃到另一端，这种跳跃性多表现在动作、形象和场景上。诗歌的这种跳跃性结构以局部概括整体，以断续表现连续，给人留下广阔的想象空间。诗歌的跳跃性有多种形态，主要有时间上的、空间上的、时空综合的、关联式的、平行式的、对比式的跳跃等。时间上的跳跃，是指从古到今，从春到秋，从过去到现在和未来等；空间上的跳跃是东南西北、前后左右的形象系列进行跳跃式组合；诗歌中非一人所为的两个以上的动作可以形成关联式的跳跃；多幅画面或场景可以构成平行式的跳跃；几种具有强烈对比、反差的形象往往构成对比式的跳跃。这些跳跃是遵循诗人想象和情感的逻辑的。

我国盛唐时期诗人李白的诗歌就具有极强的跳跃性，如《将进酒》中开头一句（君不见，黄河之水天上来，奔流到海不复回。）是从空间角度夸张地描写黄河之水从天而降、一泻千里的壮阔景象，借以比喻短暂的人生，人生就如这黄河水一样，一旦逝去，永不复返。第二句（君不见，高堂明镜悲白发，朝如青丝暮成雪。）说的是年迈的父母对着镜子悲叹自己的白发。这一句则是时间范畴的夸张，进一步悲叹人生短促，但诗人并不就此消沉，很快转而用乐观好强的口吻肯定人生和自我（人生得意须尽欢，莫使金樽空对月。天生我材必有用，千金散尽还复来。）。这首诗歌无论是在意象上、动作上，还是在场景上，跨度都极大，体现了李白诗歌独特的艺术魅力。

再如美国意象派诗人埃兹拉·庞德有一首著名的短诗《在一个地铁车站》，全诗只有两句："人群中这些面孔幽灵般显现；湿漉漉的黑枝条上朵朵花瓣。"诗的上下两句分别呈现出了两组互相对应的意象，这两组意象具有明显的跳跃性。第一句描绘了现实的地铁站中幽灵般显现的人群面孔的意象，第二句跳跃到了诗人想象的黑枝条上许多花瓣的意象，同时，这两组意象又相互叠加在一起，迸溅出诗的火花，产生了深刻隽永的意味，从而使这首诗在西方现代诗歌史上占有重要地位。

（三）节奏韵律性

诗歌是所有文学样式中最强调韵律性的。诗歌的语言除了具有精练的特点外，还具有音调和谐、节奏鲜明等特点。在形式上，诗歌不是以句子为单位，而是以行为单位，诗歌分行主要是根据节奏。诗歌的节奏是指诗句中长短、强弱不同的音有规律地变化，并配合适当的停顿，从而形成鲜明的节奏。我国古代诗歌中的停顿有严格的规定，通常是四言二顿、五言三顿、七言五顿。语音有高低、升降、曲直、长短的变化，因而形成不同的音调。我国古代诗歌是将平声与仄声有规律地搭配，从而形成起伏交替的节奏。外国诗歌也注重音节和音步的组合，从而表现不同的节奏规律，如欧洲从文艺复兴以来开始流行的十四行诗就是其中的典型代表，最初意大利诗人彼得拉克确立了十四行诗"四、四、三、三"的分法与"ABBA、ABBA、CDE、CDE"的押韵方式，后来英国诗人斯宾塞、莎士比亚，俄国诗人普希金都继承并发展了"彼得拉克体"，并使其更富有魅力。

诗的韵律，即指押韵，是指同韵母的字在相同的位置上有秩序地重复出现，从而实现和谐整齐的节奏感，也有利于感情的抒发。例如，被誉为"古今七律第一"的杜甫的《登高》，诗歌的四联句句对仗和押韵，一、二、四、六、八句末字"哀、回、来、台、杯"均押"ɑi"韵（古时"回""杯"亦押"ɑi"韵）。余光中的新诗《乡愁》，每段行数相同、句式基本相同、字数相同、音组相同、押韵相同，读起来有鲜明的节奏感和韵律。外国诗歌，如普希金在其诗体小说《叶甫盖尼·奥涅金》中开创的"奥涅金诗节"韵律工整、音调和谐。

第二节 我国诗歌的发展简史

我国是一个诗歌的国度，根据历史发展顺序，我国诗歌发展大致经历了以下几个阶段。

一、先秦时期

我国古典诗歌产生于人类原始阶段的集体劳动过程中。例如，《吴越春秋·勾践阴谋外传》所载《弹歌》中记载“断竹，续竹，飞土，逐害”，用古朴的语言、短促的音节描绘了原始人打猎的场景。

公元前 6 世纪，《诗经》被编定成书，作为我国第一部诗歌总集，它共收录了自西周初年（公元前 11 世纪）至春秋中叶（公元前 6 世纪）大约五百年的诗歌 305 篇，另有 6 首有目无辞的“乐谱失传笙诗”，不计在内。《诗经》中的作品可以分为“风”“雅”“颂”三部分。“风”也称“国风”，是带有地方色彩的音乐，包括 15 国风，共 160 篇，是《诗经》中的精华；“雅”是周王朝直接统治地区的音乐，共 105 篇，其中大雅 31 篇、小雅 74 篇；“颂”是宗庙祭祀的乐歌，共 40 篇。在艺术上《诗经》以四言为主，并运用了赋比兴和重章叠句的表现手法。

公元前 4 世纪，伟大的诗人屈原在楚国民歌的基础上，打破《诗经》的四言格式，创造出了新诗体——骚体，这是我国诗体的第一次解放。西汉末年的刘向把屈原、宋玉等人的作品编成《楚辞》一书，当中收录了屈原所作的《离骚》、《九章》（9 篇）、《九歌》（11 篇）、《天问》、《招魂》共 23 篇。其中《离骚》最为著名，作品大量运用楚地方言，带有浓郁的浪漫色彩和地方特色，对后世有着深远的影响。

二、秦汉时期

秦国因实行“焚书坑儒”的文化专制政策和历史短暂等原因，诗坛一片沉寂，没有名作出现。汉代初期，汉高祖刘邦的《大风歌》以及楚霸王项羽的《垓下歌》最为著名。代表两汉诗歌最高成就的是乐府民歌。这些诗歌由西汉的乐府机关在民间搜集而来。乐府诗“感于哀乐，缘事而发”，反映了汉代广阔的社会生活，具有较强的思想性，其中著名的篇目有《陌上桑》、《孔雀东南飞》（原题为《古诗为焦仲卿妻作》）等，汉代的乐府诗实现了四言诗向杂言、五言的过渡。

东汉时，文人群体开始创作五言诗歌，并逐步取代传统的四言成为新的诗歌样式。现存最早的完整的文人五言诗是东汉班固的《咏史》，最著名的文人五言诗是《古诗十九首》。《古诗十九首》产生于东汉末年，表现了下层知识分子对黑暗现实的愤懑和不满，抒发了游子羁旅和思妇闺愁，同时也探讨人生哲理。

三、魏晋南北朝时期

东汉末年建安时期到曹魏前期，曹氏父子、建安七子（孔融、陈琳、王粲、徐干、阮瑀、应玚、刘桢）等完成了乐府民歌向文人诗的最后转变。他们以鲜明爽朗、刚健有力、慷慨悲凉的独特风格打破了汉代文人诗歌消沉低落的局面。著名作品有曹操的《短歌行》、曹丕的《燕歌行》、曹植的《赠白马王彪》等。曹操以其“悲凉慷慨，沉郁雄健”的独特诗风开建安文学之风，文采华美的曹植则是建安诗人中最受推崇的诗人。王粲是建安七子中成就最高的诗人。

曹魏后期正始年间“竹林七贤”（嵇康、阮籍、山涛、向秀、刘伶、王戎、阮咸）中文学成就最高的是阮籍和嵇康。阮籍的代表作是《咏怀八十二首》，开创了我国政治抒情组诗的先河。嵇康的诗以四言成就最高，主题多表现其追求自然、高蹈独立的情怀。

西晋诗坛形成了“太康诗风”，表现为讲究形式，描写繁复，辞藻华丽，诗风繁缛。陆机的《拟古诗》就是典型代表。同时期的左思继承了建安风骨的优良传统，其《咏八首史》以刚健质朴的风格独树一帜。东晋因玄学盛行，诗坛长期被玄言诗占据。陶渊明以其平淡自然的田园诗打破了这一格局，并将五言诗的成就提升到新的高度。其代表作《归园田居》《饮酒二十首》等，抒写躬耕生活的感受，在平淡质朴的语言中不露痕迹地表现出对人生的哲学思考。

南北朝时期也是中国诗歌史上一个重要的发展阶段。南方优美的自然环境使南朝的民歌呈现出清丽缠绵的风格，代表作是长诗《西洲曲》。北朝民歌的代表作有雄浑壮阔的《敕勒歌》和清新刚健的《木兰诗》。南北朝时期文人诗风发生了转变，谢灵运是新诗风的首创者，其开创的山水诗鲜丽清新。齐梁时代我国诗歌形式出现重要变化，产生了一种讲究声律和对偶的新诗体——永明体。永明体的代表诗人是谢朓，其诗歌善于将精妙的景物描写与诗人的主体情感相结合，温婉含蓄，音调流畅和谐。

四、唐宋时期

唐诗是中国诗歌的顶峰。“初唐四杰”（王勃、杨炯、卢照邻、骆宾王）、陈子昂等人打破了齐梁以来的浮艳文风，在永明体的基础上创造了新体诗——律诗。盛唐时期国势强大，诞生了众多伟大的诗人。田园诗人王维、孟浩然把山水田园的静谧秀丽表现得清丽空远。边塞诗人高适、岑参把边塞生活写得瑰奇壮伟、豪迈慷慨。李白具有豪放飘逸的气质，其诗歌题材广泛、想象丰富、气势磅礴、变幻莫测，《蜀道难》《将进酒》等诗歌成为千古传唱的伟大诗篇。775 年，“安史之乱”爆发。杜甫以卓绝千古的“三吏”（《新安吏》《石壕吏》《潼关吏》）、“三别”（《新婚别》《无家别》《垂老别》）生动地记录了人民在战火中遭受的苦难，把深沉的抒情融入叙事，标志着盛唐诗风向中唐诗风转变。

中唐诗人白居易关心民众疾苦，其诗通俗易懂、语言生动形象，代表作有新乐府《卖炭翁》《长恨歌》《琵琶行》等。同时，刘禹锡、柳宗元、韩愈、李贺等引出中唐诗歌高潮。晚唐的杜牧，在其咏史诗中注入深沉的历史感慨。李商隐的诗如《锦瑟》《无题》等深入人的情感世界，形成凄艳浑融的风格，成为唐代最后一位诗坛大家。晚唐后期，出现了一批继承中唐新乐府精神的现实主义诗人，代表人物是皮日休、聂夷中等。

诗发展到宋代虽不似唐代那般辉煌灿烂，但却自有其风格和特色，即不重抒情，偏重说理，大量采用散文句法等。欧阳修的诗，力矫西昆流弊，首开宋诗新风。宋初的梅尧臣、苏舜钦也是奠定宋诗基础之人，最能体现宋诗特色的是苏轼和黄庭坚的诗。黄庭坚诗风奇特拗崛，他与陈师道一起开创了宋代影响最大的“江西诗派”。王安石、苏轼的诗歌注重抒发个人感受、政治见解。国难深重的南宋诗歌常充满忧郁、激愤之情。陆游是南宋的代表诗人，其诗悲壮激昂，充满着爱国主义热情，与他同时期的著名诗人还有范成大和杨万里。文天祥是南宋最后一位大诗人，《过零丁洋》《正气歌》是其代表作。

五、元明清时期

元代散曲流行，诗词退居其后，没有著名的诗人和作品出现。

清初顾炎武的诗歌托物寄兴，吊古伤今，侧重表现建功立业、恢复故国的愿望。重视诗歌神韵的王士祯也是清初著名的诗人。清代中叶的代表诗人是沈德潜和袁枚，相比沈德潜提倡的“格调说”，袁枚的诗歌具有清新灵巧的特点。清末龚自珍引领近代文学风气之先，他的诗常着眼于社会现实，抒发感慨，纵横议论。之后的黄遵宪、康有为、梁启超等倡导“诗界革命”，将诗歌视为宣扬资产阶级改良运动的思想武器。

六、近现代时期

五四运动开创了中国文学的新局面。1917 年，胡适率先在《新青年》上发表了《白话诗八首》，并提出“诗体大解放”的主张，大力倡导不拘格律、平仄、长短的新诗。其后，刘半农、刘大白、康白情、俞平伯等成为新诗创作的主力。经过他们的努力，新诗获得了长足的发展。1921 年，郭沫若的诗集《女神》出版，这部诗集冲破了封建藩篱，感情炽烈，语言激昂，为新诗的发展奠定了坚实的基础。

此时，新诗形成了以自由体为主，同时兼有新格律诗、象征派诗的格局。文学研究会的作家们创作了大量以抒情为主的自由体诗，其中朱自清的成就较为突出。冰心受泰戈尔的影响，创作出版了《繁星》《春水》两部诗集。湖畔诗社的汪静之、应修人、潘漠华和冯雪峰是爱情诗的主力。冯至的自由体诗既写爱情，也写亲情和友情。同时，他还模仿欧洲的十四行诗进行创作。

提倡格律诗的是新月派。闻一多在格律诗理论上做出了很大贡献，提出诗歌的“三美”（音乐美、绘画美、建筑美）主张，并进行了创作实践，诗集《红烛》和《死水》是其代表作。徐志摩是新月派的另一位重要诗人，他的诗婉约清新，感情浓烈、真挚，气氛柔婉、轻盈，表现手法多变，著有诗集《志摩的诗》《翡冷翠的一夜》《猛虎集》等。

李金发是象征派的代表诗人，著有《微雨》《为幸福而歌》等诗集。他的诗反映了五四运动之后知识分子的悲观情绪。其他成绩较为突出的象征派诗人还有王独清、穆木天和冯乃超。

20 世纪 30 年代的左翼诗派以高昂的战斗激情热情颂扬无产阶级革命，生动描绘了工人运动的战斗场面，殷夫是代表作家。中国诗歌会是左翼诗派的代表团体，代表诗人是浦风。

新月派之后，现代诗派兴起，戴望舒是现代诗派的主要诗人。他的诗善于运用象征意象，诗意朦胧但不晦涩，《雨巷》是其代表作。

抗日战争时期，我国诗坛上最重要的诗派是七月诗派，代表作家有艾青、田间等，他们的诗歌质朴、粗犷、奔放，充满了爱国主义激情。

20 世纪 40 年代后半期，民歌体新诗在解放区农村成熟起来，代表作家是李季与阮章竞。

中华人民共和国成立后，诗歌进入了新的发展阶段。诗人们满怀激情抒写了一首首新时代的颂歌，如邵燕祥的《歌唱北京城》、傅仇的《伐木者》、未央的《祖国，我回来了》、胡昭的《军帽底下的眼睛》、公刘的《边地短歌》等。此外，诗歌形式有所创新，如吸取民歌的信天游以及国外阶梯诗的形式等。

20 世纪 50 年代末 60 年代初，我国诗坛兴起了新民歌运动。政治抒情诗以独立的艺术形式出现，郭小川、贺敬之是最优秀的政治抒情诗人。这个时期长篇叙事诗也获得了丰收，郭小川的《深深的山谷》《将军三部曲》、李季的《杨高传》、闻捷的《复仇的火焰》、臧克家的《李大钊》等都是其中的代表诗作。

“文化大革命”结束以后，沉寂多年的诗坛呈现出百花齐放的新景象。一批青年诗人，如舒婷、北岛、顾城、江河、杨炼等登上文坛，他们的诗受西方现代主义诗歌的影响，直面当代人的情感世界，表达自己的感受、情绪与思考，因此他们被人们称为“朦胧诗派”。

第三节 作品鉴赏

作品 1

诗经·黍离

《诗经》在先秦时期称为《诗》，或取其整数称《诗三百》。西汉时被尊为儒家经典，始称《诗经》，并沿用至今。《诗经》中的作品分为“风”“雅”“颂”三部分。“风”是带有地方色彩的音乐，包括周南、召南、邶风、鄘风、卫风、王风、郑风、齐风、魏风、唐风、秦风、陈风、桧风、曹风、豳风。“雅”即正，是朝廷正乐，西周王畿内的乐调，分为大雅和小雅。“颂”是宗庙祭祀之乐，分为周颂、商颂、鲁颂。《诗经》中诗歌的作者包括从贵族到平民社会各个阶层的人士，大部分不可考。例如，《毛诗序》：“《黍离》，悯宗周也。周大夫行役，至于宗周，过故宗庙宫室，尽为禾黍。悯周室之颠覆，彷徨不忍去，而作是诗也。”据此后世推测本诗的作者为东周大夫。

彼黍离离，彼稷之苗[1]。行迈靡靡，中心摇摇[2]。知我者，谓我心忧；不知我者，谓我何求。悠悠苍天，此何人哉[3]。

彼黍离离，彼稷之穗。行迈靡靡，中心如醉[4]。知我者，谓我心忧；不知我者，谓我何求。悠悠苍天，此何人哉。

彼黍离离，彼稷之实。行迈靡靡，中心如噎[5]。知我者，谓我心忧；不知我者，谓我何求。悠悠苍天，此何人哉。

（阮元，1980. 十三经注疏·毛诗正义[M]. 北京：中华书局.）

【注释】

[1] 黍：小米。离离：果实累累而下垂的样子。稷：高粱。

[2] 靡靡：迟缓。摇摇：忧愁不安。

[3] 此何人哉：这是何人所为啊？

[4] 醉：酒醉般昏昏沉沉。

[5] 噎：哽咽。

【作品解读】

《黍离》一诗的主旨，前人争议较多，现一般依照《毛诗序》的解读，认为是平王东迁不久，东周大夫经过故都镐京，看到昔日繁华的都城，现在却长满了黍苗，不由得悲从中来，不由得追问到底是何人造成今日这样的结果。

整首诗一共三个章节，每章十句。诗歌采用了《诗经》中常用的手法——重章叠句，选取了同一物象——黍苗，记录了其在不同时间的生长情况，以及相对应的情绪变化。在诗歌所展现的三幅画面中，诗人敏锐地觉察到黍苗的细微变化，而他的心境也随之波动。从最初的“中心摇摇”到“中心如醉”，再到“中心如噎”，情感一步步地深化，在情感的迂回往复之间表现出诗人心中无限的苦闷。正如方玉润在《诗经原始》中所论及的：“三章只换六字，而一往情深，低回无限。”

此外，诗句还采用了借景抒情的方法。首章写诗人经过故都，眼前尽是一片葱葱郁郁的黍苗，昔日繁华的都城以及战火的痕迹都已难觅。看着这满目的葱绿，诗人心中的悲凉之感油然而生，所谓“一切景语皆情语”，黍苗本是无情之物，但却勾起了诗人的愁思。他行走在荒芜的小路上，内心悲痛。但更令人难以接受的是，这种痛苦竟是无人能理解的，“知我者，谓我心忧；不知我者，谓我何求”。这种悲哀无人可以理解，诗人只能质问上天，这到底是谁造成今日的结局呢？苍天不应，诗人的忧思也就无从消解。第二章、第三章基本场景不变，但“稷苗”变成了“稷穗”“稷实”。一次次的反复，加重了沉郁之气。

《黍离》一诗所表达的这种亡国之思，是全人类共同的情感，跨越了时空的界限，在历史之中形成了广泛的回响。

【思考】

1. 本诗运用了什么样的手法来抒发感情？

2. 列举几首你所知道的与本诗表达情感相似的作品。

作品 2

移居二首

陶渊明

陶渊明（约 365—427），字元亮，号五柳先生，谥号靖节先生，后改名潜。东晋末年南朝宋初期诗人、辞赋家、散文家。东晋浔阳柴桑（今江西省九江市）人。时代思潮和家庭环境的影响，使他接受了儒家和道家两种不同的思想，培养了“猛志逸四海”和“性本爱丘山”两种不同的志趣。其作品感情真挚，朴素自然，有时流露出逃避现实、乐天知命的老庄思想。代表作品有《饮酒二十首》《归园田居》《桃花源记》《五柳先生传》《归去来兮辞》等。《移居二首》写于 410 年（晋安帝义熙六年），当时作者 46 岁。根据逯钦立《陶渊明事迹诗文系年》与郭维森《陶渊明年谱》，405 年（义熙元年），陶渊明弃彭泽令返回柴桑，住上京里老家及园田居。408 年（义熙四年）6 月，陶渊明隐居上京的旧宅失火，暂时以船为家。两年后移居浔阳南里（今江西九江城外）之南村村舍。《移居二首》是移居后不久所作。

其　一

昔欲居南村，非为卜其宅[1]。
闻多素心人，乐与数晨夕[2]。
怀此颇有年，今日从兹役[3]。
敝庐何必广，取足蔽床席[4]。
邻曲时时来，抗言谈在昔[5]。
奇文共欣赏，疑义相与析[6]。

其　二

春秋多佳日，登高赋新诗[7]。
过门更相呼，有酒斟酌[8]之。
农务各自归，闲暇辄相思[9]。
相思则披衣，言笑无厌时[10]。
此理将不胜？无为忽去兹[11]。
衣食当须纪[12]，力耕不吾欺。

（陶渊明，1996. 陶渊明集校笺[M]. 龚斌，校笺. 上海：上海古籍出版社.）

【注释】

[1] 南村：各家对“南村”的解释不同，丁福保认为在浔阳城（今江西九江）下（见

《陶渊明诗笺注》)。卜宅：占卜问宅之吉凶。

[2]素心人：心性纯洁善良的人。李公焕注云："指颜延之、殷景仁、庞通之辈。"数：屡。晨夕：朝夕相见。

[3]怀此：抱着移居南村这个愿望。颇有年：已经有很多年了。兹役：这种活动，指移居。从兹役：顺从心愿。

[4]敝庐：破旧的房屋。何必广：何须求宽大？蔽床席：遮蔽床和席子。取足蔽床席：能够放一张床、一条席子就可取了。

[5]邻曲：邻居，指颜延之、殷景仁、庞通等，即所谓"素心人"。据他的《与殷晋安别》诗云："去岁家南里，薄作少时邻。"可见殷景仁当时曾是他的邻居。抗：通"亢"，高亢的意思。抗言：抗直之言，高谈阔论或高尚其志的言论。在昔：指往事。

[6]析：剖析文义。魏晋人喜欢辩难析理，如《晋春秋》记载："谢安优游山水，以敷文析理自娱。"陶渊明也不免有这种爱好。所谓析义，主要是一种哲学理趣，与一般分析句子的含义不同。

[7]"春秋"两句：春秋多晴朗天气，恰好登高赋诗。

[8]斟：盛酒于勺。酌：盛酒于觞。斟酌：倒酒而饮，劝人饮酒的意思。

[9]农务：农活儿。辄（zhé）：就。相思：互相怀念。

[10]披衣：披上衣服，指去找人谈心。厌：满足。

[11]此理：与邻里、畅谈欢饮之乐。理：意蕴。将：岂。将不胜：岂不美。兹：这些，指上句"此理"。

[12]纪：经营。

【作品解读】

第一首诗写移居求友的初衷，邻里过往的快乐。吟味全诗，每四句是一个层次。前四句写追溯往事，以"昔"字领起，将移居和求友联系起来，因事见意，重在"乐"字。古人迷信，移居选宅先卜算，问凶吉，宅地吉利才移居，凶险则不移居。诗人用其意，表明自己早就向往南村，卜宅不为风水吉利，而为求友共乐。三、四两句，补足卜居的心情。诗人听说南村多有本心质素的人，很愿意和他们一同度日，共处晨夕。卜居求友，不趋炎附势，不祈福求显，唯择善者为邻，正是诗人清高情志和内在人格的表现。中间四句由卜居初衷写到如愿移居，是诗意的转折和深化。诗人再次表明移居南村的愿望早就有了，到了终于实现的时候。接着又说，只要有好邻居、好朋友，房子小一点儿不要紧，只要能遮蔽一张床、一条席子就可以了，不必一定求其宽敞。不求华堂广厦，唯求邻里共度晨夕，敝庐虽小，乐在其中，诗人旷达不群的胸襟、物外之乐的情趣不言而喻。最后四句具体描写得友之乐。

第二首诗以自在之笔写自得之乐，将日常生活中邻里过从的琐碎事情串成一片行云流水。首二句暗承第一首结尾"奇文共欣赏，疑义相与析"而来，篇断意连，接得巧妙自然。此处以“春秋”二字发端，概括全篇。这两句用意颇深却如不经意道出，虽无一字刻画景物，而风光之清靡高爽，足堪玩赏，诗人之神情超旷也如在眼前。三、四句与前事并不连属，但若作斟酒品诗理解，四句之间又似可承接。“相呼”之意可能是指邻人有酒，特意过门招饮诗人；也可能是诗人有酒招饮邻人，或邻人时来串门，恰遇诗人有酒便一起斟酌，共赏新诗。中间四句描述在这个小小的南村，人与人的关系非常实在，非常真诚。有酒便互相招饮，有事则各自归去。三句既承接上句招饮之事，又引出下句相思之情。忙时归去，闲时相思，相思复又聚首，似与过门相呼意义重复，造成一个回环。“相思则披衣”又有意用民歌常见的顶针格，强调了这一重复，使笔意由于音节的复沓而更加流畅自如。后四句诗情已达高潮，再引出“此理将不胜？无为忽去兹”的感叹便极其自然了。这两句扣住“移居”的题目，写出在此久居的愿望，也是对上文所述过从之乐的总结。结尾点明自然之乐的根源在于勤力躬耕，这是陶渊明自然观的核心。

《移居二首》给人的感受是鲜明而强烈的：诗人厌恶黑暗、污浊的社会，鄙视丑恶、虚伪的官场，但他并不厌弃人生。在对农村田园、亲人朋友的真挚爱恋中，他找到了生活的快乐，生命的归宿，心灵的慰藉。洒脱而又热爱人生，恋念人生，独特而亲切的情调，情趣与理趣共辉。陶渊明其人其诗的魅力，首先来自其对人生与自然的诗意般的热爱和把握。陶诗看似寻常，却又令人在低吟回味之中感到一种特殊的魅力——“问君何能尔，心远地自偏”“敝庐何必广，取足蔽床席”等。读者读着这样的诗句，也许会在感悟诗意的同时感到豁然开朗，从而能够以坦然、旷达的胸怀面对万花筒般的人生。陶诗淡而有味，外质内秀，似俗实雅的韵致，在《移居二首》中也得到生动的体现。诗作以情化理，理入于情，不言理亦自有理趣在笔墨之外，明言理而又有真情融于意象之中，这种从容自然的境界，为后人树立了很高的艺术标准。

【思考】

1. 本诗表现了诗人在田园生活中感受到的乐趣，具体说明表现了什么乐趣。这种乐趣是怎样表现的？

2. 简述陶渊明田园诗充满自然之美的原因。

作品 3

山水诗三首

王维

王维（701—761），字摩诘，汉族，河东蒲州（今山西运城）人，祖籍山西祁县，唐朝诗人。于开元九年（721 年）中进士，任太乐丞。王维是盛唐诗人的代表，今存诗 400 余首，重要诗作有《相思》《山居秋暝》等。王维精通佛学，受禅宗影响很大，有“诗佛”之称。王维精通诗、书、画、音乐等，以诗名盛于开元、天宝间，尤长五言，多咏山水田园，与孟浩然合称“王孟”。王维学庄信道，书画特臻其妙，后人推其为南宗山水画之祖。著作有《王右丞集》《画学秘诀》。苏轼评价其作品：“味摩诘之诗，诗中有画；观摩诘之画，画中有诗。”

山　中

荆溪[1]白石出，天寒红叶稀。
山路元[2]无雨，空翠[3]湿人衣。

鹿　柴[4]

空山不见人，但闻人语响。
返景[5]入深林，复照青苔上。

辛夷坞

木末芙蓉花[6]，山中发红萼[7]。
涧户[8]寂无人，纷纷[9]开且落。

（王维，1997．王维集校注[M]．陈铁民，校笺．北京：中华书局．）

【注释】

[1] 荆溪：长水，又称荆谷水，源出陕西蓝田县西南秦岭山中，北流至长安东北入灞水。参见《水经注·渭水》《长安志》。

[2] 元：通“原”，本来。

[3] 空翠：山间岚气。

[4] 鹿柴：以木栅为栏，谓之柴，鹿柴乃鹿居住的地方。

[5] 返景：同“返影”，指太阳将落时通过云彩反射的阳光。

[6] 木末芙蓉花：辛夷。辛夷，落叶乔木，其花初出时尖如笔椎，故又称木笔，因其初春开花，又名应春花。花有紫、白二色，大如莲花。白色者名玉兰。紫色者六瓣，瓣短阔，其色与形似莲花，莲花亦称芙蓉。辛夷花开在枝头，故以“木末芙蓉花”借指。

[7] 萼（è）：花萼，花的组成部分之一，由若干片状物组成，包在花瓣外面，花开时托着花瓣。

[8] 涧户：涧口，山溪口。

[9] 纷纷：也作“丝丝”。

【作品解读】

《山中》描绘初冬时节山中景色。首句写山中溪水，次句写山中红叶。绚烂的霜叶红树，本是秋山的特点。入冬天寒，红叶变得稀少了。所以，这里的“红叶稀”，并不给人以萧瑟、凋零之感，而是引起人们对美好事物的珍惜和流连。如果说前两句所描绘的是山中景色的某一两个局部，那么后两句所展示的则是它的全貌。尽管冬令天寒，但整个秦岭山中仍是苍松翠柏，蓊郁青葱，山路就穿行在无边的浓翠之中。苍翠的山色本身是空明的，不像有形的物体那样可以触摸得到，所以说“空翠”。“空翠”自然不会“湿衣”，但它是那样得浓，浓得几乎可以溢出翠色的水分，浓得几乎使整个空气里都充满了翠色的分子，人行“空翠”之中，就像被笼罩在一片浓绿之中，整个身心都受到它的浸染、滋润，而微微感觉到一种细雨湿衣似的凉意，所以尽管“山路元无雨”，却自然感到“空翠湿人衣”了。这是视觉、触觉、感觉的复杂作用所产生的一种似幻似真的感觉，一种心灵上的快感。“空”字和“湿”字的矛盾，也就在这种心灵上的快感中统一起来了。

《鹿柴》是王维后期的山水诗代表作《辋川集》二十首中的第四首。鹿柴（zhài），是辋川的地名。诗里描绘的是鹿柴附近的空山深林在傍晚时分的幽静景色。第一句正面描写空山的杳无人迹。由于杳无人迹，这并不真空的山在诗人的感觉中竟显得空廓虚无，宛如太古之境。“不见人”，把“空山”的意蕴具体化了。如果只读第一句，也许会觉得它比较平常，但在“空山不见人”之后紧接“但闻人语响”，境界顿出。“但闻”二字颇可玩味。通常情况下，寂静的空山尽管“不见人”，却非一片静默死寂。啾啾鸟语，唧唧虫鸣，瑟瑟风声，潺潺水响，相互交织，大自然的声音其实是非常丰富多彩的。然而，现在这一切都杳无声息，只是偶尔传来一阵人语声，却看不到人影（由于山深林密）。这“人语响”，似乎是破“寂”的，实际上是以局部的、暂时的“响”反衬出全局的长久的空寂。空谷传音，愈见空谷之空；空山人语，愈见空山之寂。人语响过，空山复归于万籁俱寂的境界；而且由于刚才那一阵人语响，这时的空寂感就更加突出。三、四句由上幅的描写空山传语进而描写深林返照，由声而色。深林，本来就幽暗，林间树下的青苔，更突出了深林的不见阳光、寂静与幽暗，虽分别诉之于听觉与视觉，但它们在人们总的印象中却常属于一类，因此幽与静往往连类而及。特别是这“返景”，不仅微弱，而且短暂，一抹余晖转瞬逝去，接踵而来的便是漫长的幽暗。如果说一、二句是以有声反衬空寂，那么三、四句便是以光亮反衬幽暗。整首诗就像是在绝大部分用冷色的画面上掺进了一点儿暖色，结果反而使冷色给人的印象更加深刻。

《辛夷坞》是《辋川集》中的第十八首。这组诗全是五言绝句，犹如一幅幅精美的绘画小品，从多方面描绘了辋川一带的风物。诗人很善于从平凡的事物中发现美，不仅以细致的笔墨写出景物的鲜明形象，而且往往从景物中写出一种环境气氛和精神气质。“木末芙蓉花，山中发红萼。”木末，指树梢。辛夷花不同于梅花、桃花之类。它的花苞开在每一根枝条的最末端上，形如毛笔，所以用“木末”二字是很准确的。“芙蓉花”，指辛夷，辛夷含苞待放时，很像荷花箭，花瓣和颜色也近似荷花。诗的前两句着重写花的“发”。当春天来到人间，辛夷在生命力的催动下，欣欣然地绽开神秘的蓓蕾，是那样灿烂，好似云蒸霞蔚，显示着一派春光。诗的后两句写花的“落”。这山中的红萼，点缀着寂寞的涧户，随着时间的推移，最后纷纷扬扬地向人间撒下片片落英，了结了它一年的花期。短短四句诗，在描绘了辛夷花的美好形象的同时，又写出了一种落寞的景况和环境。

王维是诗人、画家兼音乐家。这组诗正体现出诗、画、乐的结合。诗人正是以他特有的画家、音乐家对色彩、声音的敏感，才把握住了“诗中有画”的诗画美、“形神兼似”的空灵美和和谐统一的音响美。王维诗歌中那种超凡脱俗的审美意境和渺然的禅趣的确具有独特的艺术感染力。诗人不仅注重于为情设景，更擅长于借景寓情，写景生动别致，有“入画”之感，寓情精妙高远，有溢于“言外”之妙。情与景相得益彰，令读者体味到无穷的旨趣。

【思考】

1. 王维的山水田园诗的艺术成就主要体现在哪些方面？
2. 苏轼评论王维诗的特点是“诗中有画”，试结合《鹿柴》作简要分析。

作品 4

西塞山[1]怀古

刘禹锡

刘禹锡（772—842），字梦得，河南洛阳人。贞元九年（793 年）进士，复登拔萃科。贞元十九年（803 年）擢监察御史。后迁屯田员外郎。其时与王叔文、柳宗元、陈谏、韩晔等结交，是政治革新集团中的一员。革新失败后屡次遭贬，先后为连州刺史、朗州司马、夔州刺史、和州刺史。大和二年（828 年）起为主客郎中，充集贤院学士。大和五年（831 年）为苏州刺史，大和八年（834 年）转为汝州刺史，大和九年（835 年）除同州刺史。开成元年（836 年），授太子宾客分司东郡。开成三年（838 年）改秘书监分司之职。会昌元年（841 年），加检校礼部尚书太子宾客。有《刘宾客文集》传世。

西晋楼船下益州[2]，金陵王气黯然收[3]。千寻铁锁沉江底[4]，一片降幡出石头[5]。
人生几回伤往事[6]，山形依旧枕寒流[7]。今逢四海为家日[8]，故垒萧萧芦荻秋[9]。

（刘禹锡，1989．刘禹锡集笺证[M]．瞿蜕园，笺注．上海：上海古籍出版社．）

【注释】

[1] 西塞山：位于今湖北黄石市，是长江中游的军事要塞，地势险要。三国时为东吴江防前线，恃险固守。唐穆宗长庆四年（824 年），刘禹锡调任和州（今安徽和县）刺史。此诗作于由夔州赴和州的途中。

[2] 西晋，一作“王濬”。王濬：西晋益州刺史（治所在今四川成都）。据《晋书》

本传记载，晋武帝“谋伐吴，诏濬修舟舰。濬乃作古船连舫，方百二十步，受二千余人。以木为城，起楼橹，开四出门，其上皆得驰马来往”。“楼船”即指此。下益州：意指王濬率师从益州出发，直指金陵。

[3] 黯：一作“漠”。金陵：，今南京市，吴、东晋、宋、齐、梁、陈都城。王气：帝王之气。古人相信望气之术，认为帝王所在之地有王气缭绕，国兴则气盛，国亡则气收。此句指东吴国运衰微，败亡之迹昭然可见。

[4] 千寻铁锁沉江底：据《晋书》记载，东吴曾经以铁锁横截江面，“又作铁锤，长丈余，暗置江中”。王濬做火栰、火炬，遇锁则“燃炬烧之”，船行无碍。寻：古人以八尺为寻。千寻：虚数，表示特别长。

[5] 幡：旗帜。石头：石头城，金陵的别称。

[6] 人生几回伤往事：一作“荒苑至今生茂草”。往事：意指东吴灭亡后，均建都于金陵（今江苏南京）的东晋和宋、齐、梁、陈五朝的兴亡历史。

[7] 山形：西塞山。枕：紧靠。寒流：长江。寒：一作“江”。

[8] 今逢：一作“从今”。四海为家：四海一家，天下一统。

[9] 故垒萧萧芦荻秋：一作“而今四海归皇化，两岸萧萧芦荻秋”。故垒：昔日的军事堡垒。萧萧：秋风吹芦荻所发出的声音。

【作品解读】

诗题又作《金陵怀古》。据宋朝计有功《唐诗纪事》卷三十九记载：“长庆中，元微之、梦得、韦楚客同会白乐天舍，论南朝兴废，各赋《金陵怀古》诗。刘满引一杯，饮已即成，曰：‘王濬楼船下益州，……’白公览诗，曰：‘四人探骊龙，子先获珠，所余鳞爪，何用耶？’于是罢唱。”

前四句洗练紧凑，写王濬灭吴，在对比之中写出了双方的强弱、进攻的路线、攻守的方式和战争的结局，阐发了事物兴废决定于人、地利不足恃的思想。后四句写西塞山，诗人不去描绘眼前西塞山如何奇伟耸峭，而是突出表达山川“依旧”，就更显出人事之变化和六朝之短促，大大开拓了诗歌主题。尾句描绘的荒凉遗迹，既是六朝覆灭的见证，是分裂失败的象征，也是四海为家、江山一统的结果，怀古慨今，收束全篇。

诗歌表面咏史，意在借古咏今。诗人所处的时局，正是“安史之乱”后藩镇割据时期。诗人以古为鉴，警示今人：六朝分裂已成历史，唐王朝藩镇拥兵自重，国家亦有深重的隐忧。同时也是警示割据者，不要打破“四海为家”的太平景象，祸害国家。

【思考】

1. 古人怀古多为伤时，试以此诗为例分析这一现象。

2. 结合张志和《渔歌子》中描写的西塞山，对比分析刘禹锡笔下的西塞山的不同之处。

渔歌子

张志和

西塞山前白鹭飞，桃花流水鳜鱼肥。青箬笠，绿蓑衣，斜风细雨不须归。

作品5

长干行[1]（其一）

李白

李白（701—762），字太白，号青莲居士，又号“谪仙人”，我国唐代最伟大的浪漫主义诗人，有“诗仙”之称，与杜甫并称“李杜”。祖籍陇西郡成纪县（今甘肃天水市秦安县）。出生于剑南道之绵州（巴西郡）昌隆县（今四川绵阳江油市青莲乡），一说生于西域碎叶城（今吉尔吉斯斯坦托克马克）。20岁时李白只身出蜀，开始了广泛漫游，希望结交朋友，拜谒社会名流，从而得到引荐，实现政治理想和抱负，但一直未得人赏识。直到天宝元年（742年），因道士吴筠的推荐，李白被召至长安，供奉翰林，文章风采，名震天下。李白初因才气为唐玄宗所赏识，后因不能见容于权贵，在京仅三年，就弃官而去，仍然继续飘荡四方的流浪生活。“安史之乱”爆发后，他因参加了永王李璘的幕府，后受牵累，流放夜郎（今贵州境内），晚年漂泊东南一带，投奔族叔当涂县令李阳冰，不久即病逝。

李白才华横溢，其诗题材广泛，雄奇飘逸，想象丰富，激昂奔放，富有浪漫主义精神，艺术成就极高。存世诗文千余篇，代表作有《蜀道难》《行路难》《梦游天姥吟留别》《将进酒》等诗篇，另有《李太白集》传世。

妾发初覆额[2]，折花门前剧[3]。
郎骑竹马[4]来，绕床弄青梅[5]。
同居长干里，两小无嫌猜[6]。
十四为君妇，羞颜未尝开[7]。
低头向暗壁，千唤不一回。
十五始展眉[8]，愿同尘与灰[9]。
常存抱柱信[10]，岂上望夫台[11]。
十六君远行，瞿塘滟滪堆[12]。
五月不可触，猿声天上哀[13]。
门前迟行迹[14]，一一生绿苔。
苔深不能扫，落叶秋风早。

八月蝴蝶黄[15]，双飞西园草。
感此[16]伤妾心，坐[17]愁红颜老。
早晚下三巴[18]，预将书报家。
相迎不道远[19]，直至长风沙[20]。

（赵昌平，2006. 唐诗三百首全解[M]. 上海：复旦大学出版社.）

【注释】

[1] 长干行：乐府旧题《杂曲歌辞》调名，原为长江下游一带民歌，其源出于《清商西曲》，内容多写船家妇女的生活。长干：地名，今江苏省南京市秦淮河南，古时有长干里，其地靠近长江。行：古诗的一种体裁。

[2] 妾：古代妇女自称。初覆额：头发尚短。

[3] 剧：游戏。

[4] 骑竹马：儿童游戏时以竹竿当马骑。

[5] 床：坐具。弄：逗弄。

[6] 无嫌猜：天真烂漫。

[7] 羞颜未尝开：结婚后，就一直含着羞意了。未尝：《全唐诗》校作“尚不”。

[8] 始展眉：才懂得些人事，感情在眉宇间显现出来。

[9] 愿同尘与灰：愿意永远结合在一起。尘与灰：犹至死不渝，死了化作灰尘也要在一起。

[10] 抱柱信：语出《庄子·盗跖篇》，相传古代有个叫尾生的人，与一女子约会于桥下，届时女子不来，潮水却至，尾生为表示自己的信实，结果抱着桥柱，被水淹死。

[11] 岂上望夫台：因深信两人的情爱都是牢固的，所以自己绝不会成为望夫台上的人物。望夫台：其传说与望夫石、望夫山的传说类似。故事的大意是，丈夫久出不归，妻子便在台上眺望，日久变成一块石头。王琦注引苏辙《栾城集》，说是在忠州（今四川省忠县）南。

[12] 瞿塘：峡名，长江三峡之一，在四川省奉节县东。滟滪堆：瞿塘峡口的一块大礁石。每年阴历五月，江水上涨，滟滪堆被水淹没，船只不易辨识，易触礁致祸，故下云“不可触”。古乐府也有“滟滪大如襆，瞿塘不可触”语。

[13] 猿声天上哀：三峡多猿，啼声哀切。

[14] 门前迟行迹：女主人常望着丈夫出门时的踪迹而等待着，只见踪迹上都已生出青苔了。迟（zhí）：等待，一作“旧”。

[15] 蝴蝶黄：明杨慎说秋天时黄蝶最多，恐系附会之说。黄：《全唐诗》作“来”。

[16] 此：指蝴蝶双飞。

[17] 坐：因而。

[18] 早晚：何时。三巴：巴郡、巴东、巴西，都在今四川省东部。

[19] 不道远：不会嫌远。

[20] 长风沙：地名，在今安徽省安庆市东的江边上。据陆游《入蜀记》说，自金陵（南京）至长风沙有七百里，地极湍险。

【作品解读】

《长干行》由李白创作，被选入《唐诗三百首》。这是一首写商妇的爱情和离别的诗。诗以商妇的自白，用缠绵婉转的笔调，抒写了她对外出经商的丈夫的真挚的爱和深深的思念之情。

诗的开头六句，是说商妇和她的丈夫在童年时代就有着亲密无间的友谊。诗人在开篇为我们塑造了一对少年儿童天真无邪、活泼可爱的形象。“青梅竹马”“两小无猜”今天早已成为描摹幼年男女之间天真无邪情谊的佳语。从“十四为君妇”到“十六君远行”，是用年龄序数法写女子婚后的生活历程。“十四为君妇”四句，细腻地刻画了女主人公初婚时的羞涩，重现了男女主人公新婚时的甜蜜美好。虽然是竹马之交，但从儿时一起游戏的伙伴到结为夫妻，新婚时她还是羞羞答答地感到难为情。在这里诗人以真实而细腻的笔法，描画了一个羞涩、天真的少妇形象。“十五始展眉”四句，写婚后的热恋和恩爱，夫妻二人山盟海誓，如胶似漆，亲昵美满，同时，又表达了妻子坚贞不渝的心愿。“愿同尘与灰”是化用《吴声歌曲·欢闻变歌》中“没命成灰土，终不罢相怜”的意思，意为即使化为灰烬也永不分离。在这里女主人公热情、坚贞的性格展现在我们眼前。“抱柱信”“望夫台”都是出自古代的传说。这两句的意思是说：丈夫像尾生那样忠诚地爱着她，她又哪里会登上望夫台，去尝受离别的痛苦呢？这些诗句充分地表达了这对少年夫妇之间坚贞热烈的爱情。

然而好景不长，他们不久就尝到了离别的痛苦。“十六君远行”四句，是写丈夫远行经商而妻子日夜牵挂。诗人巧妙地把两首谣谚“滟滪大如襆，瞿塘不可触”和“巴东三峡猿鸣悲，猿鸣三声泪沾衣”熔铸在一起，使我们感受到了商妇对丈夫安危的深切关怀，缠绵悱恻，感情真挚。从“五月不可触”到“八月蝴蝶黄”一段，则通过描写节序的变换，烘托女子对丈夫深长的思念之情。从门前丈夫离去的足迹都已长满青苔，到八月仲秋时节蝴蝶双舞双飞，女主人公依然在默默地等待和盼望，盼望丈夫早日归来，也为时光流逝、自己的青春不在而感到忧伤。末四句是全诗的结尾，诗人用夸张的手法写出了女子对与丈夫会面的渴望：无论路途多么遥远，哪怕是七百里，她也要去迎接丈夫归来，从而进一步表达了其心底对丈夫炽烈的爱。

这首诗全篇通过人物的独白，辅以景物相衬，把叙事、写景、抒情巧妙地融为一体，诗的语言真挚、感情细腻、缠绵婉转、音调和谐，格调清新隽永，是诗歌艺术上品。首先，《长干行》在艺术上明显地受到了古乐府诗歌的影响。作品选取了六朝乐府“吴声”“西曲”中表现商妇与丈夫离别的题材，并模仿《孔雀东南飞》的开头“十三能织素，十四学裁衣”一段，按年龄序数生动、具体地描写了少妇各个阶段的生活历程，使之构成全篇的重要组成部分，后面又通过描写节序的变换来刻画女子思夫的深长愁思。其次，这首诗又注重细节描写和心理描写，并借助夸张手法来表现女子不同阶段的心理状态。在描写女主人公心理活动时，诗人又善于通过景物描写来烘托人物内心世界的感情变化，并描写得细致入微、含蓄精练、生动感人。商妇的爱情既热烈奔放，同时又是那样的坚贞、持久、专一、深沉，在诗中，诗人为我们塑造了一位具有美好情操和情怀的青年妇女形象，体现了古代妇女对于纯真爱情的渴望和追求，风格缠绵婉转、柔和深沉，成为千百年来脍炙人口的美丽诗篇。

【思考】

1. 你如何理解本诗中女主人公的形象？
2. 这首诗歌在景物描写上有哪些特点？

作品 6

无题·飒飒东风细雨来

李商隐

李商隐（约 813—858），字义山，号玉溪（谿）生、樊南生，唐代著名诗人。祖籍怀州河内（今河南省焦作市沁阳），出生于郑州荥阳。他擅长诗歌写作，骈文文学价值也很高，是晚唐出色的诗人之一，与杜牧合称“小李杜”，与温庭筠合称为“温李”。三人因诗文与同时期的段成式、温庭筠风格相近，且三人都在家族里排行第十六，故其作品并称“三十六体”。其诗构思新奇，风格秾丽，尤其是一些爱情诗和无题诗写得缠绵悱恻、优美动人，广为传诵。但部分诗歌过于隐晦迷离，难于索解，至有“诗家总爱西昆好，独恨无人作郑笺”之说。因处于“牛李党争”的夹缝之中，一生很不得志。死后葬于家乡沁阳（今河南焦作市沁阳与博爱县交界之处）。李商隐写得最好的爱情诗，几乎全是写失意的爱情，而这种失意的爱情中又常常融入自己的某些身世之感。在相思成灰的爱情感慨中也可窥见他仕途失意的不幸遭际。作品收录于《李义山诗集》。

飒飒东风细雨来，芙蓉塘外有轻雷。
金蟾啮锁烧香入[1]，玉虎牵丝汲井回[2]。
贾氏窥帘韩掾少[3]，宓妃留枕魏王才[4]。
春心莫共花争发，一寸相思一寸灰。

（刘学锴，余恕诚，2004．李商隐诗歌集解[M]．北京：中华书局．）

【注释】

[1] 金蟾：旧注“蟾善闭气，古人用以饰锁”。啮：咬。

[2] 玉虎：井上的辘轳。丝：井索。汲：引。

[3] 贾氏：晋韩寿貌美，司空南充招为掾，贾女于窗格中见韩寿而悦之，遂通情。贾女又以晋帝赐贾充之西域异香赠寿。韩掾少：为了韩寿的年轻俊美。掾：僚属。少：年轻。

[4] 宓妃：指洛神，传说为伏（宓）羲之女。魏曹植曾作《洛神赋》，赋中叙述他和洛河女神宓妃相遇的事。留枕：这里指幽会。魏王：曹植封东阿王，后改陈王。

【作品解读】

这首无题诗写一位深锁幽闺的女子追求爱情而失望的痛苦，是一篇“刻意伤春”之作。首联描绘环境气氛：飒飒东风，飘来蒙蒙细雨；芙蓉塘外，传来阵阵轻雷。这里，既隐隐传达了生命萌动的春天气息，又带有一些凄迷黯淡的色调，烘托出女主人公春心萌动和难以名状的迷惘苦闷。东风细雨，容易令人联想起“梦雨”的典故；芙蓉塘即莲塘，在南朝乐府和唐人诗作中，常常代指男女相悦传情之地；“轻雷”则又暗用司马相如《长门赋》：“雷殷殷而响起兮，声象君之车音。”这一系列与爱情密切相关的词语，所给予读者的暗示和联想是很丰富的。颔联续写女子居处的幽寂。“金蟾”是一种蟾状香炉；“锁”指香炉的鼻钮，可以开启放入香料；“玉虎”是用玉石装饰的虎状辘轳；“丝”指井索。室内户外，所见者唯闭锁的香炉、汲井的辘轳，它们衬托出女子幽处孤寂的情景和长日无聊、深锁春光的惆怅。香炉和辘轳，在诗词中也常与男女欢爱联系在一起，它们同时又是牵动女主人公相思之情的物品。总之，这一联兼用赋、比，既表现出女主人公深闭幽闺的孤寞，又暗示了她内心时时被牵动的情丝。

颈联出句使用贾充女与韩寿的爱情故事，对句“宓妃留枕魏王才”使用甄后与曹植的爱情故事。由上联的“烧香”引出贾氏窥帘，赠香韩掾；由“牵丝（思）”引出甄后留枕，情思不断，藕断丝连。这两个爱情故事，尽管结局不同，但在女主人公的意念中，无论是贾氏窥帘，爱韩寿之少俊，还是甄后情深，慕曹植之才华，都反映出青年女子追求爱情的愿望之强烈和奔放。末联“春心莫共花争发，一寸相思一寸灰”，突然转折，向往美好爱情的心愿切莫和春花争荣竞发，因为寸寸相思都化成了灰烬。这是深锁幽闺、渴望爱情的女主人公相思无望的痛苦呼喊。热情转化成幻灭的悲哀和强烈的激愤。以“春心”喻爱情的向往，是平常的比喻；但把“春心”与“花争发”联系起来，不仅赋予“春心”以美好的形象，而且显示了它的自然合理性。“相思”本是抽象的概念，诗人由香销成灰联想出“一寸相思一寸灰”的奇句，化抽象为具象，用强烈对照的方式显示出美好事物的毁灭，使这首诗具有一种动人心弦的悲剧美。

【思考】

1. 诗人在本诗中述说了哪些爱情故事？主要反映了青年女子什么样的愿望？

2. “春心”一句运用了什么修辞手法？

作品 7

偶 然

徐志摩

徐志摩（1897—1931），现代著名诗人、散文家。原名徐章垿，出身于浙江省海宁市硖石镇一个富商家庭，父亲是当地著名的实业家。1908 年在家塾读书；1910 年离开家乡，考入杭州府中学堂；1915 年考入上海浸信会学院；1917 年转入北京大学；1918 年赴美留学；1920 年获哥伦比亚大学政治经济学硕士学位，同年秋去伦敦，入伦敦大学政治经济学院；1921 年春转入剑桥大学皇家学院，开始写诗；1922 年秋回国；1923 年 3 月与胡适等在北京成立新月社；1925 年主编《晨报副刊》；1928 年主编《新月》月刊；1931 年主编新月社《诗刊》。自 1924 年起，曾先后任北京大学、光华大学、东吴大学、南京中央大学、北京女子大学教授。1931 年 11 月 19 日，因飞机失事而身亡。

徐志摩是新月派的代表诗人之一，其诗清新飘逸、意境优美、想象丰富、韵律谐和，艺术形式整饬华美又富于变化，对提高新诗的艺术水平，促进新诗的民族化做出了重要贡献。他的散文也自成一格，取得了很高的成就。代表作有诗集《志摩的诗》《翡冷翠的一夜》《猛虎集》《云游》，散文集《落叶》《巴黎的鳞爪》《自剖》等。

我是天空里的一片云，
偶尔投影在你的波心——
你不必讶异，
更无须欢喜——
在转瞬间消灭了踪影。

你我相逢在黑夜的海上，
你有你的，我有我的，方向；
你记得也好，
最好你忘掉，
在这交会时互放的光亮！

（徐志摩，2002. 徐志摩经典作品集[M]. 长春：时代文艺出版社.）

【作品解读】

《偶然》写于 1926 年 5 月，是徐志摩写给林徽因的最后一首诗，初载同年 5 月 27

日的《晨报副刊·诗镌》，后被收入 1927 年 9 月出版的《翡冷翠的一夜》。1920 年 11 月 16 日，在英国留学的徐志摩拜访林徽因的父亲林长民时与林徽因相识，并爱上了俊秀可爱、谈吐不俗的才女林徽因。但后因种种原因，两人未能结合。在率真的徐志摩看来，他对林徽因的爱是自己性灵觉醒的结果，是对爱与美及自由追求的体现。

这首诗运用意象与联想，把人生中的"偶然"瞬间表现得生动形象，揭示了人生微妙的心灵感受，同时又极富情趣美感和哲理性，堪称现代诗歌别具一格之作。

这首短诗分为上下两节。第一节，诗人用比喻写了两个对立的意象，也交代了主客体之间的关系，即"我"是"云"和"你"是"波"，因云"偶尔投影在你的波心"，使"你"和"我"之间发生了联系。尽管"云"在"转瞬间消灭了踪影"，却引起了"波"的"讶异"或"欢喜"的心灵震撼。诗人在这里，以游云自比，将与爱人的偶然相遇比作云与水的相遇，既短暂又美好。在这节诗中，作者运用了一个转折将自己那种超凡脱俗、在天涯海角肆意飘荡的形象表现了出来，抒发了自己的性灵纯真之美。

第二节，诗歌继续对"你""我"两个象征性的意象及其关系进行描绘和拓展。如果说"流云"投影在"波心"是单向性的，那么"你"与"我"的"相逢"则是双向性的，而且"你"与"我"在"黑夜的海上"的"相逢"则更是可遇而不可求般的弥足珍贵。因此，"在这交会时互放的光亮"，是"你"和"我"心灵碰撞、情感激荡的结果。虽然这"相逢"和"交会"是"偶尔"的、短暂的，却照亮了彼此的人生，是永远难忘的。诗人在这里进一步抒发了自己既真诚又洒脱的情怀与个性。

《偶然》这首诗除了运用独具美感的意象外，还具有音乐上的美感和建筑上的美感。两节诗每节的一、二、五行为三个音步，二、四行为二个音步，韵式为"AABBA"，且第二节诗换韵，读起来节奏分明，又富于变化。其中每节一、二、五句较长，二、四句较短，排列方式颇似"工"字形，这样将对称美与参差美结合了起来。

同时值得注意的是，这首诗歌内部充满着使人不易察觉的"张力"结构。"你"与"我"，即主体与客体之间的二元对立，"云"与"水"、"黑夜的海上"与"互放的光亮"、"讶异"与"欢喜"、"记得"与"忘掉"都以"二元对立"式的意象或情感态度，以及语义上的"矛盾修辞法"而呈现出巨大的"张力"。"你""我"在茫茫人海中偶然相遇，可是"你有你的，我有我的，方向"，我们交会时放出绚烂的"光亮"，但最终我们擦肩而过，各奔自己的方向。在追求人生理想的过程中，我们每个人都会有各种各样"偶然"的"相逢"而又"瞬间"离别的惆怅与遗憾，面对这种人生际遇，我们要学习诗人那种乐观旷达的态度来获得心灵的慰藉与安宁。

【思考】

1. 这首诗描绘了哪些意象？它们有什么特点？
2. 读完这首诗，你有哪些感受？得到了哪些启示？

作品 8

乡　愁

余光中

余光中（1928—2017），祖籍福建永春，生于江苏南京。1937 年抗日战争全面爆发后，随父母辗转于上海、重庆等地。1947 年考入金陵大学外语系（后转入厦门大学），1948 年随父母迁居香港，次年赴台湾，就读于台湾大学外文系，1952 年毕业。1954 年，与覃子豪、钟鼎文等共创“蓝星诗社”，是蓝星诗群诗歌流派的代表诗人。后赴美进修，获爱荷华大学艺术硕士学位。20 世纪 50 年代后，余光中曾在美国、中国香港多所大学任教，后为台湾中山大学外国文学研究所所长、文学院院长。除诗歌创作、翻译与评论外，余光中还从事杂志编辑工作。其诗文多年来在海内外文坛备受推崇。余光中的诗歌题材广泛，风格屡变，技巧多姿，融汇了传统与现代、中国与西方的笔法，被誉为台湾现代派“十大诗人”之一。著有诗集、散文集、文学评论集和译著多部。代表作有诗集《白玉苦瓜》《舟子的悲歌》《蓝色的羽毛》《钟乳石》，散文集《听听那冷雨》《记忆像铁轨一样长》，评论集《分水岭上：余光中评论文集》等。

小时候
乡愁是一枚小小的邮票
我在这头
母亲在那头

长大后
乡愁是一张窄窄的船票
我在这头
新娘在那头

后来啊
乡愁是一方矮矮的坟墓
我在外头
母亲在里头

而现在
乡愁是一湾浅浅的海峡
我在这头
大陆在那头

（余光中，2006．余光中作品精选[M]．武汉：长江文艺出版社．）

【作品解读】

1949 年海峡两岸被人为隔绝之后，“乡愁”便成为台湾当时特定历史环境下具有普遍性和广泛性的一种文学题材。离开祖国大陆的去台同胞，纷纷借助文学来抒发自己的怀乡念亲之情。因此，20 世纪 50 年代开始，“乡愁文学”风靡台湾，乡愁成为余光中诗歌创作的基本主题。《乡愁》写于 1971 年 1 月 21 日，是余光中众多乡愁诗中别具一格的代表之作，作品深切而真挚地抒发了诗人对祖国大陆的思念之情。

余光中曾说过：“小时候上寄宿学校，要与妈妈通信；婚后赴美读书，坐轮船返台；后来母亲去世，永失母爱。诗的前三句思念的都是女性，到最后一句我想到了大陆这个‘大母亲’，于是意境和思路便豁然开朗，就有了‘乡愁是一湾浅浅的海峡’一句。”诗人的这段话充分揭示了这首诗的创作构思。整首诗歌分为四节，诗人按时间顺序，分别撷取和提炼了“小时候”“长大后”“后来”“现在”四个不同的人生阶段中承载着浓浓乡愁的四个不同意象——邮票、船票、坟墓、海峡，将无形的、抽象的思乡情绪巧妙地转化为真实可感的具体事物，进而分别把母子离别的痛苦、夫妻离别的哀怨、母子死别的悲恸、海峡两岸亲人隔离的悲伤，一一表达了出来，情真意切，凄婉动人。

《乡愁》带有深刻的时代烙印，是我国民族传统的乡愁诗在新的时代和特殊的地理条件下的变奏，具有以往的乡愁诗不同的内涵与意蕴。那年少时的一枚邮票，那青年时的一张船票，甚至那未来的一方坟墓，都寄寓了诗人，也是无数海外游子绵长的思乡之情，而这一切在诗的结尾升华到了一个新的高度：“而现在/乡愁是一湾浅浅的海峡/我在这头/大陆在那头。”诗人将个人的悲欢离合与深刻的祖国之爱、民族之情交融在一起，从而表现出强烈的情感张力。

《乡愁》一诗除了具有意境之美，其形式美也令人瞩目。首先，这种形式美表现为结构美。全诗共四节，每节四行，节与节之间相当均衡对称，但是，诗人注意了长句与短句的变化调节，从而使诗的外形整齐中又有参差变化之美。其次，这首诗在形式上具有音乐美。这种音乐美，主要表现在采用了《诗经》中的复沓手法，营造出一种回环往复、一唱三叹的旋律。其中的“乡愁是……”与“在这（外）头……在那（里）头”的四次重复，加之四段中四个叠词“小小的”“窄窄的”“矮矮的”“浅浅的”在同一位置上的运用，使全诗低回掩抑，如怨如诉，凄婉感人。而“一枚”“一张”“一方”“一湾”四个数量词的运用，不仅表现出了诗人丰厚的语言功力，也增强了全诗的音韵之美，读来令人回味无穷。

【思考】

1. 试分析本诗中运用的意象及其作用。
2. 读了这首诗，你能否想起古人表达思乡之情的其他诗句？试举出三首。

作品 9

黑色地图

北岛

北岛（1949—），原名赵振开，祖籍浙江湖州，1949 年生于北京。1970 年开始写作，1974 年完成中篇小说《波动》初稿。1978 年完成第一部诗集《陌生的海滩》。同年年底，和芒克、黄锐创办民间文学刊物《今天》，并成为朦胧诗的代表人物之一。1989 年 4 月，北岛离开祖国，先后在德国、挪威、瑞典、丹麦、荷兰、法国、美国等国家居住，2007 年受聘香港中文大学东亚研究中心人文学科讲座教授。

北岛是当代影响最大的中国诗人之一。著有诗集《北岛诗选》《陌生的海滩》，散文集《失败之书》，小说集《波动》等，代表诗作有《回答》《一切》。其作品被译成 20 余种文字，多次获诺贝尔文学奖提名，并先后获得瑞典笔会文学奖、美国西部笔会中心自由写作奖、古根海姆奖等，1996 年被选为美国艺术文学院终身荣誉院士。

北岛的诗歌反映了从迷惘到觉醒的一代青年的心声，具有诗人独特的“冷抒情”的方式——出奇的冷静和深刻的思辨性，在艺术上具有冷峻的风格和坚硬的质地。

《黑色地图》写于 2001 年冬天到 2002 年年初，是北岛后期诗歌的代表作。

寒鸦终于扩凑成
夜：黑色地图
我回来了——归程
总是比迷途长
长于一生

带上冬天的心
当泉水和蜜制药丸
成了夜的话语
当记忆狂吠
彩虹在黑市出没

父亲生命之火如豆
我是他的回声
为赴约转过街角
旧日情人隐身风中
和信一起旋转

北京，让我
跟你所有灯光干杯
让我的白发领路
穿过黑色地图
如风暴领你起飞

我排队排到那小窗
关上：哦明月
我回来了——重逢
总是比告别少
只少一次

（北岛，2014．北岛诗精编[M]．武汉：长江文艺出版社．）

【作品解读】

《黑色地图》是北岛自 1990 年旅居海外 11 年后，2001 年获准回国看望病重的父亲时所作。北岛在争取回国的路途中经受了很多的苦难，此时的他已是人到暮年，心中一片苍凉，他所归的故乡即将成为他父亲的安眠之所。可他也已经不是个年轻人了，他对于父亲的离去已经有了心理准备，他也不忍再去看自己一生的颠沛流离。在这样厚重的情感之下，他所展示给我们的已经不是简单的眼泪或者不舍，他给自己画下的是一张黑色的地图。

地图是用来引路的，但黑色给人的感受是不通透，是绝望，是盲，这样相悖的意象被放在了一起，“寒鸦”也是个悲凉的意象，并且“寒鸦”要有多密集才能组成一个“黑夜”，诗人的心里充满了浓重的悲凉。“我回来了——归程/总是比迷途长/长于一生”这一句更像一句低喃：“我回来了。”古人有过“近乡情更怯”，今天有长过一生的归程，他的归程比迷途长，比一生长，那么是不是也可以理解为，他的一生都在这个漫长的归程中，归途就是迷途，他按着手中的地图寻找着他永远也看不到的故乡。

他遭受的所带给他的就是一颗冷硬的心，冰冷、僵硬、垂垂老矣；“泉水”“蜜制药丸”从味觉上来看是清冽，是甘甜，都代表着“生命”与“希望”，可它们也已经被夜色吞没；“狂吠”的记忆不会是一个很好的记忆，色彩鲜艳的“彩虹”沦落到了阴暗的黑市。简单地说，诗人的世界里，希望正在慢慢地死去。

父亲的生命之火即将熄灭，诗人作为他的儿子，是父亲生命的延续，是父亲存在过的证明。转过街角，“旧日情人”代表的是一种回忆，文艺地来讲，是“曾经的爱恨”，他们都已经不再属于这里，“信”说明这里曾经有他挂念的人，但现在这场风把它们都带走了。

诗人走在北京的路上，只能与灯光干杯，他身影寂寥，“干杯”是为了庆祝什么？他悲凉的一生？他即将逝去的父亲？大概是对命运无奈的嘲讽吧。他鬓发斑白，寻着没有终点的地图，与命运的狂风共舞。“当时明月在，曾照彩云归”，明月是回归最好的见证者。最后一次的重逢叫作最后一面，最后一次的告别叫作诀别，最后一面在诀别之前，在数量上，重逢是只比告别少一次。他作别的是他的父亲，是他的故乡，也是他自己。

【思考】

1. 一般来说，地图是用来帮助人寻找方向的，但一张全是黑色的地图会有什么用？
2. 本诗第一节最后一行的“长于一生”是何意？

作品 10

致 凯 恩

普希金

亚历山大·谢尔盖耶维奇·普希金（1799—1837），俄国19世纪杰出的浪漫主义诗人，俄罗斯民族文学语言的创立者，被誉为“俄罗斯诗歌的太阳”“俄罗斯文学之父”。

1799年，普希金出生在莫斯科一个古老的贵族家庭。12岁时，普希金进入彼得堡贵族子弟学校皇村中学学习，并开始创作诗歌，表现出了卓越的诗歌才华。1817年，普希金毕业后到彼得堡外交部供职，后因与十二月党人来往密切，同时又创作了许多反对农奴制、讴歌自由解放的诗歌，引起了沙皇政府的不满。1820年，他被流放到南俄，后又被放逐到外省的一个小村庄。1826年，新沙皇尼古拉一世登基，将普希金召回莫斯科，但他仍处于警察的秘密监视之下。1831年，普希金与娜塔丽娅·尼古拉耶夫娜·冈察洛娃结婚，婚后，普希金重入彼得堡外交部工作。1837年2月8日，为维护妻子和家族荣誉，普希金和法国流亡贵族丹特斯决斗，不幸身亡。

普希金在诗歌、小说、戏剧乃至童话等文学各个领域都给俄罗斯文学提供了典范，其作品崇高的思想性和完美的艺术性也使他具有世界性的重大影响，他的作品被译成多国文字。其代表作有诗歌《自由颂》《致大海》《致凯恩》《致恰达耶夫》《假如生活欺骗了你》等，诗体小说《叶甫盖尼·奥涅金》，小说《上尉的女儿》《黑桃皇后》等。

我记得那美妙的一瞬；
在我的面前出现了你，
有如昙花一现的幻影，
有如纯洁之美的精灵。

在那无望的忧愁的折磨中，
在那喧闹的浮华生活的困扰中，

我的耳边长久地响着你温柔的声音，
我还在睡梦中见到你可爱的倩影。

许多年代过去了。暴风骤雨般的激变
驱散了往日的梦想，
于是我忘却了你温柔的声音，
还有你那天仙似的倩影。

在穷乡僻壤，在囚禁的阴暗生活中，
我的日子就那样静静地消逝，
没有倾心的人，没有诗的灵感，
没有眼泪，没有生命，也没有爱情。

如今心灵已开始苏醒：
这时在我的面前又重新出现了你，
有如昙花一现的幻影，
有如纯洁之美的精灵。

我的心在狂喜中跳跃，
心中的一切又重新苏醒，
有了倾心的人，有了诗的灵感，
有了生命，有了眼泪，也有了爱情。

——1825 年

（彭少健，戈宝权，2010．外国诗歌鉴赏辞典[M]．上海：上海辞书出版社．）

【作品解读】

《致凯恩》是普希金诗歌中的精品，是世界爱情诗的典范之作，也是普希金写得最美的一首诗歌。

1819 年，20 岁的普希金在彼得堡图书馆长奥列宁家中第一次遇见安娜·彼得罗夫娜·凯恩，那时 19 岁的凯恩虽已嫁作他人妇，但她那不带任何矫饰的、"有如纯洁之美的天仙"的美好形象，深深地吸引了诗人的目光，成为诗人心中永存的"那美妙的一瞬"。许多年后的 1824 年 8 月，普希金再次被流放到普斯科夫省其父母的领地米哈伊洛夫斯克村，在这个"穷乡僻壤"，诗人受当地政府、教会和父母的三重监督，过着"囚禁的阴暗生活"。这种痛苦的岁月使诗人失掉了"灵感"，失掉了"眼泪"，失掉了"爱情"，甚至是"生命"。1825 年夏天，凯恩凑巧到米哈伊洛夫斯克村毗邻的三山村姑姑家做客，与诗人重逢，这唤起了普希金心中沉寂已久的灵感、激情、眼泪和梦想，诗人与凯恩一起散步、交谈，度过了一段美好的时光。凯恩离开三山村的前一天晚上，普希金将自己正在创作的诗体小说《叶甫盖尼·奥涅金》的第二章送给她，其中就夹着这首诗，署名日期是“1825年7月19日”。

这首诗歌并不是单纯的爱情诗，普希金在诗中所表达的是对世间美好事物的渴望和向往，而这种对美的渴望，往往是我们心中那永存的“美妙的一瞬”所唤起的。对诗人而言，凯恩洋溢着纯洁之美的倩影便是那“美妙的一瞬”。美好的爱情常常是朦胧的，在一个瞬间突然产生，而后印在我们灵魂的深处，在岁月的磨难中这种激情可能会被暂时遗忘，但当有一天爱人再次出现在眼前的时候，我们情感的闸门会被突然地打开。《致凯恩》写的就是这种瞬间迸发的爱的感受，以及由此带来的长久的爱的回味。全诗共六节，第一节写诗人当年在彼得堡遇见凯恩时的美妙情景。凯恩“天仙似的倩影”和“温柔的声音”，美得如“幻影”和“精灵”，让人目眩神迷，如堕梦境。第二节写那一瞬间给诗人留下的美好而又长久的记忆，第三节写诗人在坎坷的经历和梦想破灭后对爱的淡忘，第四节写在囚禁的阴暗岁月中，没有爱和激情的生活；第五节写又一个瞬间的到来，诗人的心灵开始苏醒，第六节写爱的拥有和美丽。诗的前四节写过去的一瞬，后两节写如今的一瞬，前后形成强烈的对照和反差，突出了美所具有的伟大力量。

这首诗风格简练、明快，韵律和谐，格调哀而不伤，令人回味无穷。其中最突出的艺术特色就是运用了复沓的手法。第一节的后三句和第五节的后三句，第二节的后两句和第三节的后两句，第四节的后两句和第六节的后两句，都是近乎重复的，这种重复仿佛是两个美妙瞬间的叠加，或暗示更多的记忆场景在诗人心中的重合。这种连续的复沓或曰“重章叠句”的写法，使诗歌形成了回环往复、一咏三叹的艺术效果，既体现了诗人对那美妙瞬间的深情回忆，也表达了对新的别离的难舍。这些前后的重复，同时也形成一种对比，诗人借此表明：有爱与无爱的生活是完全不同的，有过爱的瞬间和没有过爱的瞬间的生命也是完全不同的，人世间美好的事物在我们灵魂深处永远闪耀着迷人的光辉。

这首“爱情诗卓绝的典范”之作，普希金没有用华丽和抽象的语言来探讨美的哲理，也没有细致描绘凯恩外形的美丽，而是将凯恩视为超尘绝世之美的化身，从美的展现瞬间入手，来抒写凯恩之美给诗人带来的神奇的、永恒的精神力量。1840年，俄国著名作曲家格林卡将这首诗谱成歌曲，成为俄国著名的一首歌。凯恩的美好形象也伴随着歌曲的广为传唱而永存于世人心中。

【思考】

1. 这首诗歌表现了诗人怎样的思想感情？
2. 这首诗歌在艺术上有哪些特点？

第二章　词　总　论

第一节　词的基础知识

一、词的定义

词，文体名，诗歌的一种韵文形式，是一种密切配合音乐用以歌唱的新兴抒情诗体。由五言诗、七言诗或民间歌谣发展而成。始于南朝，中晚唐定型，兴盛于宋。隋唐之际，以胡乐为主，西域传入的各民族音乐与中原旧乐渐次融合，产生燕乐（也作讌乐、宴乐）。均齐的五言诗、七言诗已不适应新乐，于是出现了字句不等、形式更活泼的词。到了宋代，经过长期不断的发展，进入词的全盛时期。词人不再理会音律，只按前人作品的词调来填写，词脱离音乐，成为纯粹的文学形式、诗的别体。因是合乐的歌词，故词最初被称为“曲词”或者“曲子词”，别称有近体乐府、长短句、曲词、曲子、琴趣、乐章诗余等。

二、词的特点

词，原本是音乐文学，是为配合乐曲而填写的歌词，故其有如下特点。

1）词的句式参差不齐，基本上是长短句。曲子总有长短快慢，而词要按照曲子的节奏来填，就很难形成整齐的五言、七言，所以除有极少数的例外，一首词中句子总是长短参差的。五言、七言诗句匀称对偶，表现出整齐美；而词以长短句为主，呈现出参差美。

2）每首词都有一个表示音乐性的词调（词牌）。词牌是词的调子的名称，它表明词写作时所依据的曲调乐谱，因而也就等于是词在文字上的格律规定。词的格式（这种格式称为曲谱）有一千多种，人们为了便于记忆和使用，给它们起了一些名字，这些名字就是词牌。有时候，因为它们是同一个格式的若干个变体，几个格式合用一个词牌；有时候因为各家叫名不同，同一个格式又有几个词牌。每一词调都表达一定的情绪，有悲有喜，有调笑有嗟叹，有婉转有激昂……也有对不同情绪有较大适应性的，这也就是音乐曲调的情绪。

3）一般词调的字数和句子的长短都是固定的，有一定的格式。词是先有乐曲（词调）而后才倚声填词的，故词的长短句由每一个词调的格律要求所规定，犹如律诗之格律规定“诗有定句、句有定字、字有定声、双句押韵、中间对仗”，不能任意违反。在这一点上，每一词调都与一定格式的律诗一样，在总句数、每片句数、每句的字数上都有规定。

4）词一般分两段（叫作上下片或上下阕），不分段或分段较多的是极少数。词除很少数小令是不分段的单片词（称单调）外，绝大部分分为两段（称双调）。一段叫一“片”，片也就是“遍”，是音乐已奏了一遍的意思。乐曲的休止或终结叫“阕”，所以片又叫阕。双调词通常称第一段为上片或上阕、前阕，第二段为下片或下阕、后阕。上下片的句式，有的相同，有的不同。长调慢词中有少数是分三段，甚至四段的，称“三叠”“四叠”。

5）词中声韵的规定特别严格，用字要分平仄，每个词调的平仄都有所规定，各不相同。词的韵位，大多是其所合的音乐的停顿处，不同曲调音乐节奏不同，不同词调的韵位也各别，有疏有密，变化极多，有时一首词中韵还可分出主要和次要来。当然，词的用韵，从合并韵部、通押上去声来看，又比诗的用韵要宽些。至于词的字声，基本上与诗的律句由平仄互换组成相似，但变化也很多，有些词调还在音乐的紧要处，要求分出四声和阴阳来。

三、词的分类

词的分类方式多样，主要有以下几种。

（一）按节拍分类

按节拍（节奏）不同来区分，词有令、引、近、慢之分。这原是音乐上名称。

令又称为小令、歌令、令曲、令章。词曲称令，盖出于唐人宴席间所行的酒令。《说文》：“令，发号也。”引申为律令。后作为词学名词的“令”一般指短调之辞。令曲节奏较快，有些属于急曲子，与节奏散缓的慢曲子是不同的。许多令曲另有同名的慢曲，如有《浪淘沙令》，又有《浪淘沙慢》；有《甘州令》，又有慢曲《八声甘州》；有《雨中花令》，又有《雨中花慢》；有《声声令》，又有《声声慢》。令曲与同名的慢曲相比，字少而调短。不过，也有例外。《高丽史・乐志》载《献天寿慢》，双调，46 字；《献天寿令》，双调，52 字，令曲反长于同名慢曲。

引开始是用以称呼琴曲的，后来各种乐府歌曲也常以引为名。引与序的意义相近，在曲中有前奏曲、序曲的意思，它的作用犹如大曲的散序。词调中的引曲，个别来自杂曲，如教坊曲《渔父引》；多数来自大曲，如《柘枝引》《婆罗门引》《望云涯引》《石州引》。以引为名的词调约 40 个（调名未标明为引的不计在内）。最短的为苏轼《华清引》，双调，40 字。最长的为向子諲（yīn，恭敬的意思）《梅花引》，双调，140 字。引词一般较小令要长。

近又称近拍，与令、引、慢的区别在于音乐上体段、节奏不同。王易《词曲史》说词调称近，“谓近于入破，将起拍也。故凡近词皆句短韵密而音长，与引不同。例如，《六么花十八》《水调法曲花十六》都是近拍。杨荫浏《中国古代音乐史稿》则谓：“今存以‘近字’题名的曲牌，大都比慢曲为短，节奏或用散板，或用加赠板或不加赠版的一板三眼，其节奏，还是偏于慢的”。因此，近和近拍，“可能是慢曲以后，入破以前，在由慢渐快部分所用的曲调”。按《碧鸡漫志》卷三说，凡就大曲所制之调，以近列于慢曲之后、令曲之前，当是慢曲之后、近于入破的曲调。慢曲用慢拍，曲破用快拍、促拍，近拍或介于两者之间。

近与引两类曲调，其长短、字数大都介于小令与慢词之间，后来被视为中调。其实引与近在大曲中处于不同乐段，而且其节也有区别，所以宋时都加以分开，不容相混。

慢是慢曲子的简称，与急曲子相对。慢曲的特点是调长拍缓。《词源·音谱》说：“慢曲不过百余字，中间抑扬高下。丁抗掣拽，有大顿、小顿、大住、小住、打、揹等字，真所谓‘上如抗，下如坠，曲如折，止如槁木，倨中矩，句中钩，累累乎端如贯珠’之语，斯为难矣。”充分说明了慢曲在音乐上变化繁多和悠扬动听的长处。

（二）按字数分类

按字数，词可分为小令、中调、长调。

毛先舒《填词明解》中云：“五十八字以内为小令，五十九字至九十字为中调，九十一字以外为长调。”当然这种分法过于拘泥，一般说来，字数较少者称小令，字数适中者称中调，字数较多者称长调。最短者是《竹枝词》，十四字；最长者为《莺啼序》，240 字。

（三）按风格分类

根据风格差异，词可分为婉约词和豪放词。

1. 婉约词

“婉约”即婉转含蓄、柔美、香软的词风。例如，《花间集》和李煜的作品都是香软的词风。这些婉转含蓄，香软的词，叫婉约词。婉约词内容基本是抒发离愁别绪、闺情绮怨，侧重儿女风情，结构深细缜密，音律婉转和谐，语言圆润清丽，有一种柔婉之美。

婉约派的代表人物有李煜、柳永、周邦彦、欧阳修、晏殊、秦观、李清照、姜夔、张炎等。

2. 豪放词

豪放作为文学风格，见于司空图的《二十四诗品》，杨廷芝解释豪放为“豪迈放纵”，“豪则我有可盖乎世，放则物无可羁乎我”（《二十四诗品浅解》）。

豪放词的特点大体是创作视野较为广阔，气象恢宏雄放，喜用诗文的手法、句法写作，语词宏博，用事较多，不拘守音律，然而有时失之平直，甚至涉于狂怪叫嚣。具有豪放风格的词人都归为豪放派。

豪放派代表词人有苏东坡、范仲淹、王安石、黄庭坚、辛弃疾、岳飞、李纲、陆游、文天祥等。

第二节 词的发展简史

词发源于南朝梁代，经过隋代的发展，到唐代正式兴起。“敦煌曲子词”的发现，充分证明了同文学史中许多文体的产生一样，词起源于民间。文人词在初盛唐时很少，据说李白有词二首《菩萨蛮》《忆秦娥》。李白也因《菩萨蛮·平林漠漠烟如织》而被称为“百代词曲之祖”。但是这两首词表达的情绪悲壮，表现的气象阔大而萧飒，抒发的情怀深沉而孤独，语调哀婉而凄迷，与李白的风格和盛唐的文学气象明显不符，是否为李白所作，学术界还有疑问。中唐之后文人填词者渐多，但所作多半是《忆江南》之类颇似由绝句形式修改而成的小令。张志和、韦应物、白居易、刘禹锡等也只是在作诗之余偶一为之。

到晚唐时期，以温庭筠、韦庄为代表的一批专长于填词的作家的出现，标志着词的创作出现了重大的飞跃，词的体裁形式和表现技巧也完全成熟了。温庭筠是文学史上第一个大力作词的人，他确立了词体规范，开花间词风，被称为“花间鼻祖”。五代时，出现了西蜀和南唐两个词的创作中心。五代后期蜀人赵崇祚创作的《花间集》是第一部文人词集，收录了以温庭筠、韦庄为首，包括五代时期 18 人的词作 500 首。西蜀韦庄词与温庭筠齐名，并称“温韦”，以清丽疏朗见长。

五代词人中还有三位大家，即南唐中主李璟、后主李煜和冯延巳。李璟和李煜以文雅的词风和深广的忧患意识，为词体注入个人和家国之感，拓展了词的艺术境界，尤其是五代词人中成就最高者李煜，更是以词写自己的人生际遇和真实性情，表达故国之思和亡国之痛，构思新颖，不事雕饰，缘情而行，语言朴素自然而又流转如珠，王国维评云：“词至李后主而眼界始大，感慨遂深，遂变伶工之词而为士大夫之词。”南唐冯延巳注重刻画人物内心世界，抒写个人生活感受，“开北宋一代风气”（王国维语）。从民间萌芽到文人专力作词，唐五代词以其独特的美学理想、艺术精神和表现技巧，展现蓄势待发之势，直接启迪了北宋词。

北宋前期的词一方面创作日渐成熟，成为当时文坛的一种主要创作形式；另一方面又是唐五代词的延续，虽题材略有扩大，但在内容和风格方面仍沿袭了唐五代词的精神，基本不出赏景、游宴、离别、相思、爱情等范围，以婉约为主流，以闲愁和离情别恨为主旨，形成以晏殊、欧阳修为代表的令词与以柳永为代表的慢词相继大放光彩的局面。

晏殊、欧阳修，于诗文见严肃的内容，于小词中抒情达意，伤离念远，带有鲜明的主观情感。继晏、欧令词而起的柳永慢词，在内容上以羁旅行役、离情别绪为主要题材，在形式上善铺叙、能点染、有层次、有波澜，进一步丰富了宋词的体制，提高了词体的表现能力，扩大了词的题材领域，是对词发展史的一大贡献。此外，与柳永齐名的张先，更是以“韵高”为胜。这种小令、慢词并驾齐驱、双峰并峙的局面与以“韵高”为上的艺术品格和追求，既丰富了北宋前期词坛，又为词的发展注入了新的活力。

词发展到这一时期，作者增多，词渐渐脱离音乐成为独立文体；同时，突破了词只写绮语艳情、限于狭隘题材的传统观念而反映更广阔、更丰富的现实生活及感受。苏轼开始了在这方面的实践尝试。他打破诗词界限，扩大词的题材，提高词的意境，丰富词的表现手法，使词摆脱音乐而成为一种独立的抒情文体。苏轼的词现存 340 多首，冲破了专写男女恋情和离愁别绪的狭窄题材，反映了诸多社会内容。他将北宋诗文革新运动的精神扩大到词的领域，改变了晚唐五代以来的传统词风，开创了与婉约派并立的豪放词派。其词冲破了诗庄词媚的界限，“以诗为词”（陈师道《后山诗话》），在题材、立意、语言、境界等方面全面开拓了词的表现世界，对词的革新和发展做出了重大贡献，对后代词作产生了深远的影响。

北宋中后期是两宋词史上多种风格并存的繁荣期，也是名家辈出的创造期。这期间最重要的词人当属苏轼，并以苏轼为中心形成了苏门词人群。到北宋末期，苏轼开拓的豪放词风并未被苏门词人很好地继承，秦观、晏几道、贺铸等又回到了讲求音律的老路，他们的创作各具特色，词艺深化，自成一家。

黄庭坚词兼具柳、苏之风，更近柳。其词一种风调近柳永为艳词俚词，擅长刻画人物内心，语言直白、浅俚；另一种风调近苏轼为言志抒怀之作，多写贬谪生活，抗应逆境的刚大之气。秦观词柔婉清丽、情韵兼胜，被奉为婉约正宗。“将身世之感打并入艳情”，抒写恋情的悲苦之中，夹杂和交织着世情的辛酸。晏几道素以“工于言情”为人称道。贺铸词笔调多变，兼具阳刚之壮美与阴柔之优美，“儿女英雄兼而有之”。善于融化前人成句，自谓“吾笔端驱使李商隐、温庭筠，常奔命不暇。”（《宋史》本传）

与苏轼前后相续的词坛领袖周邦彦，是北宋婉约词的集大成者。他既精音律又善辞章，其词作重法度，讲格律，“浑厚和雅”，进一步深化了词艺，显示了与苏轼不同的艺术追求与贡献，并以他为主帅形成了大晟词群体。周词对南宋格律派、风雅派词人的影响极大。

两宋之交的李清照是中国古代最优秀的女词人，她的词清新婉约，但不绮靡浮弱，创言浅意深、本色当行的“易安体”。她善于炼字炼意，擅长白描，令慢均工。前期词多写闺情相思，清俊旷逸；后期词抒身世之感、家国之思，苍凉沉郁。在创作上主张“词别是一家”，不应与诗相混。

南宋初期词人张元幹、张孝祥、朱敦儒等，多亲历靖康之变，以词为武器，抒发爱国情怀，上承苏轼，下启辛派。南宋中期陆游作品以强烈的爱国主义精神和卓越的艺术成就，继承并发扬了古典诗歌现实主义和浪漫主义的优良传统，在当时和后代的文坛上产生了深刻影响。

辛弃疾是南宋最伟大的爱国词人，与苏轼并称“苏辛”，不但是宋词豪放派的代表，更使宋词的思想境界达到了光辉的高度，在词的艺术表现手法上也有新的突破和发展。辛词风格多样，或壮怀激烈、豪气逼人；或缠绵哀怨、清新活泼，尤能融刚柔为一体。在辛弃疾的影响下，陈亮、刘过，以及南宋后期的刘克庄、刘辰翁等，都在抒写国家兴亡的感慨中拿起了词这个“武器”，形成了一个阵容强大的爱国词人群体。

南宋后期既有一批慷慨悲歌和忧国情怀的词人，也有一批不同程度上对现实感到失望的人，他们躲进了艺术王国，在专心制曲填词上寄托自己的生活乐趣，竭力追求词的声律格调上的严谨与完美，词则因此明显地趋向典雅化。最初的代表人物是长于音律又艺术感觉敏锐的白石道人姜夔，后来则有史达祖、吴文英、蒋捷、周密、张炎、王沂孙等。他们被称为“格律派”，也有人说他们是“典雅派”“风雅派”。他们的艺术风格其实也不尽相同：“姜白石如野云孤飞，去留无迹”（《词源》），故人称“清空”；史达祖风格虽说与之相近，却涉尖巧而多勾勒；吴梦窗则绵密秾丽、才情横溢，被人比作李长吉或李商隐，张炎讥其为“如七宝楼台，眩人眼目，拆碎下来，不成片段”（《词源》）。咏物词在这一时期盛行，那些成了遗民的词人多以此寄托亡国之痛。

宋亡入元之后，词多模仿前贤而缺乏创新，趋于衰落。

第三节 作品鉴赏

作品1

菩萨蛮・小山重叠金明灭

温庭筠

温庭筠（约812—866），晚唐著名诗人、词人。本名岐，字飞卿，太原祁（今山西祁县东南）人。出生于没落贵族家庭，富有天才，文思敏捷，每入试，押官韵，八叉手而成八韵，有“温八叉”之称。然恃才不羁，又好讥刺权贵，多犯忌讳，取憎于时，故屡举进士不第，长被贬抑，终生不得志。官终国子助教。精通音律、工诗，与李商隐齐名，时称“温李”。其诗辞藻华丽，浓艳精致，内容多写闺情。其词艺术成就在晚唐诸词人之上，为“花间派”首要词人，对词的发展影响较大。后蜀赵崇祚收温庭筠等人词作，编有《花间集》。后人辑有《花间集》《温飞卿集》《金奁集》。

小山[1]重叠金明灭[2]，鬓云[3]欲度香腮雪[4]。懒起画蛾眉[5]，弄妆梳洗迟。

照花前后镜，花面交相映。新帖[6]绣罗襦[7]，双双金鹧鸪[8]。

（温庭筠，等，2017. 花间集[M]. 赵崇祚，编. 南京：江苏凤凰文艺出版社.）

【注释】

[1] 小山：旧解多以小山为“屏”，指房中画屏上的山。这里指眉妆的名目，指小山眉，弯弯的眉毛。

[2] 重叠：重重叠叠。金明灭：形容阳光照在屏风上金光闪闪的样子，或明或暗。

[3] 鬓云：“云”指女子头发，像云朵似的鬓发。形容发髻蓬松如云。

[4] 香腮雪：美人香而白的面颊。

[5] 蛾眉：同“娥眉”。形容女子的眉毛细长弯曲像蚕蛾的触须，故称蛾眉。

[6] 帖：通“贴”。

[7] 罗襦：丝绸短袄。

[8] 鹧鸪：贴绣上去的鹧鸪图，这说的是当时的衣饰，就是用金线绣好花样，再绣贴在衣服上，谓之“贴金”。

【作品解读】

这首词是晚唐诗人温庭筠《菩萨蛮》十四首中的一首，是词史上的一座丰碑。这首《菩萨蛮》，为了适应宫廷歌伎的声口，也为了点缀皇宫里的生活情趣，把妇女的容貌描绘得很美丽，服饰写得很华贵，体态刻画得十分柔婉，描绘了一幅美妙的唐代仕女图。词学专家周汝昌先生认为：此篇通体一气。精整无只字杂言，所写只是一件事，若为之拟一题目增入，便是“梳妆”二字。

此词描写一位少妇早晨醒后懒起、画眉、照镜、穿衣等一系列的容貌姿态和梳妆打扮的闺中细节。上来两句写待起未起的情景。第三句紧接懒起，虽然说是懒起，但不是不起来，而是娇滴滴、慢慢地起来。闺中晓起，必先梳妆，故“画蛾眉”三字点题——正承“小山”而来。“弄妆”再点题，而“梳洗”二字又正承鬓之腮雪而来。三、四句写美人起床后开始梳妆打扮，一个“懒”和一个“迟”字，表现美人慵懒之态。

梳妆虽迟，但是终须有完成之时。词的下片四句含有两层意思：前三句承接上片，美人梳洗完后开始装饰自己，在头上簪花，更换新绣制好的罗衣。所以照者，为看两鬓簪花是否妥恰，而两镜之交，“套景”重叠，花光之与人面，亦交互重叠，至于无数层次！就在这时，她突然看见上面绣着的一对金鹧鸪，于是一种悲凉、哀怨之感油然而生。读到这里，读者才知道，前面的“懒起”“梳洗迟”原来事出有因：这是一个思念心上人的女子，既然心上人离我而去，我为何还要精心打扮呢？可谓一句振起，带动全篇。

温庭筠词最显著的特征是浓艳香软。他在词中的描绘，以倾心女性的容貌服饰、深闺的屏帏陈设显示个性，以表现上的浓墨重彩、精雕细刻显示功力。

【思考】

1. 何为花间词派？有哪些代表作家和作品？
2. 列举作品，分析温庭筠词的显著特色。

作品2

蝶恋花·槛菊愁烟兰泣露

晏殊

晏殊（991—1055），字同叔，北宋著名词人、诗人、散文家，抚州临川人。14岁以神童入试，赐同进士出身，命为秘书省正字，官至右谏议大夫、集贤殿学士、同平章事兼枢密使、礼部刑部尚书、观文殿大学士知永兴军、兵部尚书，封临淄公，谥号元献，世称晏元献。晏殊历任要职，更兼提拔后进，如范仲淹、韩琦、欧阳修等，皆出其门。他以词著于文坛，尤擅小令，风格含蓄婉丽，有《珠玉词》；亦工诗善文，现存不多，大多以典雅华丽见长。晏殊与其第七子晏几道（1038—1110）在当时北宋词坛上被称为“大晏”和“小晏”。

槛[1]菊愁烟兰泣露，罗幕[2]轻寒，燕子双飞去。明月不谙[3]离恨苦，斜光到晓穿朱户[4]。

昨夜西风凋碧树，独上高楼，望尽天涯路。欲寄彩笺兼尺素[5]，山长水阔知何处？

（刘扬忠，叶嘉莹，2003．晏殊词新释辑评[M]．北京：中国书店．）

【注释】

［1］槛（jiàn）：栏杆。

［2］罗幕：丝罗的帷幕，富贵人家所用。

［3］不谙（ān）：不了解，没有经验。谙：熟悉，精通。

［4］朱户：犹言朱门，指大户人家。

［5］彩笺：彩色的信笺。尺素：书信的代称。古人写信用素绢，通常长约一尺，故称尺素，语出汉乐府民歌《饮马长城窟行》：“客从远方来，遗我双鲤鱼。呼儿烹鲤鱼，中有尺素书。”

【作品解读】

这是一首颇负盛名的伤离怀远之作，不仅情致深婉，而且具有一般婉约词少见的寥廓高远的特色。它不离婉约词，却又在某些方面超越了婉约词。

词之上片移情于景，选取眼前的景物，注入主人公的感情，点出离恨；下片承离恨而来，通过高楼独望把主人公望眼欲穿的神态生动地表现了出来。起句写秋晓庭圃中的景物：菊花笼罩着一层轻烟薄雾，看上去似乎脉脉含愁；兰花上沾有露珠，看起来又像默默饮泣。兰和菊本就含有某种象喻色彩（象喻品格的幽洁），这里用“愁烟”“泣露”将它们人格化，将主观感情移于客观景物，透露女主人公自己的哀愁。“愁”“泣”二字，刻画痕迹较明显，与大晏词珠圆玉润的语言风格有所不同，但在借外物抒写心情、渲染气氛、塑造主人公形象方面自有其作用。

“罗幕轻寒，燕子双飞去”，写新秋清晨，罗幕之间荡漾着一缕轻寒，燕子双双穿过帘幕飞走了。这两种现象之间本不一定存在联系，但在充满哀愁、对节候特别敏感的主人公眼中，那燕子似乎是因为不耐“罗幕轻寒”而飞去。这里，与其说是写燕子的感觉，不如说是写帘幕中人的感受，而且不只是生理上感到初秋的轻寒，而且心理上也充斥着因孤孑凄凄而引起的寒意。燕子双飞，更反衬出人的孤独。这两句纯写客观物象，表现非常委婉含蓄。

接下来两句“明月不谙离恨苦，斜光到晓穿朱户”，从今晨回溯昨夜，明点“离恨”，情感也从隐微转为强烈。明月本是自然物，它不了解离恨之苦，而只顾光照朱户，本很自然；既如此，似乎不应怨恨它，但偏要怨，这种不合理的埋怨，有力地表现了女主人公在离恨的煎熬中对月无眠的情景和外界事物所引起的惆怅。

“昨夜西风凋碧树，独上高楼，望尽天涯路。”此片承上“到晓”，折回写今晨登高望远。“独上”应生“离恨”，反照“双飞”，而“望尽天涯”正从一夜无眠生出，脉理细密。“西风凋碧树”，不仅是登楼即目所见，而且包含昨夜通宵不寐、卧听西风落叶的回忆。碧树因一夜西风而尽凋，足见西风之劲厉肃杀，“凋”字正传出这一自然界的显著变化给予主人公的强烈感受。景既萧索，人又孤独，几乎言尽的情况下，作者又横拓一笔展现出一片无限广远寥廓的境界：“独上高楼，望尽天涯路。”这里既有凭高望远的苍茫之感，也有不见所思的空虚怅惘，但这所向空阔的境界却又给主人公一种精神上的满足，使其从狭小的帘幕庭院的忧愁转向对广远境界的骋望，这是从“望尽”一词中可以品味出来的。这三句尽管饱含望而不见的离愁别绪，但感情是悲壮的，没有纤柔颓靡的气息；语言也洗净铅华，纯用白描，是此词中流传千古的佳句。

高楼骋望，不见所思，因而想到音书寄远：“欲寄彩笺兼尺素，山长水阔知何处？”这两句一纵一收，将主人公音书寄远的强烈愿望与音书无寄的可悲现实对照起来，更加突出了“满目山河空念远”的悲慨，词也就在这渺茫无着落的怅惘中结束。“山长水阔”和“望尽天涯”相应，再一次展示了令人神往的境界，而“知何处”的慨叹则更增加了摇曳不尽的情致。

【思考】

1. 结合王国维《人间词话》中的三种境界说，理解词“深婉中见含蓄，广远中有蕴涵”的特点。

2. 本词中刻画了一位什么样的主人公形象？请简要分析。

3. “槛菊愁烟兰泣露”一句用了哪种修辞手法？渲染了什么样的氛围？

4. “昨夜西风凋碧树”一句“景中含情”历来为人称道，请简要赏析。

作品 3

鹤冲天·黄金榜上

柳永

柳永（约 984—约 1053），字景庄，原名三变，字耆卿，因排行第七，又称柳七。北宋著名词人，婉约派代表人物。咸平五年（1002 年），柳永离开家乡，流寓杭州、苏州，沉醉于听歌买笑的浪漫生活之中。大中祥符元年（1008 年），柳永进京参加科举，屡试不中，遂一心填词。景祐元年（1034 年），柳永暮年及第，历任睦州团练推官、余杭县令、晓峰盐碱、泗州判官等职，以屯田员外郎致仕，故世称“柳屯田”。柳永是第一位对宋词进行全面革新的词人，也是两宋词坛上创用词调最多的词人。柳永大力创作慢词，将敷陈其事的赋法移植于词，同时充分运用俚词俗语，以适俗的意象、淋漓尽致的铺叙、平淡无华的白描等独特的艺术手法，对宋词的发展产生了深远影响。代表作有《雨霖铃》《八声甘州》。

黄金榜[1]上，偶失龙头望[2]。明代[3]暂遗贤，如何向。未遂风云便，争不恣狂荡。何须论得丧？才子词人，自是白衣卿相[4]。

烟花[5]巷陌，依约丹青屏障。幸有意中人，堪寻访。且恁偎红倚翠，风流事，平生畅。青春都一饷[6]，忍把浮名[7]，换了浅斟低唱！

（柳永．1994．乐章集校注[M]．薛瑞生，校注．北京：中华书局．）

【注释】

[1] 黄金榜：进士考试录取的名榜。

[2] 偶失：偶然失掉。龙头：指状元。

[3] 明代：开明的时代，唯才是举的时代。

[4] 卿相：卿、相都是古代高级的官职。卿：古代高级长官或爵位的称谓。汉以前有六卿，汉设九卿，北魏在正卿下还有少卿，以后历代相沿，清末始废。相：辅助，亦指辅佐的人，古代特指最高的官，如辅相、宰相。

[5] 烟花：歌妓。

[6] 饷：片刻，极言青年时期的短暂。

[7] 浮名：功名。

【作品解读】

《鹤冲天·黄金榜上》的上片是写在应试落第后严酷的现实面前，词人寻找自我安慰的途径，做一个“白衣卿相”。词一开始，作者聊以自慰：说落榜是偶然；自己暂时被“遗”也没必要去论其得失；仕途之路既然不畅，那就只有及时行乐，做一个颇具浪子作风的“才子词人”。从作者自我解嘲中不难看出，这是英雄无用武之地的无奈选择；也是词人大胆出格行径的体现；更多的是对朝廷的愤懑。词的下片紧承上片，于“烟花巷陌”中寻找知己“偎红倚翠”，“浅斟低唱”畅享短暂青春的欢乐。遭受科举不中打击后，词人心灰意丧，于“丹青屏障”中寻找心灵的慰藉：他把沦落烟花巷陌的妓女视为知己，妓女也把他这位遭朝廷冷落的才子视为好友；一个写，一个唱；词人恣意狂荡，妓女浅斟低唱，尽情享受“平生畅，风流事”以冲淡“浮名”的企盼。

有人说这首词是柳永反封建的宣言，有人说柳永是一个有反叛精神的人。读完全词，可以说柳永在政治上不成熟，没有城府，一失望就大发牢骚。但从这首词也可以多角度地透视出柳永的性格、个性，他确实是一个有理想的人，只是一旦遇到挫折，就沉不住气。他的可爱之处在于，他敢于把胸中的牢骚毫无顾忌地宣泄出来。他并非真的看不起功名，他对功名其实是很热衷的，只是吃不到葡萄反而说葡萄酸！落第后，柳永多次参加科举考试。其后有一次考中进士，但又被仁宗黜落，曰：“且去浅斟低唱，何要浮名！”在这首词中作者抒写了自己的不平，真切而细腻地展示了自己考试落第后的思想活动和心理状态。

从这首词，我们可以看出宋代知识分子的共相：及第的人毕竟是少数，落第的人是多数。从中可以看出理想与现实的冲突，理想与现实的矛盾。当理想不能实现时，有些人很平静，能坦然面对，有些人则经受不住打击，要发发牢骚。

【思考】

1. 结合本词，说说柳永的慢词在炼字、炼句上有何独到之处。

2. 结合柳永生平，分析“忍把浮名，换了浅斟低唱”。他是不是真的在浮名和浅斟低唱之间，选择了后者呢？

3. 本词中哪些句子可以体现柳永性格？体现了他什么样的性格或人生态度？

作品 4

卜算子·黄州定慧院寓居作[1]

苏轼

苏轼（1037—1101），字子瞻，又字和仲，号东坡居士，眉州眉山（今属四川省眉山市）人。他出身于有文化修养的家庭，父亲苏洵早有文名，母亲亦能教他《汉书》，少年时期的苏轼即能博通经史。宋仁宗嘉祐年间（1056～1063 年）中进士，为主考官欧阳修所赏识。熙宁年间（1068～1077 年），因不满王安石变法的过激举措，自请外任，出任杭州、密州等地地方官。元丰三年（1080 年），因“乌台诗案”

受诬陷被贬黄州任团练副使。宋哲宗即位后，曾任翰林学士、侍读学士、礼部尚书等职，并任杭州、颍州、扬州、定州等地知州，晚年因新党执政被贬惠州、儋州。宋徽宗时获大赦北还，途中于常州病逝。宋高宗时追赠太师，谥号“文忠”。

苏轼是宋代文学最高成就的代表，在诗、词、散文、书、画等方面都取得了很高的成就。其诗题材广阔，清新豪健，善用夸张、比喻，独具风格，与黄庭坚并称“苏黄”；其词开豪放一派，与辛弃疾同是豪放派代表，并称“苏辛”；其散文著述宏富，豪放自如，与欧阳修并称“欧苏”，为“唐宋八大家”之一。苏轼亦善书，为“宋四家”之一；工于画，尤擅墨竹、怪石、枯木等。有《东坡七集》《东坡易传》《东坡乐府》等传世。

缺月挂疏桐，漏断[2]人初静。谁见幽人[3]独往来？缥缈[4]孤鸿影。

惊起却回头，有恨无人省[5]。拣尽寒枝不肯栖，寂寞沙洲冷[6]。

（苏轼，1957. 东坡乐府[M]. 上海：古典文学出版社.）

【注释】

[1] 题一本作“黄州定惠寺寓居作”。定慧院：一作定惠院，在今湖北黄州东南。苏轼初贬黄州，寓居于此。

[2] 漏：更漏，古人计时用的漏壶。这里“漏断”指壶水滴尽，表明夜已深。

[3] 幽人：幽居孤独的人。幽：出自《易·履卦》“幽人贞吉”，其义为幽囚。

[4] 缥缈：隐隐约约，若有若无。

[5] 省（xǐng）：理解，明白。

[6] 沙洲：江河中由泥沙淤积而成的陆地。末句一本作“枫落吴江冷”。

【作品解读】

此词作于元丰五年（1082 年）十二月，词人初贬黄州寓居定慧院时所作。1079 年“乌台诗案”事发，苏轼九死一生，次年被贬至黄州任团练副使。初到黄州时，苏轼虽努力以旷达乐观自我宽慰，但实则处境艰难，内心深处的孤独寂寞之感难以与人言说。本词即苏轼初贬黄州时的一首借物咏怀之作。

词的上片描写深夜时分定慧院中之景。诗句用“缺月”“疏桐”从视觉上营造出一幅静谧的画面，再加上“漏断”和人声从听觉上进一步反衬环境之静。月缺桐疏，夜阑人静，恰与夜深不能寐的“幽人”的怅惘心境相契合。下两句自问自答，将“幽人”“孤鸿”合在同一个时空之中。有谁见过幽人在这寒凉的月光之下独自徘徊呢？正犹如一只掠过天际的孤独的鸿雁。这里的孤鸿，或为幽人眼中所见之孤鸿，或为自况。而诗句先点出一位徘徊不定、心事重重的幽人，宕开一笔，由“幽人”转至“孤鸿”，孤鸿似与人无关，但缥缈孤寂的孤鸿身上不正投射了幽人那孤高空寂的心灵吗？物我合一，人而似鸿，鸿而似人。

词的下片集中笔墨对孤鸿展开具体形象的描绘。孤鸿失伴，心怀忧惧，惊恐不已，在寒枝间飞来飞去，“拣尽寒枝不肯栖”，最后只好落宿在寒冷荒寂的沙洲上度过残夜。诗句使用象征手法，匠心独运地通过孤鸿意象，细致描绘它惊起回头、心怀幽恨和择求宿处的动作，表达了作者贬谪黄州时期的孤寂苦闷的处境和高洁自许、不愿随波逐流的心境。作者与孤鸿惺惺相惜，以拟人化的手法表现孤鸿的心理活动，把自己的主观感情加以对象化，显示了高超的艺术技巧。

宋代周济论词主“有寄托”与“无寄托”之说，认为“非寄托不入”，而专寄托则不出。唐圭璋先生评价本词：“东坡此词，有而似无，无而却有，可谓入而能出，故臻艺术高境。”词人非刻意为之，恰逢其境，心中郁结之情“流露于不自知”。

【思考】

1. 孟子有“知人论世”一说，结合苏轼的经历，谈谈本词所蕴含的情感。
2. 本词中有两个极具特点的意象：孤鸿和幽人。谈谈你对这两个意象的理解。
3. 本词与下列两首词表现了诗人怎样的情怀？

临江仙·夜饮东坡醒复醉

夜饮东坡醒复醉，归来仿佛三更。家童鼻息已雷鸣。敲门都不应，倚杖听江声。

长恨此身非我有，何时忘却营营？夜阑风静縠纹平。小舟从此逝，江海寄余生。

定风波·莫听穿林打叶声

三月七日，沙湖道中遇雨。雨具先去，同行皆狼狈，余独不觉，已而遂晴，故作此词。

莫听穿林打叶声，何妨吟啸且徐行。竹杖芒鞋轻胜马，谁怕？一蓑烟雨任平生。

料峭春风吹酒醒，微冷，山头斜照却相迎。回首向来萧瑟处，归去，也无风雨也无晴。

作品5

踏莎行[1]·郴州[2]旅舍

秦观

秦观（1049—1100），字少游，又字太虚，别号邗沟居士，世称淮海居士。北宋高邮（今江苏）人，官至太学博士，国史馆编修。秦观是北宋文学史上的一位重要作家，他一生坎坷，所写诗词，高古沉重，寄托身世，感人至深。秦观现存的所有作品中，词有三卷100多首，诗有14卷430多首，文则达30卷共250多篇，在文学史上影响巨大。

秦观与黄庭坚、张耒、晁补之合称“苏门四学士”，颇得苏轼赏识。熙宁十一年（1078 年）作《黄楼赋》，苏轼赞他“有屈宋之才”。元丰七年（1084 年），秦观自编诗文集十卷后，苏轼为之作书向王安石推荐，王安石称赞秦观“有鲍、谢清新之致”。秦观因屡得名师指点，又常与同道切磋，兼之天赋才情，所以他的文学成就灿然可观。他后来于元丰八年（1085 年）考中进士。初为定海主簿、蔡州教授，元祐二年（1087 年）经苏轼引荐为太学博士，后迁秘书省正字，兼国史院编修官。哲宗于绍圣元年（1094 年）亲政后，“新党”执政，“旧党”多人遭罢黜。秦观出杭州通判，道贬处州，任监酒税之职，后徙郴州，编管横州，又徙雷州。徽宗即位后秦观被任命为复宣德郎，之后在放还北归途中卒于藤州（今山东滕州市）。

雾失楼台，月迷津渡。桃源望断无寻处[3]。可堪孤馆闭春寒，杜鹃声里[4]斜阳暮。

驿寄梅花[5]，鱼传尺素[6]。砌成此恨无重数。郴江[7]幸自[8]绕郴山，为谁流下潇湘[9]去？

（秦观，1985．淮海居士长短句[M]．徐培均，校注．上海：上海古籍出版社．）

【注释】

［1］踏莎行：词牌名。

［2］郴（chēn）州：今属湖南。

［3］桃源望断无寻处：化用刘晨、阮肇入天台山事，寓所向往的事物渺不可寻。相传东汉时，剡县刘晨、阮肇共入天台山取榖皮，迷路，旬余粮绝。遥望山上有一桃树，大有子实，攀援而上，各啖数枚。后至一大溪，遇二女子，姿质妙绝，相邀还家，设宴款待。食毕饮酒，有群女来，各持三五桃子，笑而言：“贺汝婿来。”居十年求归。既出，亲旧零落，邑屋改异，问询，得七世孙。至晋太元八年，忽复去，不知何所。（见南朝刘义庆《幽明录》）

［4］杜鹃声里：杜鹃鸟啼声凄切，易引起离人乡愁。

［5］驿寄梅花：引用陆凯寄赠范晔的诗：“折花逢驿使，寄与陇头人。江南无所有，聊赠一枝春。”作者以远离故乡的范晔自比。

［6］鱼传尺素：汉乐府民歌《饮马长城窟行》中有“客从远方来，遗我双鲤鱼。呼儿烹鲤鱼，中有尺素书”。另外，古时舟车劳顿，信件很容易损坏，古人便将信件放入匣子中，再将信匣刻成鱼形，美观而又方便携带。“鱼传尺素”成了传递书信的又一个代名词。这里也表示接到朋友问候的意思。

［7］郴江：水名，在今湖南郴州境内。顾祖禹《读史方舆纪要・湖广》载：郴水在“州指郴州东一里，一名郴江，源发黄岑山，北流经此……下流会耒水及白豹水入湘江”。

［8］幸自：本是。

［9］潇湘：潇水和湘水，是湖南境内的两条河流，合流后称湘江，又称潇湘。

【作品解读】

《踏莎行》词调始见于北宋晏殊词。杨慎《词品》卷一：“唐韩翃诗：‘踏莎行草过春溪。'词名《踏莎行》，本此。”这首词毛晋汲古阁本《淮海词》和朱彝尊《词综》调下题作“郴州旅舍”。

此词为绍圣四年（1097 年），作者因政治原因连遭贬谪于郴州旅店所写。当时作者因新旧党争先贬杭州通判，再贬监州酒税，后又被罗织罪名贬谪郴州，削去所有官爵和俸禄；又贬横州，此词作于离郴前，苏轼受到贾易的弹劾。秦观从苏轼处得知自己亦附带被劾，便立刻去找有关台谏官员疏通。秦观的失态使得苏轼兄弟的政治操行遭到政敌的攻讦，而苏轼与秦观的关系也因此发生了微妙的变化。有人认为，下片很可能是秦观在流放岁月中，通过同为苏门友人的黄庭坚向苏轼所作的曲折表白。词人以新颖细腻、委婉含蓄的手法描写了特定环境中的特定心绪，抒发其内心不能直言的深曲幽微的贬谪之悲，寄托了深沉哀婉的身世之感。词作运用写实、象征的手法营造凄迷幽怨、含蓄深厚的意境，词旨凄婉，音调低沉，充分体现了秦词的艺术风格。

上片写谪居中寂寞凄冷的环境。开篇三句，缘情写景，劈面推开一幅凄楚迷茫、黯然销魂的画面：漫天迷雾隐去了楼台，月色朦胧中，渡口显得迷茫难辨。雾失楼台，月迷津渡，互文见义，情景交融。“雾”“月”隐隐有不可克服的现实阻碍之意，以其本身的虚无缥缈呈现出不可言喻的象征意义。“楼台”寓意巍峨美好的人生之基，“津渡”使人产生指点迷津、走出困境的联想，“桃源”更是词人心中的理想乐土。这三个物象在词人心中，被赋予了文化精神上的蕴涵，是词人精神空间的超越与拓展。“可堪孤馆闭春寒，杜鹃声里斜阳暮”实写词人羁旅行役不胜其苦的现实生活，意在渲染贬所的凄清冷寞。此句由“可堪”二字领起，强烈的凄冷气氛扑面而来，难怪王国维这样评论这两句词：“少游词境最为凄婉，至‘可堪孤馆闭春寒，杜鹃声里斜阳暮’，则变而为凄厉矣。”（《人间词话》）

下片抒写胸中的绵绵恨意。“驿寄梅花”，见于《荆州记》记载；“鱼传尺素”，是用古乐府民歌《饮马长城窟行》诗意，意指书信往来。少游是贬谪之人，北归无望，亲友们的来书和馈赠，并不能给他带来慰藉，而只能徒然增加他的别恨离愁。因此，书信和馈赠越多，离恨也积得越多，无数“梅花”和“尺素”仿佛堆砌成了“无重数”的恨。词人这种感受是很深切的，而这种感受又很难表现，故词人只说“砌成此恨无重数”。有这一“砌”字，那一封封书信，一束束梅花，便仿佛成了一块块砖石，层层垒起，以至于达到“无重数”的极限。这种写法，不仅把抽象的微妙的感情形象化，而且也可使人想象词人心中的积恨如砖石垒成，沉重坚实而又无法消解。在如此深重难排的苦恨中，迸发出最后两句：“郴江幸自绕郴山，为谁流下潇湘去？”从表面上看，这两句似乎是即景抒情，写词人纵目郴江，抒发远望怀乡之思。郴江出山后，向北流入耒水，又北经耒阳县，至衡阳而东流入潇水湘江。但实际上，一经词人点化，那山山水水都仿佛活了，具有了人的思想感情。

这首词在艺术手法上虚实相间，互为生发。上片以虚带实，下片化实为虚，如水中之月、雾中之花，更增几分韵致。此外，此词指物喻事，借景言情，比兴、象征手法的运用，可谓羚羊挂角，无迹可寻。特别是尾句以愁山怨水写羁旅之思，真乃刻意生新。

【思考】

1. 下片最后两句由于分别加入了“幸自”和“为谁”两个词，分析这两个词语好在哪里。

2. 苏轼绝爱此词尾句“郴江幸自绕郴山，为谁流下潇湘去”，并书之于扇；而王国维却讥苏轼之评赏为皮相之见。谈谈你对此句的理解。

作品 6

永遇乐·落日熔金

李清照

李清照（1084—约 1155），号易安居士，齐州章丘（今属山东）人。南宋杰出女文学家。其父李格非是北宋著名的学者和散文家。母亲王氏，知书善文。夫赵明诚，为吏部侍郎赵挺之之子，金石考据家。李清照早年生活安定、优裕，与赵明诚共同致力于书画金石的搜集整理，词作多写相思之情；金兵入侵后，遭逢世变，词作多感慨身世飘零。她的诗文感时咏史，与词风迥异。论词强调协律，崇尚典雅、情致，主张“词，当别具一家也”，反对以作诗文之法作词。她还擅长书画，兼通音律。著有《易安居士文集》《易安词》，已散佚。现存诗文及词为后人所辑，有《漱玉词》《李清照集校注》等。

落日熔金[1]，暮云合璧[2]，人在何处？染柳烟浓，吹梅笛怨[3]，春意知几许？元宵佳节，融和天气，次第[4]岂无风雨？来相召，香车宝马，谢他酒朋诗侣[5]。

中州盛日[6]，闺门多暇，记得偏重三五[7]。铺翠冠儿，撚金雪柳[8]，簇带[9]争济楚[10]。如今憔悴，风鬟霜鬓，怕见[11]夜间出去。不如向，帘儿底下，听人笑语。

（李清照，2002. 李清照集笺注[M]. 徐培均，笺注. 上海：上海古籍出版社.）

【注释】

[1] 熔金：融化的金子。宋代廖世美《好事近·夕景》有“落日水熔金，天淡暮烟凝碧”句。

[2] 合璧：像璧玉一样合成一块。南朝梁代江淹《休上人怨别》有“日暮碧云合，佳人殊未来”句。本句化用此上句而来。

[3] 这两句为“烟染柳浓，笛吹梅怨”的倒文。

[4] 次第：转眼。

[5] 原句应为“谢他酒朋诗侣，香车宝马，来相召”。“次第岂无风雨”是对这几句

话的回答。谢：推辞，谢绝。

[6] 中州：今河南开封。“中州盛日”即北宋汴京鼎盛时期。

[7] 三五：正月十五元宵节。

[8] 铺翠冠儿：装饰有翠羽或翡翠装饰的头冠。撚金雪柳：多以素绢或银纸扎制而成。两者皆为当时妇女元宵节的妆饰。

[9] 簇带：宋代口语，戴满、插满之意。带即戴。

[10] 济楚：宋代口语，整洁美丽的意思。

[11] 怕见：怕得，懒得。

【作品解读】

《永遇乐·落日熔金》是李清照南渡以后，处于动荡不安的生活环境时所作。该词描绘了作者居于南宋临都的元宵节状况，深沉地反映了作者晚年历尽沧桑后的悲凉心境。

上片通过对比现实生活的热闹景象和词人的凄苦心情，描写词人元宵佳节独居异乡的悲凉心境。开篇“落日熔金，暮云合璧”，点出了黄昏晚晴的绚丽色彩；紧接的“人在何处”却点出了自己与丈夫分离、漂泊异乡的处境，前后形成鲜明对照。“染柳烟浓，吹梅笛怨”指出其时是初春。从视觉着眼，描绘了早春时节初生细柳被淡烟所笼罩的景象；下句从听觉入手，通过笛声传来的哀怨曲调，描摹自己被哀怨笼罩的心情，就连“春意”也不知“几许”。

虽然目前是“元宵佳节”“融和天气”，但或许转眼之间就有风雨来袭，也暗含着词人对国事变化、前途坎坷的忧虑。元宵佳节，自然有“酒朋诗侣”“香车宝马”相邀，词人却婉言拒绝，因为失去了赏玩的心境。继而词人将思绪转入昔年汴京欢度节日的回忆。

下片着重描述了汴京元宵佳节的盛况，以及词人的欢乐心情，与上片元宵景象形成对比。宋代吴自牧《梦粱录》卷一《元宵》载：“正月十五元夕节，乃上元天官赐福之辰。昨汴京大内前缚山棚，对宣德楼，悉以彩结。山沓上皆画群仙故事，左右以五色彩，结文殊、普贤，跨狮子、白象，各手指内五道出水。其水用辘轳绞上灯棚高尖处，以木柜盛贮，逐时放下，如瀑布状。又以草缚成龙，用青幕遮草上，密置灯烛万盏、望之蜿蜒，如双龙飞走之状。上御宣德楼观灯，有牌曰‘宣和与民同乐’。万姓观瞻，皆称万岁。”可见宋徽宗时，汴京元宵节声势之盛大，“偏重三五”。“铺翠冠儿，撚金雪柳，簇带争济楚”，正是作者当年和“闺门”女伴盛装打扮、一同出游的情景。相较“如今憔悴，风鬟霜鬓”，毫无外出游玩的心情，“不如向，帘儿底下，听人笑语”，更反衬出词人的伤感孤凄。

全词通过南渡前后的元宵节对比，表现了物是人非、今不如昔的深切感受，抒写了词人离乱之后愁苦寂寞、饱经忧患的情怀，流露出对故国和故人的怀念之情。本词在创作手法上主要运用了对比手法，将词人半世飘零、身老他乡的满腹辛酸，以及对故国沦亡的哀伤和沉痛悲戚的感情，表现得曲折婉转，回肠荡气，情景交融，跌宕有致。

【思考】

1. 结合词人生平变化，理解这首词在内容及感情色彩上与早期词作的不同。
2. 结合《添字丑奴儿·窗前谁种芭蕉树》一词，分析两首词作的情感表达手法。

添字丑奴儿·窗前谁种芭蕉树

李清照

窗前谁种芭蕉树，阴满中庭。阴满中庭。叶叶心心，舒卷有馀情。
伤心枕上三更雨，点滴霖霪。点滴霖霪。愁损北人，不惯起来听。

作品 7

暗香[1]·旧时月色

姜夔

姜夔（1154—1221），字尧章，号白石道人，饶州鄱阳（江西省鄱阳县）人。南宋文学家、音乐家。人品秀拔，体态清莹，气貌若不胜衣，望之若神仙中人。往来鄂、赣、皖、苏、浙间，与诗人词家杨万里、范成大、辛弃疾等交游。庆元中，曾上书乞正太常雅乐，他少年孤贫，屡试不第，终生未仕，一生转徙江湖，靠卖字和朋友接济为生。其词格律严密，其作品素以空灵含蓄著称，有《白石道人歌曲》等。姜夔对诗词、散文、书法、音乐，无不精善，是继苏轼之后又一难得的艺术全才。姜夔与周邦彦齐名，人称“周姜”。

辛亥[2]之冬，余载雪诣石湖[3]。止既月[4]，授简[5]索句，且征新声[6]，作此两曲，石湖把玩不已，使工妓肄习[7]之，音节谐婉，乃名之曰：《暗香》《疏影》。（小序）

旧时月色，算几番照我，梅边吹笛。唤起玉人，不管清寒与攀摘。何逊[8]而今渐老，都忘却，春风词笔。但怪得[9]竹外疏花，香冷入瑶席。

江国，正寂寂。叹寄与路遥，夜雪初积。翠尊[10]易泣，红萼[11]无言耿[12]相忆。长记曾携手处，千树[13]压，西湖寒碧。又片片吹尽也，几时见得？

（姜夔，1981. 姜白石词编年笺校[M]. 夏承焘，笺注. 上海：上海古籍出版社.）

【注释】

[1] 暗香：姜夔自度“仙吕宫”曲，与《疏影》为组曲，有乐谱传世。其小序云：“辛亥之冬，余载雪诣石湖。止既月，授简索句，且征新声，作此两曲，石湖把玩不已，

使工妓肄习之，音节谐婉，乃名之曰：《暗香》《疏影》。”后张炎用以咏荷花荷叶，更名《红情》《绿意》。此曲97字，前片五仄韵，后片七仄韵，例用入声韵部。前片第五字，后片第六字，皆领格字，宜用去声。

[2] 辛亥：光宗绍熙二年（1191年）。

[3] 石湖：在苏州西南，与太湖通。范成大居此，因号石湖居士。

[4] 止既月：指住满一月。

[5] 简：纸。

[6] 征新声：征求新的词调。

[7] 工妓：乐工、歌妓。肄习：学习。

[8] 何逊：南朝梁诗人，早年曾任南平王萧伟的记室。任扬州法曹时，廨舍有梅花一株，常吟咏其下。后居洛思之，请再往。抵扬州，花方盛片，逊对树彷徨终日。杜甫诗："东阁官梅动诗兴，还如何逊在扬州。"

[9] 但怪得：惊异。

[10] 翠尊：翠绿酒杯，这里指酒。

[11] 红萼：梅花。

[12] 耿：耿然于心，不能忘怀。

[13] 千树：杭州西湖上孤山的梅树成林。

【作品解读】

《暗香》《疏影》是文学史上著名的咏物词，曾被誉为姜夔词中具有代表性的作品。关于这两首词的题旨，过去有许多说法，但都难以指实。实际上，这两首词只不过是借物咏怀、即景言情的抒情诗，写的是词人所见所感，寄寓个人身世飘零和昔盛今衰的慨叹。

《暗香》一词，以梅花为线索，通过回忆对比，抒写词人今昔之变和盛衰之感。

词上片写月中赏梅。词人从回忆往日赏梅开头，凭空升出一番意绪，时间、意象重叠。古诗中"月色"几乎都有一种冷的意味，在月光的冷色调里就能营造一种幽冷的氛围，着重色调与氛围的感受，多了一层朦胧。"旧时"把读者带入一种对往事的回忆中，同时也含有一种今昔的对比，不由发出"月色依旧，人事已非"的感慨，毕竟"岁岁年年花相似，年年岁岁人不同"。

"算几番照我，梅边吹笛。"写月下赏梅，通过"月、梅、笛、人"和谐统一的立体意境，体现词人的审美情趣和人格追求。"算几番"，说明词人月下赏梅吹笛的次数以及兴趣之高。"算"不仅是对往事的回忆，而且带有对"往事如烟"的感慨。

"唤起玉人，不管清寒与攀摘。"续写赏梅清兴。玉人与月色相联系，意境和谐，但"清寒"中显得意境幽冷。笛声引起玉人与词人共赏冬天的清寒，"与"，"共"之义，清兴之外，尚有一丝韵味和情味。以上五句是回忆当年赏梅的雅兴。

"何逊而今渐老，都忘却，春风词笔。"由回忆转入现实，"而今"照应"旧时"，物是而人非。

“但怪得竹外疏花，香冷入瑶席。”写词人对眼前梅花的感受。从对梅的感受强烈到对梅的花期淡漠，只有梅香袭来方知觉。“但怪得”是惆怅，自己老了，梅花依旧送香来，平静的心因梅花的冷香而骚动起来。“疏花”，梅花疏淡，词人将梅与竹相连，以竹的雅洁衬托梅花。“瑶席”指雅洁的卧室，“香冷”，移觉手法，恰好地道出了梅香的特点。“香冷入瑶席”与“唤起玉人，不管清寒与攀摘”相比，暗含了对玉人的思念。

词下片写雪中赏梅，忽然宕开，将已逼到近前的梅花推远，梅花变相，忽变作另一梅花，代表所苦恋已远离的女子。

“江国，正寂寂。”“正寂寂”指环境幽清，不仅强调环境的幽静，还道出了词人空寂的心境。“叹寄与路遥，夜雪初积。”折一枝梅花寄给情人，表达思念，但雪深无法办到。“叹”字可见词人的惋惜，无法表达则借酒消愁。

“翠尊易泣，红萼无言耿相忆。”写词人与梅花都在怀念玉人。虽然“翠尊”“红萼”色彩明丽，但凄冷的环境中却体现了一种冷艳的凄美。

“长记曾携手处，千树压，西湖寒碧。”回忆当年雪中赏梅的情景，“携手赏梅”更显出两人情意深浓，情趣高雅。“压”为花多、雪大，千枝花被雪压住，也暗含词人心情的沉重。红妆素裹，雪压梅花的清影倒映在碧水中而清影满湖，“寒碧”与上片呼应，使词始终在一种幽冷的环境之中。

“又片片吹尽也，几时见得？”从回忆转入现实，“片片”连用，突出一种凋零感以及词人对梅落过程的关注。“也”带有词人轻轻地叹息。“又”与“算几番”共同体现时间过得久，以及词人思念之深。

此词将咏梅与思人交融，句句不离梅花，用梅花寄托怀人情思。上片的月中赏梅与下片的雪中赏梅融汇在幽冷的环境和词人感情的范围之中。今昔对比，精神骤现，“清空中”有意趣，使物性、人情与境共生，使整篇词幽韵冷香，挹之无尽。

【思考】

1. 谈谈你对这首词的理解。
2. 这首词即景言情，感慨今昔，追怀旧游。上片主要运用了哪两种表现手法？
3. “千树压，西湖寒碧”是词中的名句，请从炼字和意境的角度进行赏析。

作品 8

贺新郎·同父见和再用韵答之[1]

辛弃疾

辛弃疾（1140—1207），字幼安，号稼轩，山东东路济南府历城县（今济南市历城区遥墙镇四风闸村）人。南宋豪放派词人、将领，有“词中之龙”之称。与苏轼合称“苏辛”，与李清照并称“济南二安”。

辛弃疾生于金国，少年抗金归宋，曾任江西安抚使、福建安抚使等职。著有《美芹十论》《九议》，条陈战守之策。由于与当政的主和派政见不合，后被弹劾落职，退隐山居。开禧北伐前后被起用，相继任绍兴知府、镇江知府、枢密都承旨等职。开禧三年（1207年）病逝。后赠少师，谥号“忠敏”。

辛弃疾一生以恢复中原为志，以功业自许，可是命运多舛，备受排挤，壮志难酬。但他恢复中原的爱国信念始终没有动摇，并把满腔激情和对国家兴亡、民族命运的关切、忧虑，全部寓于词作之中。其词艺术风格多样，以豪放为主，风格沉雄豪迈又不乏细腻柔媚之处。其词题材广阔又善化用前人典故入词，抒写力图恢复国家统一的爱国热情，倾诉壮志难酬的悲愤，对当时执政者的屈辱求和颇多谴责；也有不少吟咏祖国河山的作品。现存词600多首，有词集《稼轩长短句》等传世。

老大[2]那堪说！似而今、元龙臭味，孟公瓜葛[3]。我病君来高歌饮，惊散楼头飞雪。笑富贵、千钧如发。硬语盘空[4]谁来听？记当时、只有西窗月。重进酒，换鸣瑟。

事无两样人心别。问渠侬[5]：神州毕竟，几番离合？汗血盐车无人顾，千里空收骏骨[6]。正目断、关河[7]路绝。我最怜君中宵舞[8]，道男儿、到死心如铁。看试手，补天裂[9]。

（辛弃疾，1993．稼轩词编年笺注[M]．邓广铭，笺注．上海：上海古籍出版社．）

【注释】

[1] 同父，即陈亮（1143—1194），婺州永康（今属浙江金华）人，辛弃疾好友，南宋著名爱国词人。

[2] 老大：年老。此时辛弃疾年届五十。

[3] 元龙：三国时期陈登，字元龙，是一位不愿求田问舍、志向高远的豪杰之士，时人称他为“湖海之士，豪气不除”。臭味：气味。指与对方意气相投。孟公：西汉时期陈遵，字孟公，是当时著名的游侠，居于长安，嗜酒常醉，好与豪杰相交。瓜葛：比喻关系相连。

[4] 硬语盘，出自韩愈诗《荐士》：“横空盘硬语，妥帖力排奡。”形容陈亮的慷慨陈词。

[5] 渠侬：渠，他；侬，你，均系古代吴地方言。

[6] 汗血：传说古代大宛出产的一种骏马，出汗如血，一日千里，因此称为汗血宝马。盐车：根据《战国策·楚策四》记载，良马拉盐车上太行山，困顿不堪，伯乐见到攀辕而哭，良马因遇到知己而扬天嘶鸣。千里空收骏骨：《战国策·燕策一》记载，燕昭王即位后广招贤士，谋士郭隗说，古代有国君求千里马，后用五百金购得一匹千里马的尸骨，天下人认为他能够用重金求马，于是不到一年，得到好几匹真正的千里马。燕昭王重用郭隗后，得到良将乐毅。

[7] 关河：四塞（函谷关、武关、大散关、萧关）与渭河、黄河组成的关中地区。

自西周起，历经秦、汉、唐等时期，中国的国都大多数的时候定在长安，关河借喻长安之意，象征着天下一统。

[8] 中宵舞：东晋时期的祖逖立志北伐，半夜闻鸡起舞。

[9] 补天裂：上古神话中，共工怒触不周山，导致山崩地裂，女娲炼五色石以补天。

【作品解读】

该词作于淳熙十六年（1189 年）春。1188 年冬，辛弃疾在上饶家居，陈亮来访，同游鹅湖，在瓢泉共饮，议论时政，长歌互答，达十日之久。辛弃疾归依南宋朝廷后，几度起用，几度黜免，到这次鹅湖之会时，已经年届五十，虽长期赋闲在家，但从未放弃过收复失地的抱负。陈亮是与辛弃疾志向相投的挚友，在与陈亮分别之后，辛弃疾难以抑制满腔的忠愤之情、报国之理想，在这首诗中倾泻而出。

上片写友情。首句写自己年已五旬却事业无成，没有什么可值得一说的。接着用陈登和陈遵的典故作比，说明自己与陈亮心性一致、情投意合的深厚友谊。下面接着写陈亮来访时促膝畅谈的情景。陈亮来访之时，辛弃疾正值病中，看到知己顿时精神振奋，两人高歌畅饮，共叙国事，似乎连楼头的飞雪都惊散了。两人一心担忧国事，视金钱如粪土。但是力主恢复中原、收复失地的理想虽然合乎正义，却成为不合时宜的“硬语”，只有西窗之月静静地守候着他们的失意。两人只能借酒浇愁，以瑟抒恨。

下片论国事。“事无两样人心别”，词人直奔主题，直抒胸臆，从主战派与主和派的尖锐矛盾出发，对主和派叫嚷的“南北有定势，吴楚之脆弱不足以争衡于中原”“恢复不可图”谬论直接驳斥。“问渠侬：神州毕竟，几番离合？”历史上分裂总是短暂的，为何被金兵占领的中原却迟迟不能收复呢？下面词人连用汗血盐车、千金市骨、闻鸡起舞、女娲补天几个典故，道出南宋朝廷不是无人可用，而是有才不用的现实。用“无”“空”“怜”几个字，透露出了浓厚的英雄失路的悲怆情怀。末两句，词人笔锋猛然一转，发出“男儿到死心如铁”的誓言，立志像祖逖一样闻鸡起舞，定要“补天裂”，把分裂的祖国山河恢复一统！

文学作品的魅力在于其兴发的力量。周济云：“稼轩不平之鸣，随处辄发，有英雄语，无学问语。”（《介存斋论词杂著》）在这首词中，词人恢复山河统一的大业、对主和派的憎恨之情，溢于言表，浸透纸背，让读者不由得为之而动容，与之同仇敌忾。辛词“以文为词”，多用典故，此词亦体现出这一特点。在词人笔下，诸多典故为其任意驱遣，表达他或爱或恨的强烈情感，产生了巨大的艺术感染力。用典如水中煮盐，悄无痕迹，丰富了词的意蕴，加强了形象的深广度，呈现出极其浓郁的浪漫主义色彩。全词的意境也在最后推向了高潮，给人以极大的艺术感染力。

【思考】

1. 结合历史，谈谈你所了解的南宋主战派和主和派的斗争。

2. 辛弃疾写词善于用典，结合你所学过的辛词，谈谈辛词用典的特色。

3. 阅读下列词作，结合课文，体会辛弃疾所抒发的感情及其词作特色。

贺新郎·甚矣吾衰矣

辛弃疾

邑中园亭，仆皆为赋此词。一日，独坐停云，水声山色，竞来相娱。意溪山欲援例者，遂作数语，庶几仿佛渊明思亲友之意云。

甚矣吾衰矣。怅平生、交游零落，只今馀几！白发空垂三千丈，一笑人间万事。问何物、能令公喜？我见青山多妩媚，料青山见我应如是。情与貌，略相似。

一尊搔首东窗里。想渊明《停云》诗就，此时风味。江左沉酣求名者，岂识浊醪妙理。回首叫、云飞风起。不恨古人吾不见，恨古人不见吾狂耳。知我者，二三子。

贺新郎·把酒长亭说

辛弃疾

陈同父自东阳来过余，留十日。与之同游鹅湖，且会朱晦庵于紫溪，不至，飘然东归。既别之明日，余意中殊恋恋，复欲追路。至鹭鹚林，则雪深泥滑，不得前矣。独饮方村，怅然久之，颇恨挽留之不遂也。夜半投宿吴氏泉湖四望楼，闻邻笛悲甚，为赋《乳燕飞》以见意。又五日，同父书来索词，心所同然者如此，可发千里一笑。

把酒长亭说。看渊明、风流酷似，卧龙诸葛。何处飞来林间鹊，蹙踏松梢微雪。要破帽多添华发。剩水残山无态度，被疏梅料理成风月。两三雁，也萧瑟。

佳人重约还轻别。怅清江、天寒不渡，水深冰合。路断车轮生四角，此地行人销骨。问谁使、君来愁绝？铸就而今相思错，料当初、费尽人间铁。长夜笛，莫吹裂。

作品 9

金缕曲[1]·赠梁汾[2]

纳兰性德

纳兰性德（1655—1685），叶赫那拉氏，字容若，号楞伽山人，满洲正黄旗人。大学士明珠长子，其母为英亲王阿济格第五女爱新觉罗氏。

纳兰性德自幼饱读诗书，文武兼修，17 岁入国子监，被祭酒徐文元赏识，推荐给内阁学士徐乾学。18 岁参加顺天府乡试，考中举人。19 岁参加会试中第，成为贡士。康熙十二年（1673 年）因病错过殿试。康熙十五年（1676 年）补殿试，考中第二甲第七名，赐进士出身，授三等侍卫，其后累迁至一等侍卫。康熙到关内关外江南江北各地巡幸时，纳兰几乎没有一次不参与扈从之役，甚得康熙赏爱，曾被派遣觇视梭龙诸羌，有意将大用之。于康熙二十四年（1685年）暮春抱病与好友一聚，一醉一咏三叹，而后一病不起。7日后，溘然而逝，年仅30岁。

在老师内阁学士徐乾学指导下，纳兰性德用两年时间主持编纂了一部儒学汇编——《通志堂经解》，深受康熙皇帝赏识。纳兰性德还把自己熟读经史的见闻感悟整理成文，编成四卷《渌水亭杂识》，当中包含历史、地理、天文、历算、佛学、音乐、文学、考证等知识，表现出相当广博的学识和爱好。

纳兰性德词作现存348首（一说342首），内容涉及爱情友谊、边塞江南、咏物咏史及杂感等方面，写景状物关于水、荷尤多。尽管以作者的身份经历，他的词作数量不算多，眼界也并不算开阔，但是由于诗缘情而旖旎，而纳兰性德是极为性情中人，因而他的词作尽出佳品，周颐在《蕙风词话》中誉其为“国初第一词手”。

德也狂生耳！偶然间，缁尘[3]京国，乌衣门第[4]。有酒惟浇赵州土[5]，谁会成生此意[6]？不信道、遂成知己[7]。青眼[8]高歌俱未老，向尊前、拭尽英雄泪。君不见，月如水。

共君此夜须沉醉。且由他、蛾眉谣诼[9]，古今同忌。身世悠悠[10]何足问，冷笑置之而已！寻思起、从头翻悔。一日心期千劫在[11]，后身缘[12]、恐结他生里。然诺重[13]，君须记。

（纳兰性德，1995．纳兰词笺注[M]．张草纫，笺注．上海：上海古籍出版社．）

【注释】

[1] 金缕曲：词牌名。又名《贺新郎》《贺新凉》。

[2] 梁汾：指纳兰性德的朋友顾贞观。顾贞观（1637—1714），字华峰，号梁汾，无锡人，官内阁中书。清康熙十五年（1676年）二人相识，从此交契，直至纳兰性德病殁。

[3] 缁尘：黑色的尘土，比喻名利场的污浊。

[4] 乌衣门第：贵族门第。东晋时王、谢等大家族聚居在京城建康（今南京）乌衣巷，故有此称。

[5]“有酒”句：语出李贺的《浩歌》：“买丝绣作平原君，有酒唯浇赵州土。”意思是愿意与文士相交。赵州土，指战国平原君赵胜的坟墓。

[6] 会：理解。成生：纳兰原名成德，此为自称。

[7] 不信道：想不到。遂成：原作“竟逢”，据别本改。

[8] 青眼：契重之眼光。

[9] 蛾眉：女子的眉毛像细长弯曲的蚕蛾触须，比喻女子姣好的面容。谣诼：恶意中伤的谣言。语出屈原《离骚》：“众女嫉余之蛾眉兮，谣诼谓余以善淫。”

[10] 悠然：原作“悠悠”，据别本改。

[11] 心期：以心相许，情投意合。千劫：佛教语，极言时间之长，变化之大。佛教称世界毁灭一次再重新开始的一个周期为一劫。

[12] 后身缘：来生情缘。

[13] 然诺重：即重然诺，重视朋友之间的许诺，不食言。据说汉代季布为人极重然诺，有“一诺千金”的美誉，见《史记·季布栾布列传》。

【作品解读】

根据顾贞观对这首词的和词中的附注“岁丙辰，容若年二十有二，乃一见即恨识余之晚。阅数日，填此曲为余题照”，可知这首词作于康熙十五年（1676年）。这首词是顾贞观应聘为纳兰揆叙家庭老师，两人一见如故，结为挚友时填写的词。词作表达了与好友顾贞观相见恨晚、意气相投的真挚情感，也对中下层士人的不平遭际表达了同情和不平之意。

词起句即震人心魄：“德也狂生耳！”作为权倾朝野的宰辅纳兰明珠之子，纳兰性德风华正茂，才华横溢。但他竟自称“狂生”，用一个“也”字表达了与顾贞观志向相投的情感，顿时拉近了两人的距离。接着，他发表了对自己身世的看法，用“偶然间”“缁尘”“乌衣”表达了富贵不足凭、人世无常的态度。这种不以富贵骄人的表白，是希望能得到出身寒素的顾贞观的理解。既然不以富贵为念，那么，纳兰性德的志向到底是什么呢？接下来，他用平原君的典故表达他渴望像平原君一样礼贤下士的理想，但可惜无人会其意。不成想今日终于碰到顾贞观，终于寻到知己。两人相逢之时，正值盛年，于是青眼相向，慷慨高歌。但在举杯之际，得友的喜悦、朋友的落拓这些复杂的情感一起涌上心头，禁不住“英雄泪”长流。那天边的月儿如水般倾泻出清冷的光芒，见证着他们纯洁的友谊。

词的下片同情好友的坎坷遭遇，劝慰他勿以官场仕途为念，而以友谊为重。“共君此夜须沉醉”，为何要沉醉在酒的世界里呢？只因“蛾眉谣诼”，古往今来有识之士蹉跎不得志者多如牛毛，既然无法改变现实，不妨一醉解千愁。“身世悠悠何足问，冷笑置之而已”，从顾贞观等今古才人的遭遇中，词人反观自己在污浊的社会中，过去的生涯，毫无意趣，将来的命运，也不值一晒，因而他发出了“寻思起，从头翻悔”的感叹。在这里，通过诗人对朋友安慰体贴、相濡以沫的态度，我们间接体会到他对现实生活的不满和激愤。最后，词人把笔锋拉回，郑重表达他渴望与顾贞观的友谊天长地久，经世而不衰。

纳兰词最大的特点是直抒性灵，感情直率，他一贯认为，“诗乃心声，性情之事也”。这种主张，体现在创作中，便显得不事雕琢，天籁自鸣。从这首词中，可以看到词人这一鲜明的特点，运笔如流水行云，一任真纯充沛的感情在笔端酣畅地抒发，读来真切动人。

【思考】

1. 试结合你所读过的作品，谈谈你对纳兰性德其人的认识。

2. 试将本词与顾贞观的唱和之作进行比较，谈谈你的感受并体会纳兰性德与顾贞观的深厚友谊。

金缕曲·酬容若见赠次原韵

顾贞观

且住为佳耳。任相猜、驰笺紫阁，曳裾朱第。不是世人皆欲杀，争显怜才真意。容易得、一人知己。惭愧王孙图报薄，只千金、当洒平生泪。曾不直，一杯水。

歌残击筑心逾醉。忆当年、侯生垂老，始逢无忌。亲在许身犹未得。侠烈今生矣已。但结记、来生休悔。俄顷重投胶在漆，似旧曾、相识屠沽里。名预籍，石函记。

第三章　散文总论

第一节　散文的基础知识

一、散文的含义

《辞海》认为：中国六朝以来，为区别于韵文和骈文，把凡不押韵、不重排偶的散体文章，包括经传史书在内，概称散文。但今人往往受西方文化的影响，散文概念与古人之认识已经有所区别。

现代散文是指除小说、诗歌、戏剧等文学体裁之外的其他文学作品。其本身按其内容和形式的不同，又可分为杂文、小品、随笔等。在现代散文中，有广义和狭义两种不同的理解。广义的散文，是指诗歌、小说、戏剧以外的所有具有文学性的散行文章。除以议论抒情为主的散文外，还包括通讯、报告文学、随笔杂文、回忆录、传记等文体。随着写作学科的发展，许多文体自立门户，散文的范围日益缩小。狭义的散文是指文艺性散文，它是一种以记叙或抒情为主，取材广泛、笔法灵活、篇幅短小、情文并茂的文学样式。

常见的散文有叙事散文、抒情散文和哲理散文。

1）叙事散文，或称记叙散文，以叙事为主，叙事情节不求完整，但很集中。侧重从叙述人物和事件的发展变化过程中反映事物的本质，具有时间、地点、人物、事件等因素，从一个角度选取题材，表现作者的思想感情。有偏重记事的，如鲁迅的《从百草园到三味书屋》；有偏重记人的，如莫言的《讲故事的人》。

2）抒情散文，或称写景散文，指以描绘景物、抒发作者对现实生活的感受、激情和意愿的散文，如朱自清的《荷塘月色》。

3）哲理散文，以生动的形象来展示生命与自然的哲理，如尼采的《我的灵魂》。

二、散文的特点

作为一种有别于诗歌、戏剧和小说的文体，散文有其自身的特点。总结起来，大致有以下几个方面。

1. 题材广

散文之概念古今有别。现在，散文概念偏重其文体的文学性，强调它的形象性、情感性以及“艺术地叙事与抒情”等。而在古代，散文的范畴更为宽泛一些，有大量今天认为属于应用文的文体包含在散文的范畴之内。因此，从古到今，散文与现实的关系最为密切，在题材的选择上也是所有文体中最为广泛的。凡人们的所闻所感：一个片断、一个场景、一点思想的火花，或一丝感情的波澜——往往都可以成为散文的好素材。

散文的这个主要特点，要运用好，有两点必须注意。

首先，写自己有真切深厚感受的人、物和事。现实生活中，大多感人的或蕴含着深刻哲理的佳作，是在作者对某一人、物、事有深切感受的前提下写出来的。如归有光的《项脊轩志》，通过“项脊轩”的变迁，用平白无实的语言，回顾往事，表达了对亲人的深切怀念。

其次，把要写的人、物和事，放在广阔的时代背景上，这样就能窥斑见豹，赋予“小”题材以“大”意义。例如，朱自清的《荷塘月色》，作者沿着一条曲折幽僻的小煤屑路，穿过一片阴森的树林，来到幽静的荷塘边。他用清新自然的笔触描绘了冷清的月夜下荷塘别致的景色。作者在写时，不单单停留在对简单的荷塘月色的建构上，开篇即用“这几天心里颇不宁静”来给全文奠定基调，让人联想到荷塘之外的世界。此时的中国政局正处在激烈动荡之际，“四一二”政变后，朱自清试图用古典文学来躲避现实的痛苦，但内心始终无法平静。《荷塘月色》一文正流露出作者想寻找安宁但又不可得，幻想超脱现实但又无法超脱的复杂心情，这正是那个黑暗的时代在作者心灵上的折射。

2. 形散而神不散

散文的主要特点是“散”。这里的“散”，一是指散文区别于诗的无音韵、格律限制的“散”体语言，二是指区别于小说、戏剧的写法方面的“散”。从表达形式看，即叙述、描写、抒情、议论等在同一篇作品中的灵活运用；从其结构来看，散文写作可围绕主题和中心线索，对于现在、过去可以海阔天空，尽情挥洒。例如，周作人的《故乡的野菜》，整篇文章冲淡平和，如一位长者在静静地陈述，从故乡的荠菜、黄花麦果到紫云英，似乎是信口而言，娓娓而谈。

散文贵“散”，不散，就写得呆板、僵硬，思路不开阔，主题也得不到很好的表现。只有充分发挥散文“散”的特点和长处，作者才能达到挥洒自如的目的。例如，归有光的《项脊轩志》第一部分写可喜事，第二部分写可悲事。喜事、悲事都是些家庭琐事，不能说不“散”。但文章又忌“散”，好的散文是外形散而内不乱，即形散而神不散。《项脊轩志》所选的题材虽是家庭琐事，但以“项脊轩”为线索，将其一系列家庭小故事串在一起，形成一个统一的整体，通过对一系列往事的回顾，表达了对亲人的深切怀念。

3. 意境深邃

散文描写的未必是广阔的场景，但即使是在它描写的极小的场景里，也十分重视创造出深邃的意境。在文章里，注重表达出作者的真情实感，将情感与景融合起来，达到情景交融，实现物我合一。例如，张岱的《西湖七月半》，选择了一个特定的时间——七月半，选择了一个特定的地点——西湖，从一个独特的视角切入，不去看西湖之景，而去观察游览西湖的游人，从而表达出作者与众不同的独立人格及心性。

4. 语言优美

凡优秀的散文语言都是优美而凝练的。所谓优美，就是指散文的语言清新明丽，生动活泼，富于音乐感，行文如涓涓流水，叮咚有声，如娓娓而谈，情真意切。所谓凝练，是说散文的语言简洁质朴，自然流畅，寥寥数语就可以描绘出生动的形象，勾勒出动人的场景，显示出深远的意境。散文力求写景如在眼前，写情沁人心脾。

第二节 我国散文的发展简史

在我国漫长的文学发展进程中，散文无疑是产生最早也是最贴近生活的一种文体。散文是人们感知生活、追求人生和生命价值的产物，植根于中华民族的沃土之上，是传统文化的重要载体。

一、先秦时期

自有文字伊始，散文就出现其雏形。目前能看到的最早的散文，大约是在商代，主要集中在甲骨卜辞和铜器铭文中。

早在殷商时代，甲骨卜辞中就能找到今天能见到的最早的“散文”。上古时期生产力不发达，人们事无巨细均要进行占卜。殷商时期的甲骨卜辞主要记述当时人们进行占卜的卜辞。商周青铜器上刻的多为记功的铭文，有的铭文杂以韵语，甚至通篇用韵，接近《尚书》中的诰命之辞。

《尚书》即上古帝王之书，它的出现才真正标志着我国散文已得到初步发展。

从历史沿革来看，春秋战国时期是散文发展的一个重要阶段。这一时期的作品，无论是内容还是形式，都出现了前所未有的变化。这一阶段的散文主要可分为历史散文和诸子散文。历史散文包括《春秋》《国语》《左传》《战国策》等；诸子散文包括《道德经》《论语》《孟子》《庄子》《荀子》和《韩非子》等。

《春秋》是孔子依据鲁国史料编写的一部史书，是我国最早的一部编年史纲要。《国语》和《左传》分别被称为“春秋外传”和“春秋内传”。它们虽然都以《春秋》为本，为解经之作，却各有特色。《左传》长于叙事，《国语》长于记言。《战国策》是一部杂编性质的史书，分十二国记事，对当时的政治、军事、经济等方面都作了较为翔实的记载，主要记录了战国时期谋士们纵横捭阖的言谈论辩，但它讲究较为曲折的情节设置，对人物性格的刻画也倾注了较多笔墨。历史散文所具有的这些特点对后世历史学家、古文家的写作产生了深远影响，特别是对叙事文的影响尤其大。

诸子散文是春秋战国时期散文发展的高峰。春秋战国之际是社会急剧变革时期，社会文化下移，士阶层崛起，形成了“百家争鸣”的局面，诸子散文就是在这种背景下产生的。诸子散文的发展可分为三个阶段。

第一阶段为春秋后期，代表作品有《论语》和《老子》。《老子》是一部哲理著作，表现了自然无为的政治主张和小国寡民的政治理想；语言精警凝练，富有哲理。《论语》是语录体，往往通过一两句话，说明一个深刻的道理，语言简洁流畅。

第二阶段为战国中期，作品较多，一般由语录体向论辩文过渡，风格呈现多样化。《墨子》语言质朴，善用具体事例说理，逻辑性强。《孟子》说理明朗透彻，具有雄辩的特点和雄厚奔放的气势；善于运用大量生动、贴切、新颖的比喻和寓言。《庄子》想象丰富奇特，构思宏伟；善用寓言来说理；语言汪洋恣肆，变化万方，极具文采。

第三阶段为战国后期，整体来看，可说是论说文的成熟期。《韩非子》锋芒锐利，议论精辟，论证事理切中要害，以寓言故事、历史事例作论据，分析透彻。《荀子》长于论辩，妙用比喻；层次清楚，句法整饬，词汇丰富。

诸子散文对当时许多社会问题直接展开论述，其篇幅长短不一，有的仅三言两语，有的则是达几千字的鸿篇巨制。诸子散文，对后世散文的发展产生了极大影响，特别是说理论辩文。

二、秦汉时期

秦代散文成就不大，虽然四海一统，但散文基本只有李斯的《谏逐客书》一篇，这尚且还是在221年之前完成的。221年之后，散文大概就只有李斯的一些碑刻文字。究其原因有多个方面：秦王朝实行文化专制主义；统治者实行消灭儒生的政策；秦王朝享国只有15年。

两汉时期，是继先秦时期之后散文的又一个高速发展时期。这一时期的散文可以分为政论散文和历史散文。西汉早期，政论散文蓬勃兴起，内容多为政论和史论，而表现形式一般为策、疏等。代表作家有贾谊和晁错等人，《过秦论》《治安策》《论贵粟疏》是他们的政论名篇。西汉中期，董仲舒的代表作有《春秋繁露》，行文逻辑严密、联类引证，儒雅雍容，已经没有了汉初说理文的纵横排宕之气。西汉后期，著名的学者、文学家有刘向，其散文叙事简约，议论畅达，风格深沉，对唐宋古文有较大影响。西汉时期的散文名篇还有司马相如的《难蜀父老》、桓宽的《盐铁论》等。以剖白个人思想心迹为主的书信体散文，如邹阳的《狱中上梁王书》、枚乘的《谏吴王书》、司马迁的《报任安书》、杨恽的《报孙会宗书》等，或痛陈事理，或自抒怨愤，或嬉笑怒骂，叙事抒情均富有感染力，在西汉散文史上亦有一席之地。

西汉时期，历史散文最著名的作家是司马迁，其《史记》是我国第一部纪传体通史专著。该书内容丰富，记载上起黄帝、下迄汉武帝太初年间三千余年的历史，对这一漫长时期的整个社会经济、政治、文化、军事等各方面情况作了概括而又翔实的叙述。作者在撰写《史记》时，通过记述重大历史事件，选择典型化细节，运用个性化语言等艺术手段，刻画了众多性格鲜明、形象丰满的历史人物形象，语言简练、质朴、生动、传神，对后世的散文、小说、戏曲等都产生了深远影响。

东汉时期，班固是有贡献的一位大家，他的《汉书》成就虽逊于《史记》，但对后代的影响也很大，它在叙述史实和人物描写方面有较高的艺术成就：叙事集中，刻画的人物性格鲜明，语言也比较整齐藻饰。王充也是这一时期有影响的大家，其《论衡》是我国思想史上的重要著作。

三、魏晋南北朝时期

建安时期，散文成就较大的是曹操、曹丕、曹植三人。其中，曹操的散文最有特色，他一改以往文坛卑弱文风，直陈胸臆，率真自然，文笔简约，语言爽利，写出的作品具有真情实感，呈现出一派新鲜气息。建安七子中，孔融、陈琳均以散文见长，其中，陈琳以一篇讨伐曹操的檄文《为袁绍檄豫州》而名扬天下。

正始时期，代表作家为嵇康和阮籍。西晋时期，左思的《三都赋》曾引起极大轰动，导致洛阳一时纸贵。到东晋时期，陶渊明的散文尽管不多，但他以朴素简洁的笔调、纯真淡泊的情怀写出的《桃花源记》，为人们提供了一处美好的心灵栖息地。

南北朝时期，骈文盛行，大多数散体文家基本保留着质朴的风貌。南朝散文的代表作有范晔的《后汉书》，北朝有名的散文是颜之推的《颜氏家训》、郦道元的《水经注》和杨衒之的《洛阳伽蓝记》。

魏晋南北朝时期，文学理论和批评呈现繁荣的局面。曹丕的《典论·论文》、陆机的《文赋》、刘勰的《文心雕龙》和钟嵘的《诗品》等一大批理论专著相继问世，它们对文学的规律，文学的本质、形式、形象以及情感等都作了系统的阐述，对创作标准也达成了共识，还提出了“形神”“风骨”“情采”等一些新概念。这些论著对后世文学创作、文学理论的发展都产生了深远影响。

四、唐宋时期

唐代是散文发展的又一重要时期。隋唐五代时期，我国古代文学出现了前所未有的繁荣景象，而散文也呈现出勃勃生机。唐初陈子昂倡导“汉魏风骨”，打击浮艳文风，元结、李华、萧颖士的文章也有由骈向散转化的倾向，已经掀起古文运动的浪潮。直到中唐时期，韩愈、柳宗元倡导古文运动，以鲜明的理论主张推翻了统治文坛数百年之久的骈文，改变了当时那种脱离现实追求词藻典雅的浮艳文风，使文风、文体得到彻底革新，引导古文朝健康方向发展。他们的理论可概括为三个方面：主张文道合一，坚持革新文体，提倡重视修养。作为古文运动的领袖，韩愈以自己的创作实践真正落实了古文运动的理论，在论、说、传、记等众多的文体中，进行了全面突破、创新，取得了卓越成就：论说文，阐儒论孔，语言理直气壮，酣畅淋漓，而且强调言必己出，创造出了自己独特的散文笔法；政论文，切中时弊，步步深入，论述透彻；记叙文，叙事绘声绘色，写人形象鲜明；杂文，寓庄重于诙谐，婉转中蕴藏郁愤。柳宗元在论说、寓言、游记、传记等方面卓有建树，但成就最高的数山水游记。他写景状物十分传神，并以其高超的技巧融情入景，为后世散文创作树立了成功典范。韩愈、柳宗元之后，古文运动日趋衰落。晚唐时期，杜牧以其清新质朴的散文使古文运动再现了余晖。

北宋中期，古文家们继承和发展了唐代古文运动，在创作上，开创平易流畅的文风，撰写典范之作，最终使散文占据了文坛的霸主地位，为宋以后散文的发展指明了方向。欧阳修身为北宋诗文革新的领袖，其文学思想宗法韩愈但有发展，并以创作实现自己的主张。他的散文成就最高，众多体式均有建树：政论文，针砭时弊，析论透辟；史论文，以史垂鉴后人，理直气壮；记叙文，融记叙、议论、抒情、哲理于一体，情中有景，景中含情。苏洵及其子苏轼、苏辙也都是当时有名的散文家，其中苏轼成就最高，其文“如行云流水”“意之所到，则笔力曲折，无不尽意”。他长于议论，更善于叙事、写景、抒情，有较多名篇传世，如《前赤壁赋》。苏洵、苏辙也不乏名作涌现。其他的散文家，如王安石、曾巩等人对宋代散文也有相应的贡献。

五、元明清时期

元代散文无名作。明代散文的一个突出特点是流派较多，对继承唐宋散文有一定贡献。明中期以归有光的成就最大，而他最擅长的是抒情、记事类散文，通过平凡琐事抒浑厚深情。在当时，归有光对于散文无论是在理论上还是在创作上均起着承前启后的桥梁作用。明后期，公安派散文颇有成就，特别是袁宏道的记叙文，清新俊逸，深受当时时的人和后人称赞。明代的小品文是这一时期散文中的一股清流。明代是小品文观念的成熟期，也是创作的旺盛期。明人的小品文观念奠定了后代小品文观念的基础，其创作风格也深刻地影响着后人。

清代，散文作家众多，散文作品量大，名家大作虽无法与唐宋时期相比，但都在元明时期散文之上。清初学术界顾炎武、王夫之、黄宗羲等大家的创作深受“文须有益于天下”理论影响，所作文章深受欢迎。其中散文成就最大的是黄宗羲，他的部分作品矛头直指统治者，笔锋锐利，论理透辟。清代出现了效法唐宋古文的桐城派，其代表人物是方苞、刘大櫆和姚鼐。桐城派发端于康熙年间，鼎盛于嘉庆年间，创始人是方苞。他在学术思想上宗程朱理学，文学继承唐宋古文，提倡“义法”；内容主要为应用文字，大多为书信、碑志、传状等，尚有一些议论、记事小品文；文笔洗练，形象生动。刘大樾是该派的中坚，对于技巧的探讨有建树。姚鼐对桐城派贡献极大，既是该派理论的集大成者，又是将该派发展到鼎盛之人。在桐城派占统治地位时，文坛上也有一些其他特色鲜明的作家，例如袁枚。这时与桐城派抗衡的是骈文，它起源于汉魏，雄霸文坛数个世纪，元明衰落，于乾隆时再度兴盛，袁枚是“骈文八大家”之首，成就较大。

龚自珍是挣脱桐城派理论束缚，打破清中叶以来传统文学局面，首开近代文学风气之人。其作品题材广泛，内容深刻，表现形式特别。清末到近代，章炳麟、康有为、梁启超等人的文章，直抒己见，畅所欲言，议论深刻，笔势豪放。其中，梁启超的散文影响最大，他的新体散文给予了传统古文最猛烈的冲击，为晚清的文体解放奠定了基础。

六、近现代时期

新文化运动开启了散文创作的新时期，这场运动的旗手是伟大的文学家鲁迅。他在进行小说创作的同时，还写了相当数量的散文，尤其是其中的杂文，文笔犀利，入木三分。这些作品以其新颖多彩的形式，丰富和充实了现代文学。冰心是白话散文写作颇有成就的作家之一，其作品笔调轻倩灵活，文字清新隽丽，感情细腻澄澈。朱自清又是一个有特色、有成就的大家，他创作的《背影》《荷塘月色》等抒情性散文脍炙人口。

抗日战争时期，散文创作有成就的作家有夏衍、聂绀弩、茅盾和巴金。解放战争时期，刘白羽的散文有一定影响，郭沫若、巴金、茅盾等大家也写出了一些有影响的作品。

1949 年以后，作为反映社会生活的文学样式，散文迎来了真正的春天，无论是在内容上还是在形式上，其变化是前所未有的，我国散文进入一个全新的历史发展时期。

20 世纪 50～70 年代，在“百花齐放，百家争鸣”方针的指引下，散文作品大量问世，特别是短小的作品层出不穷，如老舍的《养花》、叶圣陶的《游了三个湖》、秦牧的《社稷坛抒情》、杨朔的《香山红叶》、魏巍的《我的老师》等。这些作品，作家在个人性情表现及个性化语言的运用上都曾作过有益的探索。他们的作品已成为一种模式，如杨朔散文的结构模式就是“开头设悬念，卒彰显其志”。另外，曹靖华、吴伯箫、袁鹰、碧野等人也取得了相应的成就。

20 世纪 80 年代初期，散文在原有的文体模式上有所突破。一批老作家和一些中青年作家在“小中见大”“托物言志”的固有方式中转向“自我”经验的“自由”书写，强调个人心境的表达，语言表达也追求自己的个性。这方面老作家的代表是巴金、孙犁，中青年作家成就大的有张洁、贾平凹等。

20 世纪 90 年代以后，散文出现了繁荣的局面，无论是作品的数量还是作家人数都创新高，作品的质量也有相应的提高。由于一些学者的介入，散文的知识品位和文化分量也得到了提升。这时散文的主体是随笔，代表作家是张中行、余秋雨等人。他们往往从个人经验出发，引入对人生哲理以及文化方面的思考，其作品的影响极大。

进入 21 世纪后，一些散文作家和学者与时俱进，在创作的道路上一往无前地奋力拼搏，相信在他们的努力下，定会不断地有内容丰富、形式多样的优秀散文作品问世，奉献给新时代的读者。

第三节 作品鉴赏

作品 1

《论语》五则

孔子（前 551—前 479），名丘，字仲尼，鲁国陬（zōu）邑（今山东曲阜）人，春秋末期著名的政治家、思想家和教育家，是儒家学派的创始人，主张以“仁”的学说救世。

《论语》是儒家学派的经典著作之一，由孔子的弟子及其再传弟子编撰而成。《论语》传本在汉代有《古论语》《齐论语》《鲁论语》三种。《古论语》用先秦古文字写成，为古文本，史称古文《论语》，共有 21 篇。《齐论语》有 22 篇。《鲁论语》有 20 篇。西汉末年，张禹以《鲁论语》为根据，参考《齐论语》与《古论语》进行考证修订，改编成《张侯论》，并被官府列为官学。东汉时期，郑玄又以《张侯论》为本，参考《古论语》和《齐论语》再加以改订，即成为今本《论语》。今本《论语》有 20 篇，篇名取自每篇首章中的前二三字，并无实际意义。每篇包括若干章，共 486 章。

《论语》注本众多，主要有三国魏何晏《论语集解》、南朝梁皇侃《论语义疏》、北宋邢昺《论语注疏》、南宋朱熹《论语章句集注》、清刘宝楠《论语正义》、当代杨树达的《论语疏证》和杨伯峻的《论语译注》等。

子曰：“弟子入则孝，出则弟[1]，谨[2]而信，泛爱众，而亲仁[3]。行有余力，则以学文。”（《论语·学而》）

子曰：“吾十有五[4]而志于学，三十而立[5]，四十而不惑[6]，五十而知天命[7]，六十而耳顺[8]，七十而从心所欲，不逾矩。[9]”（《论语·为政》）

子曰：“人而无信，不知其可也：大车无輗，小车无軏[10]，其何以行之哉？”（《论语·为政》）

子曰：“富与贵，是人之所欲也，不以其道得之，不处[11]也。贫与贱，是人之所恶[12]，不以其道得之[13]，不去[14]也。君子去仁，恶乎[15]成名？君子无终食之间违仁[16]，造次必于是[17]，颠沛[18]必于是。（《论语·里仁》）

齐景公[19]问政于孔子。孔子对曰：“君君，臣臣，父父，子子。”公曰：“善哉！信

如君不君，臣不臣，父不父，子不子，虽有粟，吾得而食诸？”（《论语·颜渊》）

（孔子，1980．论语译注[M]．杨伯峻，译注．北京：中华书局．）

【注释】

[1] 弟子：一般有两种意义，一是指年纪较小为人弟和为人子的人；二是指学生。这里是用第一种意义上的“弟子”，指年纪幼小的人。入则孝，出则弟：入：古代时父子分别住在不同的居处，学习则在外舍。《礼记·内则》：“由命士以上，父子皆异宫。”入是入父宫，指进到父亲住处，或说在家。出：与“入”相对而言，指外出拜师学习。出则弟，弟，通“悌”，指敬爱兄长，是说要用弟道对待师长，也可泛指年长于自己的人。

[2] 谨：寡言少语。

[3] 仁：仁人。古代词汇常用某一具体人和事物的性质、特征来代表某一具体的人和事物。亲仁：亲近有仁德的人。

[4] 十有五：十五岁。有：通“又”。古人在整数和小一位的数字之间多用“有”字。

[5] 立：站得住。此处指说话、做事有把握。

[6] 不惑：掌握了知识，不被外界事物所迷惑。

[7] 天命：天道，指不能为人力所支配的事情。

[8] 耳顺：对此有多种解释。一般而言，指对那些于己不利的意见也能正确对待。

[9] 从心所欲，不逾矩：从：遵从的意思；逾：越过；矩：规矩。

[10] 大车无輗（ní），小车无軏（yuè）：古代大车指的是牛车，小车指的是马车。两车都是把牲口套在车辕上，车辕前面有一道横木用于驾牲口。大车上的横木叫“鬲”，小车上的横木叫“衡”。鬲、衡的两头都有关键（活销），鬲的关键叫“輗”，衡的关键叫“軏”。没有輗和軏，车就不能走。

[11] 处：接受。

[12] 恶（wù）：厌恶。

[13] 不以其道得之：此处应为“不以其道去之”，可能是古人不经意处。

[14] 去：离开，摆脱。

[15] 恶（wū）乎：哪里，怎么。

[16] 无：通“毋”，不。终食之间：一顿饭的工夫。违：离开。

[17] 造次：匆忙，仓促。是：此，这，指“仁德”。

[18] 颠沛：穷困，受挫折。

[19] 齐景公：名杵臼（chǔ jiù）。前 547—前 490 年，继齐庄公后继位。

【作品解读】

《论语》以语录体和对话文体为主，记录了孔子及其弟子的言行。内容广博，涉及政治、教育、礼仪、经济、文学、天道观、认识论等，反映了孔子伦理体系最基本的思想，这个体系的核心是仁，实施仁的手段和途径是“礼”。

本篇选用的五则，分别从做人、信用、金钱等方面表现了孔子独到的看法，寓有深刻的哲理，它对于人们理想的建立、人格的培养、情操的熏陶等方面有着巨大的影响。

第一则，表明孔子的教育是以道德教育为中心，重在培养学生的德行修养，而对于书本知识的学习则摆在第二位。这一点对现今的教育有着很大的启示。

第二则，孔子自述了他学习和修养的过程。这一过程，是一个随着年龄的增长，思想境界逐步提高的过程。就思想境界来讲，整个过程分为三个阶段：15～40 岁是学习领会的阶段；五六十岁是安心立命的阶段，也就是不受环境左右的阶段；70 岁是主观意识和做人的规则融合为一的阶段，在这个阶段中，道德修养达到了最高的境界。孔子的道德修养过程有合理因素：第一，他看到了人的道德修养不是一朝一夕的事，不能一下子完成，不能搞突击，要经过长时间的学习和锻炼，要有一个循序渐进的过程。第二，道德的最高境界是思想和言行的融合，自觉地遵守道德规范，而不是勉强去做。这两点对于任何人都是适用的。

第三则，以形象的比喻说明“信”在人生中的地位和作用。信，是儒家传统伦理准则之一。孔子认为，信是人立身处世的基点。

第四则，反映了孔子的利欲观。以往的孔子研究中往往忽略了这一段内容，似乎孔子主张人们只要仁、义，不要利、欲。事实上并非如此。任何人都不会甘愿过贫穷困顿、流离失所的生活，都希望得到富贵安逸。但这必须通过正当的手段和途径去获取，否则宁守清贫而不去享受富贵。这种观念在今天仍有其不可低估的价值。

第五则，主要说明人生的角色：各就各位，各事其职，各尽其责。春秋时期的社会变动，使当时的等级名分受到破坏，弑君杀父之事屡有发生，孔子认为这是国家动乱的主要原因。所以他告诉齐景公，“君君、臣臣、父父、子子”，恢复这样的等级秩序，国家就可以得到治理。

《论语》语言极富口语性，极具启发性和哲理性。孔子循循善诱，教诲弟子，或言简意赅，点到即止；或启发论辩，侃侃而谈。语言生动活泼，含蓄隽永，寓意深远，耐人寻味。

【思考】

1. “四书五经”指的是哪些儒家著作？

2. 谈谈《论语五则》的现实意义。

3. 解释下列各句中加“•”的字。

1）谨而言，泛爱众，而亲仁。

2）人而无信，不知其可也。

3）吾得而食诸？

4）七十而从心所欲，不逾矩。

5）君君，臣臣，父父，子子。

作品 2

生于忧患，死于安乐

孟子

孟子（约前 372—前 289），名轲，字子舆，鲁国邹（今山东邹城）人。战国时期伟大的政治家、思想家、教育家，是孔子嫡孙子思的再传弟子。孟子推崇孔子之学，是儒家正统学派的继承人，与孔子并称“孔孟”。韩愈的《原道》将孟子列为先秦儒家继承孔子“道统”的人物；元朝追封孟子为“亚圣公”，尊称为“亚圣”。

《孟子》是我国儒家典籍中的一部语录体散文集，共 7 篇，是战国时期孟子的言论汇编，记录了孟子与其他各家思想的争辩、对弟子的言传身教、游说诸侯等内容。行文气势磅礴，感情充沛，雄辩滔滔，极富感染力，流传后世，影响深远。

《孟子》的主要注本有汉代赵岐的《孟子注疏》、宋代朱熹的《孟子集注》、清代焦循的《孟子正义》，另有当代杨伯峻的《孟子译注》、史次耘的《孟子今注今译》。

本节选自《孟子·告子下》第十五章，题目为编者加。

孟子曰：“舜发于畎亩[1]之中，傅说举于版筑之间[2]，胶鬲[3]举于鱼盐之中，管夷吾[4]举于士，孙叔敖[5]举于海，百里奚[6]举于市。故天将降大任于是人也，必先苦其心志，劳其筋骨，饿其体肤，空乏其身，行拂乱[7]其所为，所以动心忍性[8]，曾[9]益其所不能。人恒过，然后能改；困于心，衡于虑[10]，而后作[11]；征[12]于色，发于声，而后喻[13]。入则无法家拂士，出则无敌国外患者[14]，国恒亡。然后知生于忧患而死于安乐也。”

（孟子，1960．孟子译注[M]．杨伯峻，译注．北京：中华书局．）

【注释】

[1] 畎（quǎn）亩：田地，田野。舜曾耕种于历山。

[2] 傅说（yuè）：人名，其原在傅岩做建筑工人，为人筑墙，殷王武丁访寻他，用为宰相。举：选拔、举荐。版筑：筑墙时两板相夹，以泥置其中，用杵舂实。

[3] 胶鬲：人名，周文王把他举荐给纣，后来他又辅佐周武王。

[4] 管夷吾：管仲，一称管敬仲，名夷吾，字仲，颍上（颍水之滨）人，春秋时齐国著名的政治家、思想家，辅佐齐桓公实行了一系列重大的政治和社会改革，使齐桓公成为春秋时期第一个霸主。

[5] 孙叔敖：人名，楚庄王令尹，原隐居在海边。

[6] 百里奚：人名，虞国大夫，虞灭后被转卖到楚国，秦穆公听说他有贤才，遂以五张羊皮的代价将他赎出，任命他为秦国大夫。在他的辅佐下，秦穆公成就了春秋霸业。

[7] 拂乱：违反其意愿以乱之。拂：这里用作违背之意。

[8] 忍性：坚忍其性。

[9] 曾："增"的本字。这里用作增加之意。

[10] 衡于虑：衡，通"横"，指思虑横塞。

[11] 作：奋发而有所作为。

[12] 征：表现，显现。

[13] 喻：知晓，领悟。

[14] 入：国内。法家：坚持法度之世臣。拂（bì）士：辅弼之贤士。出：国外。

【作品解读】

本文是《孟子》中的著名篇章，不但立论高远，见解卓越，道常人所不能道，而且论证明晰，逻辑严谨，有不容置辩的说服力，在思想上很值得称道。孟子在这篇不到200字的短章中，围绕客观环境与个人和国家命运的关系，通过事实论证和道理论证相结合的方法，阐述了"生于忧患，死于安乐"的深刻道理，具有很强的激励意义。后人时常以"生于忧患，死于安乐"作为座右铭，勉励自己在人生历程中磨炼意志，增益才能，在逆境中奋起。

文中说一个人要成就大事，一定要经历许多艰难困苦的磨炼，只有经历艰难困苦，经风雨，见世面，才能锻炼意志，增长才干，担当大任。安逸享乐，在温室里成长，则不能形成克服困难、摆脱逆境的能力，会在困难面前束手无策，遇挫折、逆境则消沉绝望，往往导致灭亡。

【思考】

1. "生于忧患，死于安乐"给予你怎样的人生启示？

2. 舜、傅说、胶鬲、管仲、孙叔敖、百里奚六位古代圣贤的人生经历有什么共同特点？历史上还有哪些名人有着与之相似的经历？

作品3

秋水（节选）

庄子

庄子（约前369—前286），名周，战国时宋国蒙（今安徽省蒙城县，或说今河南省商丘市）人，是著名的思想家、哲学家、文学家。曾为漆园吏，是战国时期道家学派的代表人物，老子哲学思想的继承者和发展者，与老子合称"老庄"。创立了我国古代重要的哲学学派庄学，以抽象思辨的本体论，而非某种具体政治主张，来实现他对宇宙万物的根据和原则的探求。庄子对于我国古代文化的最重要贡献，在于他对于抽象思辨的哲学本体论的独到关注。

《庄子》又名《南华经》，是道家经文，庄子及其后学所著，到了汉代以后被尊称为《南华经》，与《老子》《周易》合称“三玄”。《庄子》一书主要反映了庄子的哲学、艺术、美学与人生观、政治观等，分内、外、杂篇，原有 52 篇，从战国中晚期逐步流传、糅杂、附益，至西汉大致成形。然而当时流传版本，今已失传。目前所传 33 篇，大小寓言 200 多个。“内篇”大体可代表庄子思想的核心，而“外篇”“杂篇”发展则纵横百余年，掺杂黄老、庄子后学形成复杂的体系。该书包罗万象，对宇宙、人与自然的关系、生命的价值等都有详尽的论述。

本文节选自《庄子》的《秋水》篇。

秋水时至[1]，百川灌河，泾流之大，两涘渚崖之间，不辩牛马[2]。于是焉河伯[3]欣然自喜，以天下之美为尽在已。顺流而东行，至于北海，东面而视，不见水端，于是焉河伯始旋其面目，望洋向若而叹曰：“野语有之曰，‘闻道百[4]以为莫己若’者，我之谓也。且夫我尝闻少仲尼之闻而轻伯夷之义者，始吾弗信，今我睹子之难穷也，吾非至于子之门则殆矣，吾长见笑于大方之家[5]。”

北海若曰：“井蛙不可以语于海者，拘于虚[6]也；夏虫不可以语于冰者，笃[7]于时也；曲士[8]不可以语于道者，束于教也。今尔出于崖涘，观于大海，乃知尔丑，尔将可与语大理矣。”

（庄子，2012．庄子集释[M]．郭庆藩，校注．北京：中华书局．）

【注释】

[1] 秋水：“水生于春，壮于秋”，黄河流域汛期为 6～9 月。时：按时令。

[2] 泾：直流的水波，此指水流。两涘渚崖：涘（sì），涯也。水中的沙洲为渚。不辩牛马：“辩”通“辨”。不辩：分不清。意思是说，隔着黄河水远看，分不清楚牛与马。

[3] 河伯：黄河的水神，叫“冯夷”。

[4] 闻道百：“百”是极言其多，郭庆藩云：“百，古读若搏，与若韵。”

[5] 长：永远。大方之家：有学问的人。

[6] 虚：通“墟”，居住的地方。

[7] 笃：此处与上下文“拘”“束”同义，引申为束缚、限制。

[8] 曲士：乡曲之士，没见过世面、孤陋寡闻的人。

【作品解读】

《秋水》讨论的是人的认识能力的有限性与世界的无限性问题。从庄子的本意来说，可能他更强调人不能凭借有限的认知能力去认识无限的世界。但后人也可以从中得到启迪：人不能满足于个人的所见所闻，应该谦虚好学，努力向上，去寻找更多的未知世界。

本篇，庄子并不从抽象的逻辑概念入手演绎推理，而是借助小有成就的黄河之神河伯在浩瀚无边的北海面前终于认识到自己的渺小，进而与北海之神若进行对话来展开探讨。

庄子的散文在先秦诸子中独具风格，大量采用并虚构寓言故事，想象奇特，形象生动。此外，还善于运用各种譬喻，活泼风趣，睿智深刻。文章随意流出，汪洋恣肆，奇趣横生。总体来说，庄子散文极具浪漫主义风格，在古代散文中罕有其比，赢得无数文人学士的仰慕。此篇可见一斑。

【思考】

1. 说说“望洋兴叹”这个成语的来历及含义。
2. 你从本文中悟出了什么道理？

作品 4

秦晋殽之战（节选）

左丘明

左丘明（前 502—前 422），姓左，名丘明；一说姓左丘，名明；也有看法认为左是史官名，姓丘，名明。有人认为左丘明是孔子的晚辈，杨伯峻根据《论语·公冶长》孔子所言“巧言、令色、足恭，左丘明耻之，丘亦耻之”认为：左丘明不可能是孔子的晚辈，至少也是孔子同时期的人。司马迁称他为“鲁君子”，并且以“左丘失明，厥有《国语》”作为自己创作《史记》的榜样。

冬[1]，晋文公卒。庚辰[2]，将殡[3]于曲沃。出绛[4]，柩[5]有声如牛。卜偃[6]使大夫拜，曰：“君命大事[7]：将有西师过轶我[8]，击之，必大捷焉。”

杞子自郑使告于秦曰：“郑人使我掌其北门之管[9]，若潜师以来[10]，国可得也[11]。”穆公访诸蹇叔[12]。蹇叔曰：“劳师以袭远[13]，非所闻也。师劳力竭[14]，远主备之，无乃不可乎？师之所为，郑必知之，勤而无所[15]，必有悖心[16]。且行千里，其谁不知？”公辞焉。召孟明、西乞、白乙[17]，使出师于东门之外。蹇叔哭之，曰：“孟子[18]！吾见师之出而不见其入也！”公使谓之曰：“尔何知！中寿，尔墓之木拱矣[19]！”蹇叔之子与师[20]，哭而送之[21]，曰：“晋人御师[22]必于殽，殽有二陵[23]焉。其南陵，夏后皋[24]之墓也；其北陵，文王之所辟[25]风雨也。必死是间[26]，余收尔骨焉。”秦师遂东[27]。

（左丘明，1981．春秋左传注[M]．杨伯峻，注．北京：中华书局．）

【注释】

[1] 冬：鲁僖公三十二年（前 628 年）冬天。

[2] 庚辰：据《春秋》载：晋文公卒于鲁僖公三十二年（前 628）十二月初九，即己卯日；初十为庚辰日。

[3] 殡：停柩待葬。

[4] 绛（jiàng）：晋国都城，今山西省翼城东。

[5] 柩（jiù）：装有尸体的棺木。

[6] 卜偃：郭偃，晋国大夫，兼卜筮之官。

[7] 君命大事：晋文公将要发布军事命令。

[8] 西师：秦师，秦在晋的西边，故称秦师为西师。轶（yì）：超过。“过轶”是指秦国袭郑，将偷偷越过晋国国境。

[9] 管：钥匙。北门：郑国都城北门。鲁僖公三十年（前 630 年），秦使杞子等三人戍卫郑国。

[10] 潜师以来：秘密地派军队前往郑国。

[11] 国可得也：可以攻克郑国。

[12] 访：询访。诸：“之于”的合音词。蹇（jiǎn）叔：秦国臣子。

[13] 劳师以袭远：劳苦地调遣军队去袭击遥远的郑国。

[14] 竭：完，殆尽。

[15] 勤而无所：辛勤而无所得。

[16] 悖心：违背之心。

[17] 孟明、西乞、白乙：秦国将领孟明视、西乞术、白乙丙。

[18] 孟子：指上文的秦国将领孟明视。

[19]“中寿”两句：你如果活到中寿的年龄就死去，那么现在你坟墓上的树都快长到两手合拢那么粗了。中寿：说法不一，有看法认为是 60 岁。拱：双手合围。

[20] 与（yù）：参加了军队。

[21] 哭而送之：哭着相送。

[22] 御师：抵御秦军。

[23] 二陵：东殽山和西殽山。

[24] 夏后皋：夏代君主，夏桀的祖父。

[25] 辟（bì）：通“避”，躲避。

[26] 是间：指“二陵”之间。

[27] 东：向东行进。

【作品解读】

《秦晋殽之战》节选自《左传》。殽，通“崤”（xiáo）。鲁僖公三十二年，晋文公去世。秦国趁机出兵袭击郑国，无功而返。秦军归途中，晋国在崤山设伏兵狙击，秦军大败。本文选取了“秦晋殽之战”的开端，包括“卜偃传命”、秦军“师出不义”“劳师袭远”“蹇叔哭师”等内容。这一部分讲述的是战争的起因，并预示战争的结局 “秦晋殽之战”写得委婉曲折，对后世影响深远。

《左传》又称《春秋左氏传》，是我国现存第一部叙事详细的编年体史书，相传是春秋末年鲁国史官左丘明为解释孔子的《春秋》而作。它起自鲁隐公元年（前 722 年），迄于鲁哀公二十七年（前 468 年），记载了 250 多年间各诸侯国的政治、军事、经济、外交等方面的历史事实，内容十分丰富。

《左传》在叙事、人物塑造上的艺术特征，在文段中均有充分体现。叙事方面，“卜偃传命”说明晋国对秦国的行动已有准备；秦军“师出不义”“劳师袭远”“蹇叔哭师”预示着秦军必败的结局。重点突出，层次清晰。写人方面，蹇叔这一深谋远虑的形象主要通过善用对话和行动等进行描绘。他反对“劳师袭远”，并哭言：“吾见师之出而不见其入也。”送师时，蹇叔又出言提醒秦军防上晋军的偷袭。最终，他的这些建议都未被采纳，导致秦军大败。

【思考】

1.《左传》与《史记》都描写了各种各样的战争。结合《史记》的战争描写，如《项羽本纪》中的垓下之围，对比分析《左传》中战争描写的特征。

2. 分析秦穆公、蹇叔两个人物形象的特征。

作品 5

游侠列传（节选）

司马迁

司马迁（前 145—？），字子长，生于夏阳龙门（今陕西韩城）。西汉史学家、文学家和思想家。司马迁生长于史官世家，“年十岁则诵古文”，打下坚实的古文基础。他转益多师，向儒学大师孔安国习古文《尚书》，向董仲舒习公羊派《春秋》。后任太史令，借此机会博览群书。20 岁时曾漫游各地，采集史料。这都为司马迁《史记》的创作打下了良好的基础。元封三年（前 108 年），司马迁继父职，任太史令，遵父嘱撰写《史记》。后因李陵之事获罪，受宫刑，身心受到摧残。司马迁在极大痛苦中继续完成《史记》的创作。约征和初年（前 92 年），《史记》基本定稿。不久司马迁离开人世。

古布衣之侠，靡[1]得而闻已。近世延陵、孟尝、春申、平原、信陵之徒[2]，皆因王者亲属，藉于有土卿相之富厚[3]，招天下贤者，显名诸侯，不可谓不贤者矣。比如顺风而呼，声非加疾[4]，其势激也[5]。至如闾巷之侠，修行砥名[6]，声施[7]于天下，莫不称贤，是为难耳。然儒、墨皆排摈[8]不载。自秦以前，匹夫之侠，湮灭不见，余甚恨之。以余所闻，汉兴有朱家、田仲、王公、剧孟、郭解之徒[9]，虽时扞当世之文罔[10]，然其私义廉洁退让，有足称者。名不虚立，士不虚附。至如朋党宗彊比周[11]，设财役贫[12]，豪暴侵凌[13]孤弱，恣[14]欲自快，游侠亦丑之。余悲世俗不察其意，而猥[15]以朱家、郭解等令与暴豪之徒同类而共笑之也。

鲁朱家者，与高祖同时。鲁人皆以儒教，而朱家用[16]侠闻。所藏活[17]豪士以百数，其余庸人不可胜言。然终不伐[18]其能，歆[19]其德，诸所尝施，唯恐见之。振人不赡，先从贫贱始。家无余财，衣不完采，食不重味，乘不过軥[20]牛。专趋人之急，甚[21]己之私。既阴脱季布将军之阸[22]，及布尊贵，终身不见也。自关[23]以东，莫不延颈[24]愿交焉。

（司马迁，1982．史记[M]．北京：中华书局．）

【注释】

[1] 靡：无，不。

[2] 延陵：春秋时期吴国公子季札，因被封于延陵，称延陵季子。孟尝：齐国孟尝君田文。春申：楚国春申君黄歇。平原：赵国平原君赵胜。信陵：魏国公子信陵君无忌。

[3] 因：依仗。藉：凭借。

[4] 疾：加强。

[5] 激：激荡。

[6] 砥名：砥砺名节，磨炼自己，以保持名誉和节操。

[7] 施（yì）：蔓延、延伸。

[8] 排摈：排斥、抛弃。

[9] 朱家、田仲、王公、剧孟、郭解：皆为汉代侠士。

[10] 扞（hàn）：通“捍”，违背。文罔：通“文网”，法律禁令。

[11] 朋党宗彊：结成帮派的豪强。比周：互相勾结。比：近。周：合。

[12] 设财役贫：依仗自己的财富役使穷人。

[13] 凌：侵犯。

[14] 恣：放纵。

[15] 猥：谬，错误。

[16] 用：因为。

[17] 藏：藏匿。活：救活。

[18] 伐：夸耀。

[19] 歆：通“欣”，以自己的道德自喜。

[20] 軥（qú）：车辕端用以夹马颈的曲木。

[21] 甚：超过。

[22] 阸（è）：祸患。

[23] 关：函谷关。

[24] 延颈：伸长脖子。

【作品解读】

《史记》是我国第一部纪传体通史。全书由 12 本纪、30 世家、70 列传、10 表、8 书组成，最具价值的是人物传记。司马迁既为帝王将相立传，也将许多下层人物写入书中。在编排人物传记时，《史记》显示出高超的技巧，形成了独特的叙事风格。

《游侠列传》是《史记》名篇之一，专门记载了汉代著名侠士朱家、剧孟和郭解的事迹。所谓“游侠”，指的是那些轻生重义、勇于救人急困的人。汉代封建统治者和士大夫对游侠多持否定的态度。司马迁给他们立传，并予以很高的评价和极大的同情。

本文节选自《游侠列传》。第一段作者提出了“布衣之侠”“闾巷之侠”，赞扬了他们高贵的品德，也对他们的不幸遭遇表示了深切同情，并对迫害他们的人表示极大的愤慨。第二段作者记述了鲁国游侠朱家的事迹。朱家既广施仁义，又不矜恩德；既仗义疏财，又勤俭节约，赢得了老百姓的敬重与景仰。

作者对游侠们反复赞扬，抑扬顿挫，激情无限，认为他们都是具有高尚品格和献身精神的英雄。在讲述游侠朱家事迹时，司马迁通过描绘典型细节，突出刻画了朱家这个极富奉献精神的侠士形象。这些游侠有着鲜明的性格特征，所作所为无可挑剔。他们的悲剧结局令人同情。司马迁在为这些人物作传时，寄寓了自己深切的同情，也暗含了自己的人生感慨。《史记》是传记文学名著，不仅是古代散文的楷模，其蕴含的人文精神也为后世树立了光辉的榜样。

【思考】

1. 概括朱家的性格特征。
2. 分析游侠的悲剧色彩，以及其体现了司马迁怎样的思想情感。

作品 6

张中丞传后叙

韩愈

韩愈（768—824），字退之，唐代文学家、哲学家、思想家。河阳（今河南省焦作孟州市）人，汉族。祖籍河北昌黎，世称韩昌黎。晚年任吏部侍郎，又称韩吏部。谥号“文”，又称韩文公。他与柳宗元同为唐代古文运动的倡导者，主张学习先秦两汉的散文语言，破骈为散，扩大文言文的表达功能。宋代苏轼称他“文起八代之衰”，明人推他为唐宋八大家之首。韩愈与柳宗元并称“韩柳”，有“文章巨公”和“百代文宗”之名。有《昌黎先生集》传世。

元和二年[1]四月十三日夜，愈与吴郡张籍阅家中旧书，得李翰[2]所为《张巡传》。翰以文章自名[3]，为此传颇详密。然尚恨有阙者，不为许远[4]立传，又不载雷万春[5]事首尾。

远虽材若不及巡者，开门纳巡[6]，位本在巡上，授之柄[7]而处其下，无所疑忌，竟与巡俱守死，成功名。城陷而虏[8]，与巡死先后异耳[9]。两家子弟材智下[10]，不能通知[11]

二父志，以为巡死而远就虏，疑畏死而辞服于贼。远诚畏死，何苦守尺寸之地，食其所爱之肉[12]，以与贼抗而不降乎？当其围守时，外无蚍蜉蚁子之援[13]，所欲忠者，国与主耳。而贼语以国亡主灭[14]。远见救援不至，而贼来益众，必以其言为信。外无待而犹死守[15]，人相食且尽，虽愚人亦能数日而知死处矣。远之不畏死亦明矣！乌有城坏其徒俱死，独蒙愧耻求活？虽至愚者不忍为。呜呼！而谓远之贤而为之邪？

说者又谓远与巡分城而守，城之陷，自远所分始，以此诟远[16]。此又与儿童之见无异。人之将死，其藏腑必有先受其病者。引绳而绝之，其绝必有处。观者见其然，从而尤之，其亦不达于理矣。小人之好议论，不乐成人之美如是哉！如巡、远之所成就，如此卓卓，犹不得免，其他则又何说？

当二公之初守也，宁能知人之卒不救，弃城而逆遁？苟此不能守，虽避之他处何益？及其无救而且穷也，将其创残饿羸[17]之余，虽欲去必不达。二公之贤，其讲之精矣[18]。守一城，捍天下，以千百就尽之卒，战百万日滋之师，蔽遮江淮，沮遏[19]其势。天下之不亡，其谁之功也？当是时，弃城而图存者，不可一二数，擅强兵坐而观者相环也。不追议此，而责二公以死守，亦见其自比于逆乱，设淫辞而助之攻也。

愈尝从事于汴、徐二府[20]，屡道于两州间，亲祭于其所谓双庙[21]者。其老人往往说巡、远时事云。南霁云之乞救于贺兰也[22]，贺兰嫉巡、远之声威功绩出己上，不肯出师救。爱霁云之勇且壮，不听其语，强留之。具食与乐，延霁云坐。霁云慷慨语曰："云来时，睢阳之人不食月余日矣。云虽欲独食，义不忍。虽食且不下咽。"因拔所佩刀断一指，血淋漓，以示贺兰。一座大惊，皆感激为云泣下。云知贺兰终无为云出师意，即驰去。将出城，抽矢射佛寺浮图，矢著其上砖半箭。曰："吾归破贼，必灭贺兰！此矢所以志也。"愈贞元中过泗州[23]，船上人犹指以相语。城陷，贼以刃胁降巡。巡不屈，即牵去，将斩之。又降霁云。云未应。巡呼云曰："南八[24]，男儿死耳，不可为不义屈！"云笑曰："欲将以有为也。公有言，云敢不死？"即不屈。

张籍曰：有于嵩者，少依于巡；及巡起事，嵩尝在围中[25]。籍大历中，于和州乌江县见嵩[26]，嵩时年六十余矣。以巡初尝得临涣县尉[27]，好学无所不读。籍时尚小，粗问巡、远事，不能细也。云巡长七尺余，须髯若神。尝见嵩读《汉书》，谓嵩曰："何为久读此？"嵩曰："未熟也。"巡曰："吾于书读不过三遍，终身不忘也。"因诵嵩所读书，尽卷不错一字。嵩惊，以为巡偶熟此卷，因乱抽他帙[28]以试，无不尽然。嵩又取架上诸书，试以问巡。巡应口诵无疑。嵩从巡久，亦不见巡常读书也。为文章，操纸笔立书，未尝起草。初守睢阳时，士卒仅[29]万人。城中居人户，亦且数万。巡因一见问姓名，其后无不识者。巡怒，须髯辄张。及城陷，贼缚巡等数十人坐，且将戮。巡起旋，其众见巡起，或起或泣。巡曰："汝勿怖，死，命也。"众泣不能仰视。巡就戮时，颜色不乱，阳阳如平常。远宽厚长者，貌如其心。与巡同年生，月日后于巡，呼巡为兄。死时年四十九。嵩贞元初死于亳、宋间。或传嵩有田在亳宋[30]间，武人夺而有之。嵩将诣州讼理，为所杀。嵩无子，张籍云。

（韩愈，1935. 韩昌黎全集[M]. 上海：世界书局.）

【注释】

[1] 元和二年：807 年。元和，唐宪宗李纯（806—820）的年号。张籍（约 767—约 830），字文昌，吴郡（今江苏省苏州市）人，唐代著名诗人，韩愈的学生。

[2] 李翰：字子羽，赵州赞皇（今属河北）人，官至翰林学士。与张巡友善，客居睢阳时，曾亲见张巡战守事迹。张巡死后，有人诬其降贼，因撰《张巡传》上肃宗，并有《进张中丞传表》（见《全唐文》）。

[3] 以文章自名：《旧唐书・文苑传》：翰"为文精密，用思苦涩"。自名：自许。

[4] 许远（709—757）：字令威，杭州盐官（今浙江省海宁市）人。安史乱时，任睢阳太守，后与张巡合守孤城，城陷被掳往洛阳，至偃师被害。事见两唐书本传。

[5] 雷万春：张巡部下勇将。按：此当是"南霁云"之误，如此方与后文相应。

[6] 开门纳巡：肃宗至德二载（757 年）正月，叛军安庆绪部将尹子奇带兵十三万围睢阳，许远向张巡告急，张巡自宁陵率军入睢阳城（见《资治通鉴》）。

[7] 柄：权柄。

[8] 城陷而虏：此年十月，睢阳陷落，张巡、许远被虏。

[9] 与巡死先后异耳：不过许远与张巡死的时间有先后的不同。张巡与部将被斩，许远被送往洛阳邀功。

[10]"两家"句：据《新唐书・许远传》载，"安史之乱"平定后，大历年间，张巡之子张去疾轻信小人挑拨，上书代宗，谓城破后张巡等被害，唯许远独存，是屈降叛军，请追夺许远官爵。诏令去疾与许远之子许岘及百官议此事。两家子弟即指张去疾、许岘。

[11] 通知：通晓。

[12] 食其句：尹子奇围睢阳时，城中粮尽，军民以雀鼠为食，最后只得以妇女与老弱男子充饥。当时，张巡曾杀爱妾、许远曾杀奴仆以充军粮。

[13] 蚍蜉（pí fú）：黑色大蚁。蚁子：幼蚁。

[14]"而贼"句："安史之乱"时，长安、洛阳陷落，玄宗逃往西蜀，唐室岌岌可危。

[15] 外无待：睢阳被围后，河南节度使贺兰进明等皆拥兵观望，不来相救。

[16]"说者"句：张巡和许远分兵守城。张守东北，许守西南。城破时叛军先从西南处攻入，故有此说。

[17] 羸（léi）：瘦弱。

[18]"二公"二句：二公功绩前人已有精当的评价。此指李翰《进张中丞传表》所云："巡退军睢阳，扼其咽领，前后拒守，自春徂冬，大战数十，小战数百，以少击众，以弱击强，出奇无穷，制胜如神，杀其凶丑九十余万。贼所以不敢越睢阳而取江淮，江淮所以保全者，巡之力也。"

[19] 沮（jǔ）遏：阻止。

[20]“愈尝”句：韩愈曾先后在汴州（今河南省开封市）、徐州（今江苏省徐州市）任推官之职。唐称幕僚为从事。

[21] 双庙：张巡、许远死后，后人在睢阳立庙祭祀，称为双庙。

[22] 南霁云（？—757）：魏州顿丘（今河南省清丰县西南）人。安禄山反叛，被遣至睢阳与张巡议事，为张所感，遂留为部将。贺兰：复姓，指贺兰进明，时为御史大夫、河南节度使，驻节于临淮一带。

[23] 贞元：唐德宗李适年号（785—805）。泗州：唐属河南道，州治在临淮（今江苏省泗洪县东南），当年贺兰屯兵于此。

[24] 南八：南霁云排行第八，故称。

[25] 常：通“尝”，曾经。

[26] 大历：唐代宗李豫年号（766—779）。和州乌江县：在今安徽省和县东北。

[27]“以巡”句：张巡死后，朝廷封赏他的亲戚、部下，于嵩因此得官。临涣：故城在今安徽省宿县西南。

[28] 帙（zhì）：书套，也指书本。

[29] 仅：几乎。

[30] 亳（bó）：亳州，今安徽省亳县。宋：宋州，今睢阳。

【作品解读】

本文选自《昌黎先生集》。张中丞，即张巡，邓州南阳人。开元末进士。安禄山反，张巡起兵抗击，同睢阳（今河南商丘）太守许远共同守护睢阳，被拜为御史中丞，故称其张中丞。叙是文章体裁的一种，古人常用它来说明著作写作出版的情况，并对作家作品进行相关介绍评论，一般放在书前，亦称作序或引。后叙除具备叙的作用外，还可对著作进行补充，批语或反驳，一般放在书后。本文是作者韩愈在阅读李翰所写的《张巡传》后对有关材料所作的补充、对有关人物的议论，所以题为“后叙”。

755 年 11 月，“安史之乱”爆发，唐军节节败退。张巡和许远率万余兵士坚守睢阳孤城十余月，吸引了叛军近十万兵力，遏制了敌人向前推进的速度。睢阳城破后，张巡、许远相继被害。然而，两位守城英雄牺牲后屡次被诬陷。敌袭时逃跑的文武官员为辩护自己的无耻行径，诋毁许远、张巡困守孤城的做法，并指责张巡食人。针对这种议论，李翰撰写了《张巡传》，为其正名，方得以将事实澄清。后又十年，又有人称许远投降，张巡之子张去疾也上书代宗，请求追削许远官爵，未被朝廷采纳。五十年后，唐朝藩镇割据状态急需改变，又出现许多人借机中伤许远、张巡为己谋私。对此，韩愈作《张中丞传后叙》，通过驳斥诬蔑许远的错误论调，记述南霁云及补记张巡、许远的一些逸事，赞美了“安史之乱”时抗击叛军的英雄，斥责了小人对英雄们的诬蔑，同时也表达了对“擅强兵坐而观者”“弃城而图存者”的极大愤慨，特别是对贺兰进明的丑恶嘴脸进行了揭露，也反映了其反对割据、渴望统一的政治态度。

文章第一部分叙述了文章的创作缘由："恨有阙者。"由于没有人为许远、雷万春立传，记述其生平，作者由此创作了这篇《张中丞传后叙》。第二部分驳斥了小人的流言蜚语，歌颂了张巡、许远的高贵品质和历史功勋。首先采用叙议相结合的手法，驳斥了"巡死而远就虏，疑畏死而辞服于贼"的不实之词；接着驳斥了"远与巡分城而守，城之陷，自远所分始"，并借此批判了当时的社会风气；遣责"责二公以死守"之徒通过制造谎言来帮助敌人攻击张巡、许远两位英雄。第三部分补记南霁云、张巡、许远事迹。首先，补叙了汴州、徐州两地老人所谈论的南霁云乞救于贺兰的情形及其英勇就义的事迹，特别抓住了南霁云慷慨陈词、拔刀斩指、射塔明义、含笑赴义等细节，表现南霁云疾恶如仇、忠勇刚烈的鲜明性格；其次，补叙张籍所述张巡、许远的形象。张巡既有身材高大、记忆超凡、下笔如有神的性格特征，又表现出临危不惧、大义凛然、视死如归的英雄气概。许远平日里表现为一个宽厚的长者，与张巡以兄弟相称，亲密无间。

叙议结合，是本文最显著的表现手法。文章前半部分侧重议论，针对污蔑言论进行驳斥。在驳斥过程中补叙许远事迹，以弥补李翰《张巡传》之不足，并盛赞张巡、许远"守一城，捍天下"的历史功绩。后半部分侧重叙事：记叙了南霁云的感人事迹，补叙了张巡、许远的轶事，为英雄人物立碑。前后之间分工明确，又有着内在的统一联系。议论为叙事之纲领，叙事为议论之佐证。突出的细节描写，是本文的又一艺术特征。文章在英雄人物形象的描绘上不遗余力，善于选取最突出、最经典的情节来表现人物。如南霁云的拔刀断指、抽矢射塔，张巡的好学、记忆超凡等，都是文章的精彩片段。同时，本文还善于采用强烈的对比手法，通过英雄人物和诽谤者、投降派的对比，突出守城英雄的视死如归、磊落胸怀，以及反面小人的贪生怕死、卑劣无耻。在刻画正面人物形象时，作者也善于抓住人物之间的区别，并且以相互映衬的方式，塑造出神采各异的英雄形象。

【思考】

1. 体会并说明本文议论与叙事并重的特色。
2. 韩愈创作此文的起因是什么？文章体现出韩愈怎样的创作意图？
3. 具体分析本文的人物塑造手法。

作品 7

至小丘西小石潭记

柳宗元

柳宗元（773—819），字子厚，河东（今山西芮城、运城一带）人。唐宋八大家之一，唐代文学家、哲学家、散文家和思想家，世称"柳河东""河东先生"，因官终柳州刺史，又称“柳柳州”。柳宗元一生留诗文作品达 600 余篇，其文的成就大于诗。骈文有近百篇，散文论说性强，笔锋犀利，讽刺辛辣。游记写景状物，多所寄托，有《河东先生集》，代表作有《溪居》《江雪》《渔翁》。

从小丘西行百二十步，隔篁竹[1]，闻水声，如鸣佩环[2]，心乐之。伐竹取道，下见小潭，水尤清洌。全石以为底，近岸，卷石底以出[3]，为坻，为屿，为嵁，为岩[4]。青树翠蔓，蒙络摇缀，参差披拂[5]。

潭中鱼可百许头，皆若空游无所依。日光下澈，影布石上，佁然不动；俶尔远逝，往来翕忽[6]，似与游者相乐。

潭西南而望，斗折蛇行，明灭可见[7]。其岸势犬牙差互，不可知其源。

坐潭上，四面竹树环合，寂寥无人，凄神寒骨，悄怆幽邃。以其境过清，不可久居，乃记之而去。

同游者：吴武陵，龚古，余弟宗玄。隶而从者，崔氏二小生[8]：曰恕己，曰奉壹。

（柳宗元，1974．柳河东集[M]．上海：上海人民出版社．）

【注释】

[1] 篁竹：犹言竹丛。

[2] 如鸣佩环：好像人身上佩戴的玉饰相碰发出的声音。

[3] 卷石底以出：石底有部分翻卷过来，露出水面。卷：弯曲。以：相当于连词“而”，表承接。

[4] 坻：水中高地。屿：小岛。嵁：不平的岩石。岩：高出水面较大而高耸的石头。

[5] 青树翠蔓，蒙络摇缀，参差披拂：青葱的树木，翠绿的藤蔓，覆盖缠绕摇动下垂，参差不齐，随风飘动。

[6] 俶（chù）尔：忽然。翕忽：轻快敏捷的样子。翕：迅疾。

[7] 斗折蛇行，明灭可见：（溪水）像北斗星那样曲折，像蛇那样蜿蜒前行，时隐时现，忽明忽暗。

[8] 小生：年轻人。

【作品解读】

柳宗元在唐顺宗时期参加了王叔文领导的永贞革新，革新失败后被贬到永州担任司马。政治上的失意使他只好寄情于山水，通过对景物的细致刻画描绘，抒发自己在政治上无法排遣的苦闷忧思。在永州，柳宗元一共写了八篇山水游记，后称为《永州八记》。在第一记《始得西山宴游记》中，柳宗元写道：“自余为僇人，居是州，恒惴栗。其隙也，则施施而行，漫漫而游。”道出了这八篇游记的写作缘由，为这一系列作品奠定了整体的基调。

本文是《永州八记》中的第四篇，生动地描写了永州小石潭凄清幽静的景致，抒发了作者贬官失意的凄苦心境。

文章采用移步换景的方式，让读者随着作者的脚步，去领略一幅幅不同的画面。文章伊始，作者就引领读者从小丘往西走一百二十步，来到一片竹林旁。隔着竹林，能听到“如鸣佩环”般悦耳的流水声，让人不由得心生向往之心。但此时是只闻其声，却未能见其行，尚且需要“伐竹取道”，才能一睹其真容。文章由小丘引出竹林，再由竹林引出水声，循水声而发现小石潭，一气呵成，同时又充满了悬念。美景不是一览无余地展现在读者面前，而是充分调动起读者的好奇之心，随着作者一起去探秘。文章开头便让人产生耳目一新的感觉，不落俗套。随后，作者用细致、生动的笔触描写了小石潭的全貌以及周边环境，近观小石潭中的游鱼，远观小石潭的水源。最后，文章交代了离开小石潭的情况。

作者在描写景物时，能抓住景物的特征，进行细致、生动的描绘。文章写小“石”潭，便处处从“石”落笔，描写其清幽的特点。写“潭”，便充分调动听觉、视觉和触觉等感官，多角度描写其形状。“水尤清冽”“青树翠蔓”“日光下澈，影布石上”“明灭可见”，如同工笔画，抓住景物的色彩、光线的明暗变化来勾勒。写景，动静交错。声，是动态的；石，是静态的；“蒙络摇缀，参差披拂”又是动态的；鱼儿忽静忽动，溪水若静实动。这画面给人以很深的感知度。

寓情于景，情景交融。作者在描写景物时，字里行间处处渗透着自己浓烈的感情。这远离尘世的小石潭如此可人，充满了生机，却无人赏识。而其幽清寂寞正与自己的遭遇相同，此刻过于清冷的环境更容易激起作者“凄神寒骨，悄怆幽邃”的情感。小石潭景物的幽清美与作者心境的凄清美形成了强烈的比衬，有力地反衬出作者那种无法摆脱的压抑心情，也含蓄地表露了作者对冷酷现实的不满。

【思考】

1. 结合作者生平，谈谈本文所表达的情感。
2. 作者采用了什么样的艺术方法来描写小石潭？

作品 8

前赤壁赋

苏轼

壬戌[1]之秋，七月既望[2]，苏子与客泛舟，游于赤壁之下。清风徐来，水波不兴[3]。举酒属客[4]，诵明月之诗，歌窈窕之章[5]。少焉[6]，月出于东山之上，徘徊于斗牛之间[7]。白露[8]横江，水光接天。纵一苇之所如[9]，凌万顷之茫然[10]。浩浩乎如冯虚御风[11]，而不知其所止；飘飘乎如遗世[12]独立，羽化而登仙[13]。

于是饮酒乐甚，扣舷而歌之。歌曰：“桂棹兮兰桨[14]，击空明兮溯流光[15]。渺渺兮[16]

予怀，望美人兮天一方。”客有吹洞箫者，倚歌而和之。其声呜呜然，如怨如慕，如泣如诉；余音袅袅，不绝如缕[17]。舞幽壑之潜蛟[18]，泣孤舟之嫠妇[19]。

苏子愀然，正襟危坐[20]，而问客曰：“何为其然也？”客曰：“‘月明星稀，乌鹊南飞’，此非曹孟德之诗乎？西望夏口，东望武昌[21]，山川相缪[22]，郁乎苍苍[23]，此非孟德之困于周郎者乎？方其破荆州、下江陵，顺流而东也，舳舻[24]千里，旌旗蔽空，酾酒[25]临江，横槊赋诗，固一世之雄也，而今安在哉？况吾与子渔樵于江渚之上[26]，侣鱼虾而友麋鹿[27]，驾一叶之扁舟，举匏樽以相属。寄蜉蝣于天地[28]，渺沧海之一粟[29]。哀吾生之须臾，羡长江之无穷。挟飞仙以遨游，抱明月而长终。知不可乎骤得，托遗响于悲风[30]。”

苏子曰：“客亦知夫水与月乎？逝者如斯，而未尝往也[31]；盈虚者如彼，而卒莫消长也[32]。盖将自其变者而观之，则天地曾不能以一瞬[33]；自其不变者而观之，则物与我皆无尽也[34]，而又何羡乎？且夫天地之间，物各有主，苟非吾之所有，虽一毫而莫取。惟江上之清风，与山间之明月，耳得之而为声，目遇之而成色；取之无禁，用之不竭。是造物者之无尽藏也[35]，而吾与子之所共适[36]。”

客喜而笑，洗盏更酌[37]。肴核既尽，杯盘狼藉。相与枕藉乎舟中[38]，不知东方之既白。

（苏轼，1996．苏轼文集（卷一）[M]．孔凡礼，点校．北京：中华书局．）

【注释】

[1] 壬戌：古代以干支纪年，指宋神宗元丰五年（1082 年）。

[2] 既望：农历每月的十六日。望：农历每月的十五日。既：在……过去之后，已经。

[3] 兴：起。

[4] 举酒属客：举起酒杯，请客人喝酒。属：属望，此句指敬酒。

[5] 明月之诗、窈窕之章指《诗经·陈风·月出》。《诗经·陈风·月出》第一章：“月出皎兮，佼人僚兮。舒窈纠兮，劳心悄兮”。“窈纠”与“窈窕”音近，故又称窈窕之章。

[6] 少焉：不多时，一会儿。

[7] 徘徊：逗留不前的样子。斗牛：斗宿和牛宿。

[8] 白露：白茫茫的水汽。

[9] 纵：任，听凭。一苇：像一片苇叶的小船。如：往。

[10] 凌：越过。万顷：形容水面广大。茫然：指宽阔得看不到边际的江面。此句是说在茫无边际的江上漂荡。

[11] 浩浩乎：水势很大的样子。冯：同“凭”。冯虚：凌空。此句是说水势浩浩荡荡，小船在江面好像乘风而飞。

[12] 遗世：脱离人世，离开尘世。

[13] 羽化：古人称成仙为羽化。登仙：指飞升仙境。

[14] 桂棹兰桨：桂树做的棹，木兰做的桨，这里泛指划船用具。棹：桨之类的摇船器具。

[15] 空明：倒映在江水中的月亮。溯：逆流而上。流光：随着水波浮动着的月光。

[16] 渺渺兮：遥远的样子。

[17] 余音：尾声。《列子·汤问》载韩娥鬻歌："既去而余音绕梁欐，三日不绝。"袅袅，形容声音婉转悠长。缕：细丝线。

[18] 舞：使动用法，使……舞起来。幽壑：深谷。

[19] 泣：使动用法，使……哭泣。嫠（lí）妇：孤居的妇女。

[20] 愀（qiǎo）然：神色不愉快的样子。正襟：整一整衣襟。危坐：端坐。

[21] 夏口：今湖北武昌。武昌：今湖北鄂城。

[22] 缪：通"缭"，缭绕、缠绕。

[23] 郁乎苍苍：指树木茂密苍翠。

[24] 舳舻（zhú lú）：船只首尾衔接。舳：船尾。舻：船头。

[25] 酾（shī）酒：斟酒。

[26] 渔樵：捕鱼砍柴。渚：沙洲。

[27] 侣、友：名词用做意动，这句意思是说以鱼虾为伴侣，以麋鹿为朋友。匏（páo）樽：用葫芦做的酒器。

[28] 寄：寄生。蜉蝣：小虫名，夏秋之交生活在水边，只能存活几小时，比喻人类生存于世间的短暂。

[29] 渺沧海之一粟：渺小得就像大海中的一粒小米，比喻人极其渺小。

[30] 托：寄托。遗响：余音，指洞箫吹奏出的尾声。悲风：悲凉的秋风。

[31] 逝者如斯：引自《论语·子罕》："逝者如斯夫，不舍昼夜。"斯：水。未尝往：没有流走。

[32] 盈虚：圆缺。彼：月亮。卒莫消长：月亮终于没有消失或增长。此处意思是说月亮虽然有圆有缺，但毕竟还是那个月亮。

[33] 曾：乃，甚至。瞬：眨眼。此两句意思是说从变化的观点来看，天地间的万物变化非常迅速。

[34] 物与我：万物和我们人类。无尽：没有完，指不会消灭。

[35] 造物者：天，自然界。古人认为万物都由天造成，故称天为造物者。无尽藏（zàng）：佛语，无穷无尽的宝藏。

[36] 适：适用，享受。

[37] 更酌：再斟酒。

[38] 枕藉（jiè）：彼此紧靠着睡在一起。

【作品解读】

晁补之《续离骚序》云："公谪黄冈，数游赤壁下，盖忘意于世矣。观江涛汹涌，慨然怀古，犹壮瑜事而赋之。”苏轼贬居黄州时，曾多次游赤壁，写下了千古佳作《前赤壁赋》和《后赤壁赋》。其实，苏轼在黄州所游览的赤壁，并不是三国时期周瑜破曹的赤壁（在今湖北嘉鱼县、蒲圻县之北）。但作者为了便于联想古今而抒发其情感，故将赤鼻矶当作三国赤壁大战的遗址。

这篇文赋，作者通过月夜泛舟时所见到的优美景色，抒发了其因遭贬谪而引发的壮志未酬的感慨以及不计较个人得失、纵情山水的旷达胸怀。

本文可分为三部分。第一部分为第一段，写夜游之乐。先交代夜游的时间、地点、人物，然后描写月夜泛舟的情景，其乐无穷。第二部分是二、三两段，由景转入个人情怀的抒发。采用主客问答的方式，表现自己遭朝廷贬谪的境况，发出人生的慨叹，情绪由欢乐转为低沉。第三部分，从“苏子曰”到最后，情感转悲为乐。以水、月作比，阐述变与不变的哲理，由哀而喜，极尽游玩、畅饮之乐。其特点如下。

① “以文为赋”的体裁形式。此文既保留了传统赋体的那种诗的特质与情韵，又吸取了散文的笔调和手法，打破了赋在句式、声律的对偶等方面的束缚，更多是散文的成分，使文章兼具诗歌的深致情韵，又有散文的透辟理念。

② 文章结构严谨，脉络清晰。文章开头写因游起兴，身轻心畅，极尽月夜泛舟之乐；接着写凄婉、悲凉的箫声，触景而生情，深感生命短促，对社会、人生发出慨叹，情绪由乐而哀；最后写因情而入理，通过阐述变与不变的哲理，诉说人类与万物一样永存的道理，化解思想上的郁苦，心情由哀而喜。这样因游起兴，因景入情，因情入理，逐步转折，妥帖自然。最后，作者只有在与世事无关的江水清风、山中明月中求得慰藉和超脱。

③ 文章思路开阔、气势奔放。作者的笔端在天上与地面、高山与河流、过去与现在、理想与现实的广阔时空中纵横驰骋，众多的景物及生活情景无不涉及，并能抓住其特征，为己所用而尽力渲染、无限生发。境界开阔，生动逼真，情趣盎然；通过箫声的“呜呜然”，借题发挥，文气跌宕，摇曳多姿。这些特点的成功运用，给作品增添了无穷的韵味。

④ 文章语言流畅活泼，音调抑扬顿挫，具有音韵美。

【思考】

1. 谢枋得在《文章轨范》卷七中云：“此赋学《庄》《骚》文法，无一句与《庄》《骚》相似，非超然之才，绝伦之识，不能为也。潇洒神奇，出尘绝俗。……余尝中秋夜泛舟大江，月色水光与天宇合而为一，始知此赋之妙。” 谈谈你对这句话的理解。

2. 试比较分析苏轼《前赤壁赋》与《后赤壁赋》在艺术表现手法上的异同。

后赤壁赋

苏轼

是岁十月之望，步自雪堂，将归于临皋。二客从予过黄泥之坂。霜露既降，木叶尽脱，人影在地，仰见明月，顾而乐之，行歌相答。已而叹曰："有客无酒，有酒无肴，月白风清，如此良夜何！"客曰："今者薄暮，举网得鱼，巨口细鳞，状如松江之鲈。顾安所得酒乎？"归而谋诸妇。妇曰："我有斗酒，藏之久矣，以待子不时之需。"

于是携酒与鱼，复游于赤壁之下。江流有声，断岸千尺；山高月小，水落石出。曾日月之几何，而江山不可复识矣。予乃摄衣而上，履巉岩，披蒙茸，踞虎豹，登虬龙，攀栖鹘之危巢，俯冯夷之幽宫。盖二客不能从焉。划然长啸，草木震动，山鸣谷应，风起水涌。予亦悄然而悲，肃然而恐，凛乎其不可留也。反而登舟，放乎中流，听其所止而休焉。时夜将半，四顾寂寥。适有孤鹤，横江东来。翅如车轮，玄裳缟衣，戛然长鸣，掠予舟而西也。

须臾客去，予亦就睡。梦一道士，羽衣蹁跹，过临皋之下，揖予而言曰："赤壁之游乐乎？"问其姓名，俯而不答。"呜呼！噫嘻！我知之矣。畴昔之夜，飞鸣而过我者，非子也耶？"道士顾笑，予亦惊寤。开户视之，不见其处。

作品 9

西湖七月半

张岱

张岱（1597—1679），字宗子，一字石公，别号陶庵。出身世家，早岁优裕，生活奢侈，久居杭州。明亡前未曾入仕。清兵南下，张岱曾参加抗清军事活动，受南明政权将军之职。南明政权覆灭后，张岱披发避居剡溪山，悲愤之情悉注于文字之中，有《石匮书》《陶庵梦忆》《西湖梦寻》等作品传世。

西湖七月半，一无可看，止可看看七月半之人。看七月半之人，以五类看之：其一，楼船箫鼓，峨冠盛筵，灯火优傒[1]，声光相乱，名为看月而实不见月者，看之；其一，亦船亦楼，名娃闺秀，携及童娈[2]，笑啼杂之，环坐露台[3]，左右盼望，身在月下而实不看月者，看之；其一，亦船亦声歌，名妓闲僧，浅斟低唱，弱管轻丝，竹肉相发[4]，亦在月下，亦看月而欲人看其看月者，看之；其一，不舟不车，不衫不帻[5]，酒醉饭饱，呼群三五，跻入人丛，昭庆、断桥[6]，嘄[7]呼嘈杂，装假醉，唱无腔曲，月亦看，看月者亦看，不看月者亦看，而实无一看者，看之；其一，小船轻幌，净几煖炉，茶铛旋煮[8]，素瓷[9]静递，好友佳人，邀月同坐，或匿影树下，或逃嚣里湖[10]，看月而人不见其看月之态，亦不作意[11]看月者，看之。

杭人游湖，巳出酉归[12]，避月如仇。是夕好名，逐队争出，多犒门军酒钱，轿夫擎燎[13]，列俟岸上。一入舟，速[14]舟子急放断桥，赶入胜会。以故二鼓以前，人声鼓吹，如沸如撼[15]，如魇如呓[16]，如聋如哑；大船小船一齐凑岸，一无所见，止见篙击篙，舟触舟，肩摩肩，面看面而已。少刻兴尽，官府席散，皂隶[17]喝道去；轿夫叫，船上人怖以关门[18]，灯笼火把如列星，一一簇拥而去。岸上人亦逐队赶门，渐稀渐薄，顷刻散尽矣。

吾辈始舣舟[19]近岸。断桥石磴始凉，席其上，呼客纵饮。此时月如镜新磨，山复整妆，湖复颒面[20]。向之浅斟低唱者出，匿影树下者亦出，吾辈往通声气，拉与同坐。韵友来，名妓至，杯箸安，竹肉发。月色苍凉，东方将白，客方散去。吾辈纵舟，酣睡于十里荷花之中，香气拍人，清梦甚惬[21]。

（张岱，2008．陶庵梦忆[M]．淮茗，评注．北京：中华书局．）

【注释】

[1] 优傒：优伶及奴仆。
[2] 童娈：美少年。
[3] 露台：楼船上的平台。
[4] 竹肉相发：箫笛声和着歌声。
[5] 帻（zé）：头巾。
[6] 昭庆、断桥：昭庆寺、断桥为西湖名胜。
[7] 嘄（jiào）：同"叫"。
[8] 轻幌：细薄帏幔。茶铛（chēng）：烧茶的小锅。铛：温器。
[9] 素瓷：精致雅洁的瓷杯。
[10] 里湖：西湖苏堤以内的部分。
[11] 作意：故意，作出某种姿态。
[12] 巳出酉归：巳时（上午9时至11时）出城，酉时（下午5时至7时）返城。
[13] 擎燎：举着火把。
[14] 速：催促。
[15] 如沸如撼：如水沸声，如物体震撼声。
[16] 如魇如呓：如梦魇，如呓语。
[17] 皂隶：官署中的衙役。
[18] 怖以关门：以关门来恐吓游人，促其早归。
[19] 舣（yǐ）舟：摆舟靠岸。
[20] 颒（huì）面：洗面。此处指湖面重新呈现出明洁的样子。
[21] 惬：适意。

【作品解读】

《西湖七月半》选自《陶庵梦忆》。文章属于追忆之作，借摹绘西湖游人之情态，烘托了西湖七月半时繁丽热闹的生活气氛，刻画生动传神、细致入微。层层白描的文字中，夹杂着作者醉恋于昔日繁华靡丽生活的怀旧情绪。

七月半，是指农历七月十五日中元节。杭州风俗，于这一天倾城游湖，纵情作乐。

文章描绘了各色游湖人等，形神毕肖，雅俗褒贬，了了分明。透过这幅五色斑斓的风俗画，我们可以感受到作者孤高自赏的生活情调和清雅脱俗的审美情趣。

文章开篇称“一无可看”，先将题目正面一笔扫到。紧接着说，“止可看看七月半之人”，从反面揭题，选择了一个独特的视角来抒写自己的观感。然后，作者具体描绘了五类人：“名为看月而实不见月”“身在月下而实不看月”“欲人看其看月”“月亦看，看月者亦看，不看月者亦看”“看月而人不见其看月之态，亦不作意看月”。作者对这些人观察细致，描绘生动。各色人等皆现身纸上，作者却大有冷眼旁观之慨。然而，读者又能从字里行间感受其褒贬之情。第一类是假冒风雅的官僚，第二类是无意风雅的豪门，第三类则欲显风雅而不免做作，第四类是不知风雅为何物的市井好事之徒，第五类是不欲显其风雅而真正风雅的文人雅客。五类人依次写来，如镜头推移，声态各异，境界不同。显然，作者对前两类人嗤之以鼻；对第三类人有所肯定，亦有所讥刺；对第四类人虽然不作肯定，却似乎欣赏其放荡中所存的几分天真；对第五类人则引为同调。作者并不现身评点，却于客观的画面中厘清雅俗、寓含褒贬，兼有史笔与传神之妙。

随后，作者从听觉、视觉等感官层面，描写了杭州人游湖“已出酉归，避月如仇”，好虚名，凑热闹的景象。二更以前，湖上“如沸如撼，如魇如呓，如聋如哑”“止见篙击篙，舟触舟，肩摩肩，面看面而已”。游客们“少刻兴尽”，官老爷们宴席已散，衙役喝道，率先离去。船上的人也纷纷上轿，轿夫还以城门将闭来催促人们上岸。岸上的人也争先逐队进城，各色人等作鸟兽散。名为游湖看月，实与西湖风月毫不相干。这一段插叙，回应开头“西湖七月半，一无可看”的论断，具体描写，同时又为下文作铺垫和反衬。

接着，“吾辈始舣舟近岸”。文章叙述口吻由第三人称转为第一人称，“始”字点出了西湖恢复了宁静安闲本貌的情形，也表达了“吾辈”的内心平静。“此时月如镜新磨，山复整妆，湖复颒面”三句，则写一种崭新的审美感受。此时对景畅怀，与客纵饮，“向之浅斟低唱者出，匿影树下者亦出，吾辈往通声气，拉与同坐”。“浅斟低唱者”即前文所写之第三类人，尚有赏月雅兴。五类人中唯此二者独留，故与之声气相通，有共同语言，拉来同坐。“韵友来，名妓至，杯箸安，竹肉发”，描绘了两类人相得共赏之乐，节奏欢快，心情亦极欢快。随着“月色苍凉，东方将白，客方散去”，写通宵盘桓，兴尽方散。与前文众人游湖匆匆聚散恰成对照。兴尽而散之后，却并不急于回城，而复纵舟，最后“酣睡于十里荷花之中，香气拍人，清梦甚惬”。

文章写人物场景，虽纷繁复杂，又极有条理。五类人物，两种场景，写来如见其人，如临其境。其观察之深入细致，笔墨之精练老到，令人佩服。行文错综，富于变化，转接呼应，极为自然。开篇奇警峭拔，结尾韵味悠长。全篇运用对比映照，严于雅俗之分，而又妙在不作正面判断，令读者悠然会心，识其旨趣所在。

【思考】

1. 作者描写了哪五类看月之人？表达了作者怎样的情感？

2. 分析作者对这五类看月之人的态度与评价。

3. 分析这篇文章的创作手法与艺术特征。

作品 10

讲故事的人
——2012 年诺贝尔文学奖获奖演讲

莫言

莫言（1955— ），原名管谟业。1955 年 2 月 17 日出生于山东高密，是第一位获得诺贝尔文学奖的中国籍作家。1976 年加入中国人民解放军，历任班长、保密员、图书管理员、教员、干事等职。1981 年公开发表第一篇小说《春夜雨霏霏》。1985 年年初在《中国作家》杂志发表《透明的红萝卜》，一举成名。1986 年在《人民文学》杂志发表中篇小说《红高粱家族》，引起轰动。2011 年凭借小说《蛙》荣获茅盾文学奖。2012 年获得诺贝尔文学奖。据不完全统计，莫言的作品至少已经被翻译成 40 种语言。

尊敬的瑞典学院[1]各位院士，女士们、先生们：

通过电视或者网络，我想在座的各位对遥远的高密东北乡[2]，已经有了或多或少的了解。你们也许看到了我的九十岁的老父亲，看到了我的哥哥姐姐、我的妻子女儿，和我的一岁零四个月的外孙女。但是有一个此刻我最想念的人，我的母亲，你们永远无法看到了。我获奖后，很多人分享了我的光荣，但我的母亲却无法分享了。

我母亲生于 1922 年，卒于 1994 年。她的骨灰，埋葬在村庄东边的桃园里。2011 年，一条铁路要从那儿穿过，我们不得不将她的坟墓迁移到距离村子更远的地方。掘开坟墓后，我们看到，棺木已经腐朽，母亲的骨殖，已经与泥土混为一体。我们只好象征性地挖起一些泥土，移到新的墓穴里。也就是从那一时刻开始，我感到，我的母亲是大地的一部分，我站在大地上的诉说，就是对母亲的诉说。

我是我母亲最小的孩子。

我记忆中最早的一件事，是提着家里唯一的一个热水瓶去公共食堂打开水。因为饥饿无力，失手将热水瓶打碎。我吓得要命，钻进草垛，一天没敢出来。傍晚的时候我听到母亲呼唤我的乳名，我从草垛里钻出来，以为会受到打骂，但母亲没有打我也没有骂我，只是抚摸着我的头，口中发出长长的叹息。

我记忆中最痛苦的一件事，就是跟着母亲去集体的地里捡麦穗，看守麦田的人来了，捡麦穗的人纷纷逃跑，我母亲是小脚，跑不快，被捉住。那个身材高大的看守人扇了她一个耳光，她摇晃着身体跌倒在地，看守人没收了我们捡到的麦穗，吹着口哨扬长而去。我母亲嘴角流血，坐在地上，脸上那种绝望的神情让我终生难忘。多年之后，当那个看守麦田的人成为一个白发苍苍的老人，在集市上与我相逢，我冲上去想找他报仇，母亲拉住了我，平静地对我说："儿子，那个打我的人，与这个老人，并不是一个人。"

我记得最深刻的一件事是一个中秋节的中午，我们家难得的包了一顿饺子，每人只有一碗。正当我们吃饺子时，一个乞讨的老人来到了我们家门口，我端起半碗红薯干打发他，他却愤愤不平地说："我是一个老人，你们吃饺子，却让我吃红薯干。你们的心是怎么长的？"我气急败坏地说："我们一年也吃不了几次饺子，一人一小碗，连半饱都吃不了！给你红薯干就不错了，你要就要，不要就滚！"母亲训斥了我，然后端起她那半碗饺子，倒进了老人碗里。

我最后悔的一件事，就是跟着母亲去卖白菜，有意无意地多算了一位买白菜的老人一毛钱。算完钱我就去了学校。当我放学回家时，看到很少流泪的母亲泪流满面。母亲并没有骂我，只是轻轻地说："儿子，你让娘丢了脸。"

我十几岁时，母亲患了严重的肺病。饥饿，病痛，劳累，使我们这个家庭陷入了困境，看不到光明和希望。我产生了一种强烈的不祥之兆，以为母亲随时都会自己寻短见。每当我劳动归来，一进大门就高喊母亲，听到她的回应，心中才感到一块石头落了地。如果一时听不到她的回应，我就心惊胆战，跑到厨房和磨坊里寻找。有一次找遍了所有的房间也没有见到母亲的身影，我便坐在了院子里大哭。这时母亲背着一捆柴草从外面走进来。她对我的哭很不满，但我又不能对她说出我的担忧。母亲看到我的心思，她说："孩子你放心，尽管我活着没有一点乐趣，但只要阎王爷不叫我，我是不会去的。"

我生来相貌丑陋，村子里很多人当面嘲笑我，学校里有几个性格霸蛮的同学甚至为此打我。我回家痛哭，母亲对我说："儿子，你不丑，你不缺鼻子不缺眼，四肢健全，丑在哪里？而且只要你心存善良，多做好事，即便是丑也能变美。"后来我进入城市，有一些很有文化的人依然在背后甚至当面嘲弄我的相貌。我想起了母亲的话，便心平气和地向他们道歉。

我母亲不识字，但对识字的人十分敬重。我们家生活困难，经常吃了上顿没下顿。但只要我对她提出买书买文具的要求，她总是会满足我。她是个勤劳的人，讨厌懒惰的孩子，但只要是我因为看书耽误了干活，她从来没批评过我。

有一段时间，集市上来了一个说书人。我偷偷地跑去听书，忘记了她分配给我的活儿。为此，母亲批评了我，晚上当她就着一盏小油灯为家人赶制棉衣时，我忍不住把白天从说书人听来的故事复述给她听。起初她有些不耐烦，因为在她心目中说书人都是油嘴滑舌，不务正业的人，从他们嘴里冒不出好话来。但我复述的故事渐渐地吸引了她，以后每逢集日她便不再给我排活，默许我去集上听书。为了报答母亲的恩情，也为了向她炫耀我的记忆力，我会把白天听到的故事，绘声绘色地讲给她听。

很快地，我就不满足复述说书人讲的故事了。我在复述的过程中不断地添油加醋，我会投我母亲所好，编造一些情节，有时候甚至改变故事的结局。我的听众也不仅仅是我的母亲，连我的姐姐、我的婶婶、我的奶奶都成为我的听众。我母亲在听完我的故事后，有时会忧心忡忡地，像是对我说，又像是自言自语："儿子，你长大后会成为一个什么人呢？难道要靠耍贫嘴吃饭吗？"

我理解母亲的担忧，因为在村子里，一个贫嘴的孩子，是招人厌烦的，有时候还会给自己和家庭带来麻烦。我在小说《牛》里所写的那个因为话多被村子里厌恶的孩子，就有我童年时的影子。我母亲经常提醒我少说话，她希望我能做一个沉默寡言、安稳大方的孩子。但在我身上，却显露出极强的说话能力和极大的说话欲望。这无疑是极大的危险，但我说故事的能力，又带给了她愉悦。这使她陷入深深的矛盾之中。

俗话说"江山易改，本性难移"，尽管我有父母亲的谆谆教导，但我并没有改掉我喜欢说话的天性，这使得我的名字"莫言"，很像对自己的讽刺。

我小学未毕业即辍学。因为年幼体弱，干不了重活，只好到荒草滩上去放牧牛羊。当我牵着牛羊从学校门前路过，看到昔日的同学在校园里打打闹闹，我心中充满悲凉，深深地体会到一个人，哪怕是一个孩子，离开群体后的痛苦。

到了荒滩上，我把牛羊放开，让它们自己吃草。蓝天如海，草地一望无际，周围看不到一个人影，没有人的声音，只有鸟儿在天上鸣叫。我感到很孤独，很寂寞，心里空空荡荡。有时候，我躺在草地上，望着天上懒洋洋地飘动着的白云，脑海里便浮现出许多莫名其妙的幻象。我们那地方流传着许多狐狸变成美女的故事。我幻想着能有一个狐狸变成美女与我来作伴放牛，但她始终没有出现。但有一次，一只火红色的狐狸从我面前的草丛中跳出来时，我被吓得一屁股蹲在地上。狐狸跑没了踪影，我还在那里颤抖。有时候我会蹲在牛的身旁，看着湛蓝的牛眼和牛眼中的我的倒影，有时候我会模仿着鸟儿的叫声试图与天上的鸟儿对话，有时候我会对一棵树诉说心声。但鸟儿不理我，树也不理我。许多年后，当我成为一个小说家，当年的许多幻想，都被我写进了小说。很多人夸我想象力丰富，有一些文学爱好者，希望我能告诉他们培养想象力的秘诀，对此，我只能报以苦笑。

就像中国的先贤老子所说的那样："祸兮福之所倚，福兮祸之所伏。"我童年辍学，饱受饥饿、孤独、无书可读之苦，但我因此也像我们的前辈作家沈从文那样，及早地开始阅读社会人生这本大书。前面所提到的到集市上去听说书人说书，仅仅是这本大书中的一页。

辍学之后，我混迹于成人之中，开始了"用耳朵阅读"的漫长生涯。二百多年前，我的故乡曾出了一个讲故事的伟大天才蒲松龄。我们村里的许多人，包括我，都是他的传人。我在集体劳动的田间地头，在生产队的牛棚马厩，在我爷爷奶奶的热炕头上，甚至在摇摇晃晃地进行着的牛车上，聆听了许许多多神鬼故事、历史传奇、逸闻趣事。这些故事都与当地的自然环境、家庭历史紧密联系在一起，使我产生了强烈的现实感。

我做梦也想不到有朝一日这些东西会成为我的写作素材。我当时只是一个迷恋故事的孩子，醉心地聆听着人们的讲述。那时我是一个绝对的有神论者，我相信万物都有灵性。我见到一棵大树会肃然起敬。我看到一只鸟会感到它随时会变化成人。我遇到一个陌生人，也会怀疑他是一个动物变化而成。每当夜晚我从生产队的记工房回家时，无边的恐惧便包围了我，为了壮胆，我一边奔跑一边大声歌唱。那时我正处在变声期，嗓音嘶哑，声调难听。我的歌唱，是对我的乡亲们的一种折磨。

我在故乡生活了二十一年，其间离家最远的是乘火车去了一次青岛，还差点迷失在木材厂的巨大木材之间，以至于我母亲问我去青岛看到了什么风景时，我沮丧地告诉她："什么都没看到，只看到了一堆堆的木头。"但也就是这次青岛之行，使我产生了想离开故乡到外边去看世界的强烈愿望。

1976 年 2 月，我应征入伍，背着我母亲卖掉结婚时的首饰帮我购买的四本《中国通史简编》，走出了高密东北乡这个既让我爱又让我恨的地方，开始了我人生的重要时期。我必须承认，如果没有三十多年来中国社会的巨大发展与进步，如果没有改革开放，也不会有我这样一个作家。

在军营的枯燥生活中，我迎来了八十年代的思想解放和文学热潮。我从一个用耳朵聆听故事，用嘴巴讲述故事的孩子，开始尝试用笔来讲述故事。起初的道路并不平坦，我那时并没有意识到我二十多年的农村生活经验是文学的富矿，那时我以为文学就是写好人好事，就是写英雄模范，所以，尽管也发表了几篇作品，但文学价值很低。

1984 年秋，我考入解放军艺术学院文学系。在我的恩师、著名作家徐怀中的启发指导下，我写出了《秋水》《枯河》《透明的红萝卜》《红高粱》等一批中短篇小说。在《秋水》这篇小说里，第一次出现了"高密东北乡"这个字眼。从此，就如同一个四处游荡的农民有了一片土地，我这样一个文学的流浪汉，终于有了一个可以安身立命的场所。我必须承认，在创建我的文学领地"高密东北乡"的过程中，美国的威廉·福克纳和哥伦比亚的加西亚·马尔克斯给了我重要启发。我对他们的阅读并不认真，但他们开天辟地的豪迈精神激励了我，使我明白了一个作家必须要有一块属于自己的地方。一个人在日常生活中应该谦卑退让，但在文学创作中，必须颐指气使，独断专行。我追随在这两位大师身后两年，即意识到，必须尽快地逃离他们。我在一篇文章中写道："他们是两座灼热的火炉，而我是冰块，如果离他们太近，会被他们蒸发掉。"根据我的体会，一个作家之所以会受到某一位作家的影响，其根本是因为影响者和被影响者灵魂深处的相似之处，正所谓"心有灵犀一点通"。所以，尽管我没有很好地去读他们的书，但只读过几页，我就明白了他们干了什么，也明白了他们是怎样干的。随即我也就明白了我该干什么和我该怎样干。

我该干的事情其实很简单，那就是用自己的方式，讲自己的故事。我的方式，就是我所熟知的集市说书人的方式，就是我的爷爷奶奶、村里的老人们讲故事的方式。坦率地说，讲述的时候，我没有想到谁会是我的听众。也许我的听众就是那些如我母亲一样的人，也许我的听众就是我自己。我自己的故事，起初就是我的亲身经历，譬如《枯河》中那个遭受痛打的孩子，譬如《透明的红萝卜》中那个自始至终一言不发的孩子。我的确曾因为干过一件错事而受到过父亲的痛打，我也的确曾在桥梁工地上为铁匠师傅拉过风箱。当然，个人的经历无论多么奇特也不可能原封不动地写进小说，小说必须虚构，必须想象。很多朋友说《透明的红萝卜》是我最好的小说，对此我不反驳，也不认同，但我认为《透明的红萝卜》是我的作品中最有象征性、最意味深长的一部。那个浑身漆黑、具有超人的忍受痛苦的能力和超人的感受能力的孩子，是我全部小说的灵魂。尽管在后来的小说里，我写了很多的人物，但没有一个人物，比他更贴近我的灵魂。或者可以说，一个作家所塑造的若干人物中，总有一个领头的，这个沉默的孩子就是一个领头的，他一言不发，但却有力地领导着形形色色的人物，在高密东北乡这个舞台上，尽情地表演。

自己的故事总是有限的，讲完了自己的故事，就必须讲他人的故事。于是，我的亲人们的故事，我的村人们的故事，以及我从老人们口中听到过的祖先们的故事，就像听到集合令的士兵一样，从我的记忆深处涌出来。他们用期盼的目光看着我，等待着我去写他们。我的爷爷、奶奶、父亲、母亲、哥哥、姐姐、姑姑、叔叔、妻子、女儿，都在我的作品里出现过，还有很多的我们高密东北乡的乡亲，也都在我的小说里露过面。当然，我对他们，都进行了文学化的处理，使他们超越了他们自身，成为文学中的人物。

我最新的小说《蛙》中，就出现了我姑姑的形象。因为我获得诺贝尔奖，许多记者到她家采访，起初她还很耐心地回答提问，但很快便不胜其烦，跑到县城里她儿子家躲起来了。姑姑确实是我写《蛙》时的模特，但小说中的姑姑，与现实生活中的姑姑有着天壤之别。小说中的姑姑专横跋扈，有时简直像个女匪；现实中的姑姑和善开朗，是一个标准的贤妻良母。现实中的姑姑晚年生活幸福美满，小说中的姑姑到了晚年却因为心灵的巨大痛苦患上了失眠症，身披黑袍，像个幽灵一样在暗夜中游荡。我感谢姑姑的宽容，她没有因为我在小说中把她写成那样而生气；我也十分敬佩我姑姑的明智，她正确地理解了小说中人物与现实中人物的复杂关系。

母亲去世后，我悲痛万分，决定写一部书献给她。这就是那本《丰乳肥臀》。因为胸有成竹，因为情感充盈，仅用了 83 天，我便写出了这部长达 50 万字的小说的初稿。

在《丰乳肥臀》这本书里，我肆无忌惮地使用了与我母亲的亲身经历有关的素材，但书中的母亲情感方面的经历，则是虚构或取材于高密东北乡诸多母亲的经历。在这本书的卷前语上，我写下了“献给母亲在天之灵”的话，但这本书，实际上是献给天下母亲的。这是我狂妄的野心，就像我希望把小小的“高密东北乡”写成中国乃至世界的缩影一样。

作家的创作过程各有特色。我每本书的构思与灵感触发也都不尽相同。有的小说起源于梦境，譬如《透明的红萝卜》；有的小说则发端于现实生活中发生的事件，譬如《天堂蒜薹之歌》。但无论是起源于梦境还是发端于现实，最后都必须和个人的经验相结合，才有可能变成一部具有鲜明个性的，用无数生动细节塑造出了典型人物的、语言丰富多彩、结构匠心独运的文学作品。有必要特别提及的是，在《天堂蒜薹之歌》中，我让一个真正的说书人登场，并在书中扮演了十分重要的角色。我十分抱歉地使用了这个说书人的真实姓名，当然，他在书中的所有行为都是虚构。在我的写作中，出现过多次这样的现象。写作之初，我使用他们的真实姓名，希望能借此获得一种亲近感，但作品完成之后，我想为他们改换姓名时却感到已经不可能了。因此也发生过与我小说中人物同名者找到我父亲发泄不满的事情，我父亲替我向他们道歉，但同时又开导他们不要当真。我父亲说："他在《红高粱》中，第一句就说我父亲这个土匪种，我都不在意你们还在意什么？"

我在写作《天堂蒜薹之歌》这类逼近社会现实的小说时，面对着的最大问题，其实不是我敢不敢对社会上的黑暗现象进行批评，而是这燃烧的激情和愤怒会让政治压倒文学，使这部小说变成一个社会事件的纪实报告。小说家是社会中人，他自然有自己的立场和观点，但小说家在写作时，必须站在人的立场上，把所有的人都当作人来写。只有这样，文学才能发端于事件但超越事件，关心政治但大于政治。

可能是因为我经历过长期的艰难生活，使我对人性有较为深刻的了解。我知道真正的勇敢是什么，也明白真正的悲悯是什么。我知道，每个人心中都有一片难用是非善恶准确定性的朦胧地带，而这片地带，正是文学家施展才华的广阔天地。只要是准确地、生动地描写了这个充满矛盾的朦胧地带的作品，也就必然地超越了政治并具备了优秀文学的品质。

喋喋不休地讲述自己的作品是令人厌烦的，但我的人生是与我的作品紧密相连的，不讲作品，我感到无从下嘴，所以还得请各位原谅。

在我的早期作品中，我作为一个现代的说书人，是隐藏在文本背后的，但从《檀香刑》这部小说开始，我终于从后台跳到了前台。如果说我早期的作品是自言自语，目无读者，从这本书开始，我感觉到自己是站在一个广场上，面对着许多听众，绘声绘色地讲述。这是世界小说的传统，更是中国小说的传统。我也曾积极地向西方的现代派小说学习，也曾经玩弄过形形色色的叙事花样，但我最终回归了传统。当然，这种回归，不是一成不变的回归，《檀香刑》和之后的小说，是继承了中国古典小说传统又借鉴了西方小说技术的混合文本。小说领域的所谓创新，基本上都是这种混合的产物。不仅仅是本国文学传统与外国小说技巧的混合，也是小说与其他的艺术门类的混合，就像《檀香刑》是与民间戏曲的混合，就像我早期的一些小说从美术、音乐，甚至杂技中汲取了营养一样。

最后，请允许我再讲一下我的《生死疲劳》。这个书名来自佛教经典。据我所知，为翻译这个书名，各国的翻译家都很头痛。我对佛教经典并没有深入研究，对佛教的理解自然十分肤浅。之所以以此为题，是因为我觉得佛教的许多基本思想，是真正的宇宙意识。人世中许多纷争，在佛家的眼里，是毫无意义的。这样一种至高眼界下的人世，显得十分可悲。当然，我没有把这本书写成布道词。我写的还是人的命运与人的情感，人的局限与人的宽容，以及人为追求幸福、坚持自己的信念所做出的努力与牺牲。小说中那位以一己之身与时代潮流对抗的蓝脸，在我心目中是一位真正的英雄。这个人物的原型，是我们邻村的一位农民。我童年时，经常看到他推着一辆吱吱作响的木轮车，从我家门前的道路上通过。给他拉车的，是一头瘸腿的毛驴；为他牵驴的，是他小脚的妻子。这个奇怪的劳动组合，在当时的集体化社会里，显得那么古怪和不合时宜，在我们这些孩子的眼里，也把他们看成是逆历史潮流而动的小丑，以至于当他们从街上经过时，我们会充满义愤地朝他们投掷石块。事过多年，当我拿起笔来写作时，这个人物，这个画面，便浮现在我的脑海中。我知道，我总有一天会为他写一本书，我迟早要把他的故事讲给天下人听。但一直到了 2005 年，当我在一座庙宇里看到“六道轮回”的壁画时，才明白了讲述这个故事的正确方法。

我获得诺贝尔文学奖后，引发了一些争议。起初，我还以为大家争议的对象是我，渐渐地，我感到这个争议的对象，是一个与我毫不相关的人。我如同一个看戏人，看着众人的表演。我看到那个得奖人身上落满了花朵，也被掷上了石块、泼上了污水。我生怕他被打垮，但他微笑着从花朵和石块中钻出来，擦干净身上的脏水，坦然地站在一边，对着众人说：对一个作家来说，最好的说话方式是写作。我该说的话都写进了我的作品里。用嘴说出的话随风而散，用笔写出的话永不磨灭。我希望你们能耐心地读一下我的书，当然，我没有资格强迫你们读我的书。即便你们读了我的书，我也不期望你们能改变对我的看法，世界上还没有一个作家，能让所有的读者都喜欢他。在当今这样的时代里，更是如此。

尽管我什么都不想说，但在今天这样的场合我必须说话，那我就简单地再说几句。

我是一个讲故事的人，我还是要给你们讲故事。

上世纪六十年代，我上小学三年级的时候，学校里组织我们去参观一个苦难展览，我们在老师的引领下放声大哭。为了能让老师看到我的表现，我舍不得擦去脸上的泪水。我看到有几位同学悄悄地将唾沫抹到脸上冒充泪水，我还看到在一片真哭假哭的同学之间，有一位同学，脸上没有一滴泪，嘴巴里没有一点声音，也没有用手掩面。他睁着大眼看着我们，眼睛里流露出惊讶或者是困惑的神情。事后，我向老师报告了这位同学的行为。为此，学校给了这位同学一个警告处分。

多年之后，当我因自己的告密向老师忏悔时，老师说，那天来找他说这件事的，有十几个同学。这位同学十几年前就已去世，每当想起他，我就深感歉疚。这件事让我悟到一个道理，那就是：当众人都哭时，应该允许有的人不哭。当哭成为一种表演时，更应该允许有的人不哭。

我再讲一个故事：三十多年前，我还在部队工作。有一天晚上，我在办公室看书，有一位老长官推门进来，看了一眼我对面的位置，自言自语道：“噢，没有人？”我随即站起来，高声说：“难道我不是人吗？”那位老长官被我顶得面红耳赤，尴尬而退。为此事，我洋洋得意了许久，以为自己是个英勇的斗士，但事过多年后，我却为此深感内疚。

请允许我讲最后一个故事，这是许多年前我爷爷讲给我听过的：有八个外出打工的泥瓦匠，为避一场暴风雨，躲进了一座破庙。外边的雷声一阵紧似一阵，一个个的火球，在庙门外滚来滚去，空中似乎还有吱吱的龙叫声。众人都胆战心惊，面如土色。有一个人说："我们八个人中，必定有一个人干过伤天害理的坏事，谁干过坏事，就自己走出庙接受惩罚吧，免得让好人受到牵连。"自然没有人愿意出去。又有人提议道："既然大家都不想出去，那我们就将自己的草帽往外抛吧，谁的草帽被刮出庙门，就说明谁干了坏事，那就请他出去接受惩罚。"

于是大家就将自己的草帽往庙门外抛，七个人的草帽被刮回了庙内，只有一个人的草帽被卷了出去。大家就催这个人出去受罚，他自然不愿出去，众人便将他抬起来扔出了庙门。故事的结局我估计大家都猜到了，那个人刚被扔出庙门，那座破庙轰然坍塌。

我是一个讲故事的人。

因为讲故事我获得了诺贝尔文学奖。

我获奖后发生了很多精彩的故事，这些故事，让我坚信真理和正义是存在的。

今后的岁月里，我将继续讲我的故事。

谢谢大家！

（人民网，2012 年 12 月 8 日）

【注释】

[1] 北京时间 2012 年 12 月 8 日凌晨，2012 年诺贝尔文学奖获得者、中国作家莫言在瑞典学院发表文学演讲，主题为"讲故事的人（Storyteller）"。

[2] 莫言出生于高密东北乡的平安庄村，即今高密市胶河疏港物流园区平安庄村。高密东北乡是指高密市区东北方向的几处镇街园（夏庄镇部分村庄、胶河疏港物流园区），地处高密东北部，是莫言笔下的文学概念。

【作品解读】

这篇朴实无华的演讲词，满含着人生智慧。莫言通篇都在讲故事，没有一句大道理，甚至对自己主要作品的评价，也是用讲故事来完成的。在这一连串的故事里，我们看到了莫言孤独、苦难的少年生活。他因为贫穷而忍受饥饿，因为相貌而备受歧视，因为辍学而承受孤独。穷苦与孤独，使他沉浸到了各种各样的民间传说、历史故事中，滋生了无限的想象力，获得了敏锐体察人生与人性的艺术之心——恰恰是这些，促成了他的文学创作，给他带来了丰富的文学素材与创作灵感。我们还可以看到莫言对于人生境界的理解。他所讲述的故事涉及很多精神层面的东西，如宽容。他的母亲事事教他宽容，他自己的经历也常常在暗示他：要保持宽容、平和之心。他曾经毫不留情地顶撞了上司，并为此沾沾自喜，但是后来他感到了后悔。不是因为害怕被上司"穿小鞋"而后悔，而是感到自己的行为只是一种得理不饶人的鲁莽，与单纯追求特立独行的乖戾而已，于人于己并没有任何建设性的意义。

一个通篇讲故事的演讲，却其实通篇都在讲故事之外的世界。拆解遭遇恶意的险招，讲述文学内外的驳杂，洞悉人类心灵的丰富。这是莫言的智慧，也给我们带来了启示。

【思考】

1. 怎样理解“讲故事的人”这一标题？
2. 简要分析莫言母亲的形象。
3. 分析这篇演讲词的演讲风格。

第四章 小说总论

第一节 小说的基础知识

一、小说的概念及分类

小说是文学的一大样式，一般通过环境描写和故事的叙述来塑造人物形象，表现人物的心理状态和行动。它一般具有典型的人物形象、典型的环境描写与完整的故事情节。小说的叙事角度灵活多样，描写、叙述、抒情、议论等各种手法兼收并蓄。

按照篇幅的长短，小说可分为长篇小说、中篇小说、短篇小说。

长篇小说的篇幅最长，一般在 10 万字以上，主要用于表现广阔的社会生活，反映时代的重大事件和历史面貌。长篇小说的结构宏伟，人物众多。根据故事情节的发展，长篇小说可以分为不同的章节。例如，《红楼梦》《神雕侠侣》就属于长篇小说。

中篇小说的篇幅短于长篇小说，长于短篇小说。它所反映的社会面貌不如长篇小说广阔复杂。中篇小说紧密围绕中心任务展开情节，情节的展开有所限制，结构较为紧凑，如《阿 Q 正传》《边城》等。

短篇小说的篇幅最短，情节简单，人物少，文笔洗练。它往往通过选取具有典型性的生活事件，以小见大，反映社会生活的内涵与实质。例如，《阅微草堂笔记》《聊斋志异》都是短篇小说集。

二、小说的特点

作为一种叙事性的文学体裁，小说主要通过对人物的塑造、对环境的描写和对情节的叙述表现主题思想，并且允许虚构。因此，典型人物、典型环境、故事情节、虚构性是小说的主要特征。

1. 典型人物

小说中的人物不是现实生活里的真人复制。它是作者将现实生活中各种原型的某些特征加以糅合熔铸，比原型更为典型。作品中有血有肉、立体饱满的人物形象，是作者采用叙述、描写等多种表达方式刻画出来的。

不论是短篇小说、中篇小说，还是长篇小说，它们在人物塑造上都留下了深刻隽永的经典形象。短篇小说如《聊斋志异》中的《婴宁》，通过对婴宁与王子服的爱情故事的描写，塑造了一个拈花爱笑、“痴呆裁如婴儿”却又颇具人情味道的狐妖形象。中篇小说中的人物形象少于长篇小说，但这些人物也是典型的。例如，《阿 Q 正传》讲述了辛亥革命前后中国的历史现实，描绘了半封建半殖民地社会的阶级关系和民众心理，塑造了阿 Q、小 D、赵太爷、假洋鬼子等众多有血有肉的典型形象。其中，阿 Q 是一个不朽典型。长篇小说如《三国演义》写了四百多个人物，塑造了一批个性鲜明的文学典型。同是群雄之首，刘备、孙权、曹操三个人物形象各有特色。至于谋士如诸葛亮、荀彧、鲁肃，战将如关羽、张飞、赵云、黄忠、夏侯惇、张辽、周瑜、陆逊等，他们都有自己的个性特征。

2. 典型环境

环境是指小说中的人物所处的具体的社会环境和自然环境。作者在塑造人物形象时，也注重对人物所处环境的描写，包括社会环境与自然环境。社会环境即人物生活的政治、经济、文化环境等；自然环境即自然界的景物，如春夏秋冬、风霜雨雪、山川河海、森林草原等。环境描写是为了衬托人物，并给故事情节发展提供背景和场所。例如，短篇小说《婴宁》一文中，作者特别善于描绘人物所居住的自然环境和室内环境，以衬托婴宁天真纯洁的美好品质。长篇小说《红楼梦》中对于典型环境的塑造更是不可胜数，林黛玉所居住的潇湘馆、薛宝钗所居住的蘅芜苑、贾宝玉的怡红院，都极好地烘托了主要人物的性格特征。环境描写对渲染气氛、烘托人物性格有着积极的作用，也是影响和促进人物性格形成、发展的基本要素。

3. 故事情节

小说一般都有比较完整的故事情节，包括开端、发展、高潮、结局四部分。有的作品前面有序幕，后面有尾声。小说作为叙事性文学，重在勾勒人物性格形成和发展的过程，因此特别强调情节的完整性。失去了生活事件，人物也就失去了附着的载体与赖以生存的基础。

从情节来看，短篇小说的情节较简单，往往是截取生活中的典型片段进行集中描绘，从而展现深刻的思想内涵。例如，契诃夫的《变色龙》塑造了虚伪逢迎、见风使舵的巡警奥楚蔑洛夫，通过对人物像变色龙一样不断变化态度的细节描写，有力地嘲讽了沙皇专制制度下封建卫道士的卑躬屈膝的嘴脸。长篇小说不是截取生活的某一片段或者侧面，而是要完完整整地描绘生活长河的图景，表现丰富的社会生活，反映时代面貌，有着复杂的情节结构。长篇小说既有主要矛盾，又有次要矛盾；既有主要线索，又有次要线索，环环扣紧。例如，《红楼梦》以贾宝玉和林黛玉的爱情悲剧为主要线索，描述了贾、史、王、薛四大家族的兴衰，揭露了封建贵族家族的荒淫腐败，显示出封建制度濒于崩溃的命运；通过对贾府内部的描写，展示了贵族阶层和奴仆之间的种种矛盾与斗争；通过对贾府社会关系的描绘，描摹了上自王室宗亲，下至平头百姓等不同阶级的矛盾和斗争。中篇小说的故事情节不如长篇小说复杂，也不如短篇小说的情节单纯。但无论是长篇小说、中篇小说，还是短篇小说，对于情节都有着特定的要求。

4. 虚构性

虚构性是小说的重要特征。早期的神话被视为小说，当中的人物形象、故事情节乃至环境都是虚构的。作者根据表达的需要进行充分的夸张想象，进而加工创作。这种加工必须建立在合乎故事情节的发展逻辑的基础上，也必须合乎人物性格发展的逻辑。例如，《西游记》中就虚构了一个既有凌霄宝殿，也有阎罗地狱，还有海底水晶宫的光怪陆离的多重世界，更塑造了栩栩如生的拥有七十二般变化、筋斗云等高强法力的孙悟空，拥有三十六般变化、九齿钉耙的猪八戒等神话形象。虚构性能够大大提高小说的趣味性，也为小说的创作开设了新的领域和空间。

第二节 我国小说发展简史

一、先秦两汉时期

先秦两汉时期是我国小说的萌芽期。从小说的基本构成要素来看，古代神话、寓言故事和历史人物传记孕育着小说具备的要素，是古代小说最早的源头。

神话传说、寓言故事是虚构性文体。我国古代神话故事零星留存，没有完整的神话体系。《穆天子传》今存六卷，主要记载的是周穆王西征的故事。《淮南子》中也有不少精彩的神话记载，如《后羿射日》。《山海经》中存有较多的神话传说，其中对于昆仑山、西王母的记载最为人知。《燕丹子》《吴越春秋》等著作虽称为史书，但当中也含有不少神话因素和奇谈异闻。寓言故事早在春秋战国时期就已经盛行，《庄子》《韩非子》中保存有大量的寓言故事，“自相矛盾”“滥竽充数”等人们耳熟能详的故事都出自《韩非子》。这类小说故事的重点在于虚构。汉代也有不少小说，如托名东方朔所作的《神异经》与《海内十洲记》，托名班固所作的《汉武故事》，托名郭宪所作的《汉武洞冥记》等。

历史人物传记是指收录于正史的人物传。理论上史传不允许虚构，但人物传记记载了历史人物的生平事迹，有着完整的故事结构。司马迁《史记》列传 70 篇，描绘了一批栩栩如生的历史人物形象，《信陵君列传》《廉颇蔺相如列传》《李将军列传》《货殖列传》都是当中的佳作。人物传记对于人物事迹的记录，突出地表现了小说的情节。

二、魏晋南北朝时期

魏晋南北朝时期是我国小说的形成前期。当时的小说具备了基本的要素，但创作者缺乏明显的创作意识，正如干宝所说“非有意作小说”。这一时期的小说主要分为两类：志怪小说，以干宝的《搜神记》为代表；志人小说，以刘义庆的《世说新语》为代表。

志怪小说的诞生以神仙方术盛行、佛教传入为背景，各种奇闻杂谈愈多。干宝的《搜神记》共 20 卷，记载了 454 则故事，既有宣扬神仙鬼妖的迷信故事，也有颇具现实意义的民间传说和世俗故事，《宋定伯捉鬼》《三王墓》《李寄》《韩凭夫妇》《吴王小女》《董永》等都是当中的名篇。这一时期的志怪小说叙事简单，如《董永》只是用短短的 239 字记述了董永与织女的故事。正如鲁迅所评价的“粗陈梗概”的特征，志怪小说在环境描写和人物形象塑造上有所不足。因此，志怪小说对后世小说的影响主要表现为叙事性。

志人小说的代表作《世说新语》是我国魏晋南北朝时期“笔记小说”的代表作，是我国最早的一部文言志人小说集。全书现存 3 卷，根据内容分为“德行”“言语”“政事”“文学”“方正”等 36 类，主要记载了东汉后期到晋宋间名士贵族的言行与逸事。书中所载均属历史上实有的人物，这些人物形象生动鲜明，栩栩如生。鲁迅评价《世说新语》“记言则玄远冷隽，记行则高简瑰奇”。《世说新语》对后世小说的主要影响表现在人物形象的塑造上。

三、隋唐时期

唐代是小说发展的新阶段，鲁迅称其时“始有意为小说”。这一时期小说主要是传奇小说，是指文人创作的文言小说。“传奇”一名出自唐代裴硎的文言小说《传奇》，此后唐传奇就成为唐代文言小说的代称。

初唐传奇作品较少，内容与志怪小说接近，在人物形象的刻画，叙述结构的勾勒上较以前有明显进步，代表作品是王度的《古镜记》。中唐是传奇创作的黄金时代。李朝威的《柳毅传》、蒋防的《霍小玉传》、元稹的《莺莺传》和白行简的《李娃传》等名作相继涌现。这些故事以爱情为主题，代表了唐传奇的最高成就。此时的传奇小说充分体现了“叙述婉转，文辞华艳”的特征。晚唐时期的传奇更受文人重视，传奇数量高于初唐和中唐，但在思想内容和艺术成就上远逊于前期作品。当中值得一提的是薛调的《无双传》，它描写了一对青年男女悲欢离合的故事，歌颂了忠贞不渝的爱情，感人至深。唐传奇在我国小说的发展史上，起着里程碑的作用。它的产生，标志着我国小说的发展已进入了成熟期。唐传奇小说以其鲜明的特点，与诗歌、散文一样，成为一种独立的文学样式。

四、宋代时期

宋代，小说的发展进入繁荣阶段。宋代城市经济高度繁荣，市民阶层壮大。繁华的都市生活滋生了各类以娱乐节目为目的的文艺形式。市民文学相应兴盛起来。民间说话艺术受到追捧，并迅速发展。“说话”的本义是口传故事。唐代已有“说话”，宋代“说话”继承唐代说话而来，并且呈现出职业化、商业化的特征。宋代说话主要分为四类：小说、说经、讲史、合生。前三类以叙事取胜，第四类以演出者的敏捷为突出特点。说话活动的日益兴盛，导致了说话人的底稿日渐增多。话本就是说话人的底本。说话人的文字记录和受说话体式影响而衍生的其他故事文本，后世统称为“话本”。话本大体由入话（头回）、正话、结尾几个部分组成，采用的语言形式是白话。其中小说话本的题材主要包括“灵怪、烟粉、传奇、公案，兼朴刀、捍棒、妖术、神仙”等。目前传世的宋元话本主要有三类：叙事粗略、文字粗糙的话本，如《三国志平话》；经过记录整理的说话人的底本，如《错斩崔宁》《碾玉观音》；文人根据野史笔记等改编加工的通俗故事，如《宣和遗事》。

话本小说是我国小说发展史上的重要里程碑，具有承前启后的地位。无论是创作方法还是语言形式，“话本小说”对以后的小说、戏曲均产生了深远的影响。

五、元明时期

元代话本小说也十分兴盛。元末明初，在话本的基础上产生了一批长篇章回小说，如《三国演义》《水浒传》这类鸿篇巨制，在思想和艺术上都达到了很高的成就。

章回小说是我国古典长篇小说的唯一形式。《三国演义》不仅开章回小说的先河，同时也是成就最高的长篇历史演义小说。它起自黄巾起义，终于西晋统一，描写了近百年间的历史故事，通过描绘魏、蜀、吴三国的兴衰过程，反映了各个统治集团之间的军事、政治、外交的矛盾斗争。《三国演义》有着雄伟壮阔的艺术结构。作者以蜀汉为中心，抓住三国矛盾斗争的主线，井然有序地展开故事情节，既曲折变化，又脉络分明，构成完美的艺术表现。在惊心动魄的政治、军事斗争中，《三国演义》还塑造了一系列生动鲜明的人物形象，如“义绝”关羽、“智绝”诸葛亮、“奸绝”曹操。《水浒传》是长篇英雄传奇小说，通过生动的艺术描写，反映了我国历史上梁山水泊农民起义发生、发展以及失败的整个过程，挖掘了起义的根源，成功地塑造了 “全忠仗义”的英雄群像。《水浒传》以富于个性化的艺术形象，引人入胜的故事情节，生动明快、准确的语言艺术，成为我国文学史上的经典作品。这两部作品的诞生，开创了我国长篇小说创作的新时期。

明代中叶，小说创作出现了崭新的局面。小说方面，长篇、短篇相继涌出：长篇章回小说的代表作是《西游记》《金瓶梅》；短篇小说的代表作有《三言二拍》。

《西游记》是我国小说史上极富浪漫主义色彩的经典著作，塑造了“心猿”孙悟空、“木母”猪八戒等经典形象，构建了一个神奇瑰丽的神话世界。唐僧师徒取经历经磨难，曲折地反映了封建社会人民群众反抗统治者的斗争，表现了劳动人民追求自由光明的社会理想，以及勇往直前的坚强毅力和不惜牺牲一切而征服自然的英雄观。它把嘲笑、讽刺、批判艺术地结合起来，运用丰富的想象力，把整个自然和社会都幻想化了，创造了奇特的环境和人物性格。语言生动幽默，俚语横生。《西游记》为神魔小说的兴起拉开了序幕。

署名为兰陵笑笑生的《金瓶梅》以西门庆家族的兴衰史为描写中心，它上通衙门官吏，下连市井无赖，是当时社会矛盾的缩影。小说全面暴露了明代晚期统治者的荒淫无耻、社会的黑暗、道德风尚的堕落以及伦理关系的森严。作品注重情节的安排，讲究细节描写，追求人物塑造的完美，作品语言也爽朗、泼辣。就文学地位而言，《金瓶梅》是第一部文人独创的长篇小说，也是第一部世情小说。此后，世情小说的发展沿着《红楼梦》《儒林外史》两条不同的路径发展。

明代天启年间，冯梦龙的《喻世明言》《警世通言》《醒世恒言》三部短篇小说集面世，简称《三言》。《三言》是拟话本小说，真实反映了小市民的生活和思想感情，反映了资本主义萌芽时期，商品经济影响了市民逐渐转变的价值观。凌濛初的《初刻拍案惊奇》《二刻拍案惊奇》(简称《二拍》)是继《三言》后影响较大的拟话本集，反映了广泛的社会生活，在主题思想的集中、情节的曲折、细节描写的细腻上更进一步，表现内容广泛，艺术特色鲜明。

六、清代时期

清代是我国小说发展的鼎盛时期。蒲松龄的《聊斋志异》是短篇文言小说的集大成之作。作者塑造了大批“花妖狐媚”的形象来反映人间的现实生活：对封建礼教及科举制度进行大胆暴露和鞭挞；对不合理的封建婚姻制度予以无情揭露；同情底层人民的疾苦，歌颂被压迫者的反抗。吴敬梓的《儒林外史》是一部以描写封建知识分子为中心的长篇小说。作者以“文行出处”为评判标准，批判了各类封建士大夫的功名利禄观念，描写了他们空虚无聊的精神面貌和堕落败坏的道德风尚，暴露了封建社会的腐朽本质。《儒林外史》在讽刺艺术上“秉持公心”“其文戚而能谐，婉而多讽”，其在讽刺艺术上的成就可谓空前绝后。

《红楼梦》原名《石头记》。目前所见的《红楼梦》共 120 回，前 80 回为曹雪芹所作，后 40 回为高鹗续作。全书以贾宝玉、林黛玉的爱情悲剧为主线，通过对贾氏家族兴衰史的叙述，揭露了封建家庭的荒淫无耻、腐败堕落，显示出封建制度濒于崩溃和必然灭亡的命运。《红楼梦》以其丰富深刻的思想内容、完美的艺术形式，成为中国古典小说的最高典范；以其杰出的现实主义创作成就，为后代作家提供了丰富的艺术经验。

这一时期艺术成就较高的作品还有陈忱的《水浒后传》、李汝珍的《镜花缘》、褚人获的《隋唐演义》、钱彩的《说岳全传》、冯梦龙的《东周列国志》，以及石玉昆的《三侠五义》等。

清末官场谴责小说受《儒林外史》讽刺艺术的影响，对当时官场的各种黑暗丑陋现象作了深刻的讽刺，但就讽刺成就而言不如《儒林外史》。李伯元的《官场现形记》结构上也仿照《儒林外史》。作品抨击了封建社会末期的官僚制度，运用漫画式的夸张手法描绘了封建官僚贪污腐败和卖国求荣的各种丑态，以及对人民的压榨与迫害。吴趼人的《二十年目睹之怪现状》是一部带有自传性质的作品。小说以"九死一生"者的口气，描绘了 1884 年中法战争前后二十年中的见闻，展现了一幅清帝国上上下下各类官吏贪污、腐败、堕落的社会图卷。刘鹗的《老残游记》共 20 回，主要人物是"老残"，全书通过描写这个摇串铃的江湖医生老残在游历途中的见闻和所为，反映了晚清的一些社会现实，表达了作者对时局的见解及主张。曾朴的《孽海花》是一部具有民主革命思想的小说。小说以金雯青、傅彩云的故事为主线，描写了当时上层社会的生活，不时将批判的矛头指向最高统治者，并以赞同的态度描写了革命党人的活动。

七、近现代时期

近代，不少学者高举文学革命大旗，打响了反对封建主义和旧文学的第一枪，具有划时代的历史功绩。随着无产阶级的成长和马克思主义的传播，文学革命打上了新的烙印。随之兴起的"小说界革命"带来了译述风气。古文家林纾的 100 多种文言小说译作，为现代小说进入文坛做好了准备。鲁迅、周作人兄弟也曾选译、出版《域外小说集》。1918 年 5 月，鲁迅在《新青年》第四卷上发表小说《狂人日记》，描写了一个"迫害狂"患者的精神状态和心理活动。这是我国现代文学史上第一篇具有现代形式和现代精神的白话小说。此后，鲁迅又陆续发表了《孔乙己》《路》等短篇作品及中篇小说《阿 Q 正传》。这些作品为我国现代小说的创作确立了典范。

1919 年年初，《新潮》杂志创刊，不少年轻作者大胆运用小说探讨社会问题，形成了"问题小说"的创作热潮。罗家伦的《是爱情还是苦痛》、杨振声的《渔家》、冰心的《斯人独憔悴》等都从不同角度触及了社会问题。

1921 年，叶圣陶与茅盾、郑振铎等人发起成立了文学研究会。叶圣陶的长篇小说代表作是《倪焕之》，短篇小说代表作是《潘先生在难中》。他以一种冷静的批判态度，着重揭示了知识分子的精神病态和"灰色的卑琐人生"，风格细腻冷峻。郁达夫是我国现代文学史上地位仅次于鲁迅的小说家。《沉沦》是郁达夫开始现代主题表达的起点，也是他"自叙传"抒情小说的代表作，取得了令人瞩目的成绩。郁达夫在他的小说中集中描绘了零余者的形象，体现了返归自然的生命和哲学思想。乡土小说是五四时期的另一重要类型，如蹇先艾的《水葬》、许杰的《惨雾》等，这些作品诞生于现代文明与乡土意识的双重浸染之中，反映了普遍的道德匮惑。

茅盾，原名沈雁冰，是五四运动后活跃于我国文坛的一位卓越作家。茅盾是他发表第一篇小说《幻灭》的笔名。茅盾的长篇小说《子夜》等真正完成了现代长篇小说的艺术构架。他的主要作品还有中篇小说《蚀》三部曲（《幻灭》《动摇》《追求》），短篇小说《林家铺子》《春蚕》等，深刻反映了当时的社会生活，也由此确立了他在我国现代文学史上卓越的革命现实主义作家的地位。

发扬五四文学革命传统，把新文学创作推向新水平，在小说方面获得突出成就的，还有巴金和老舍。巴金的代表作有《激流三部曲》(《家》《春》《秋》)。它以五四运动前后的社会现实为背景，叙述了高家这个封建大家庭的没落和分化：《家》描写了大家长高老太爷如何在绝望中死去，孙辈的高觉慧如何冲出家庭的束缚奔向广阔的天地；《春》引入了周家，对照地描写了父女两代人的冲突，并且以淑英和惠两个女性的不同结局，为青年反对封建家庭专制指明道路；《秋》则更加沉重，固守封建家族的地主们沉溺于声色，加速了自行灭亡的过程；弱小者则成为陪葬品。作者以雄健的笔触表现了封建家族的腐朽和衰败，表现了他们精神上的空虚堕落及失败结局，展现了封建家族必然崩溃的趋势。

老舍是我国现代文学史上的一位高产作家，被推为“京味小说”的鼻祖。代表作有长篇小说《离婚》《骆驼祥子》《四世同堂》等。老舍是首位建立了完整的市民形象体系的作家。他的作品真实地展现了北京的风土人情和市民生活。此后京派小说家的代表有沈从文、废名、萧乾、林徽因等。沈从文的代表作《边城》构建了一个具有传奇因素的爱情悲剧故事，并且营造了具有地域色彩的民俗环境与背景。

“九一八”事变后，流亡关内的“东北作家群”创作了大量洋溢着东北旷野气息的作品。代表作家和作品有萧军的《八月的乡村》，萧红的《生死场》《呼兰河传》等。《八月的乡村》是一部长篇小说，也是萧军的成名作，描写了20世纪30年代初一支刚刚组成的抗日队伍的成长和战斗生活，因其所具有的思想艺术力量，受到了鲁迅的推许。《生死场》是萧红的成名作，以沉郁的眼光描写了哈尔滨附近乡村三个家庭的故事，反映了“九一八”事变前后十年间东北农村的生活和变化，并且融合了斗争性和民族性。《呼兰河传》是萧红代表性长篇自体传小说，以呼兰城的公众生活、环境为中心，揭示了我国农村在封建统治下的种种弊端和黑暗，充分批判了封建礼教对民众的毒害。

1949年以后，我国小说得到了前所未有的全面发展。在“百花齐放，百家争鸣”方针的指引下，出现了一些优秀小说，如艾芜的长篇小说《百炼成钢》、孙犁的中篇小说《铁木前传》、王愿坚的中篇小说《党费》，还有曲波的长篇小说《林海雪原》、梁斌的长篇小说《红旗谱》、杨沫的长篇小说《青春之歌》以及柳青的长篇小说《创业史》等。这些作品重在描绘典型英雄人物及其在生活中的矛盾冲突，情节设置波澜起伏，但形态较为单一。

20世纪70年代末到80年代初，小说创作占主导地位的是“伤痕文学”，如王亚平的短篇小说《神圣的使命》、陈国凯的短篇小说《我应该怎么办》以及金河的短篇小说《重逢》等都是当时有影响的名篇。这些作品的情感基调具有悲剧性。继而又出现了“反思文学”“改革文学”，主要作品有蒋子龙的《乔厂长上任记》以及路遥的《人生》等。80年代中后期，小说文坛首先出现了文学寻根。代表作家的身份是“知青”，代表作品有韩少功的《爸爸爸》、郑义的《远村》以及王安忆的《小鲍庄》等。这一时期的小说创作包括了“市井”“都市”“乡土”“乡情”等元素，出现多样化的趋势。代表作家有高晓声、古华、路遥、贾平凹、冯骥才、池莉、方方、刘恒等。例如，池莉的《烦恼人生》将笔触伸向中年人的生存困惑问题，影响极大，被称为“新写实小说”。90 年代的小说创作对现代都市生活方面的表现有了较大发展，如朱文的《我爱美元》等。

进入 21 世纪以后，小说的创作更加繁荣。随着互联网新媒体技术的普及，小说的创作出现新的面貌，呈现出网络时代的特色，网络小说如雨后春笋般涌现，得到了民众的追捧。小说这一文学形式得到了长足的发展。

第三节 作品鉴赏

作品 1

世说新语·任诞第二十三（节选）

刘义庆

刘义庆（403—444），字季伯，原籍彭城（今江苏徐州），世居京口（今江苏镇江），南朝宋文学家。宋武帝刘裕之侄，长沙景王刘道怜次子，其叔父临川王刘道规无子，即以刘义庆为嗣，袭封临川王。

《世说新语》又名《世语》，由刘义庆组织一批文人编写。内容主要是记录魏晋名士的逸闻和玄言清谈，是我国最早的一部文言志人小说集。全书原 8 卷，刘峻注本分为 10 卷，今传本皆作上、中、下三卷，分为德行、言语、政事、文学、方正、雅量等 36 篇。全书文笔简洁明快，语言含蓄蕴藉，善于通过只言片语刻画鲜明的人物形象和性格特征，具有较高的文学成就，历来被视为我国古典文学名著之一。

王子猷居山阴[1]，夜大雪，眠觉，开室，命酌酒，四望皎然[2]。因起彷徨，咏左思《招隐》诗[3]，忽忆戴安道[4]。时戴在剡[5]，即便夜乘小船就[6]之。经宿[7]方至，造门[8]不前而返。人问其故，王曰：“吾本乘兴而行，兴尽而返，何必见戴！”

（刘义庆，2009．世说新语[M]．朱碧莲，沈海波，译注．北京：中华书局．）

【注释】

[1] 山阴：县名，今浙江省绍兴县。按：王子猷弃官东归，住在山阴县。王子猷：东晋名士、书法家王徽之，字子猷。

[2] 皎然：洁白的样子。四望：眺望四方。

[3] 左思《招隐》诗：左思是西晋著名诗人，对当时门阀士族专权感到不满。《招隐》诗写寻访隐士和对隐居生活的羡慕。

[4] 戴安道：戴逵，字安道。

[5] 剡（shàn）：县名，今浙江嵊州市。有剡溪可通山阴县。

[6] 就：拜访、访问。

[7] 经宿：一整夜。

[8] 造门：到门口。

【作品解读】

任情放达、率性而为，是魏晋时期整个文人集团的普遍生活姿态，被标注为“名士风流”的显著特征。王徽之潇洒自如，精神放松，消解了这一时期文人及时行乐、荒诞不经的戾气，更显出其高雅淡泊、不拘形迹、洒脱超然的真名士风范。因此，王徽之被推为魏晋名士的典范，是当之无愧的。

“何必见戴？”文人雅士见夜雪而生发酒兴、诗兴，也是常有的事。“晚来天欲雪，能饮一杯无？”表达的是一种对雪夜暖酒、挚友欢聚的企盼。文人雅兴就如遗传基因一样，其文化内涵是一脉相承的，王徽之于雪夜睡醒之后想到的第一件事也是喝酒。品酒赏雪，微醺之中面对银装素裹，面对新鲜的空气和澄澈的大地，内心无比澄澈。此情此景对于一个闲适自在、自得其趣的文人来说，自然无比畅快。

雪光照亮冬夜刺激了王徽之的审美冲动，由此引发了王徽之的艺术联想：由雪景至酒兴，由酒兴至咏诗，由咏诗而忆友，由忆友而访友。这都是在一瞬间完成的，并且立即付诸行动，几经周折，终于来到友人戴逵的家门口，却忽然打消了访友的念头，随船返回。从访友事件的整个过程看，王徽之完全是心血来潮，随着兴致而来，“乘兴而行，兴尽而返”，事先没有计划性，行为也不求结果，带有明显的随意性。

随意性是文学审美活动自由度充分的标志。这种无拘无束、潇洒自如的行为和心理，令人惊叹。王徽之到达戴逵家门口后突然改变主意不再前行，给自己也给后人留下了想象的空间：是雪夜美景在王徽之心中失去韵味而导致丧失游兴，还是王徽之重神交而不是现实中的会面，抑或是王徽之感兴趣的仅仅是寻访途中扁舟漂荡、饱览雪景的乐趣？都已经无法探知。但这一行为呈现出的内涵颇为丰富：一是文人群体与雪夜美景、自然山水之间形神相亲的审美趣味，二是王徽之这一个体展现的意识流式的思维方式与行为模式，昭示其率性而为的个人秉性。王徽之尊重的只是自己内心的审美感受，而不是外在行动计划的实现程度。王徽之随性选择雪夜访友，随性选择在入戴家门前离去，这一行为留下了艺术空白点，大大超越了读者的期待视野，激发了读者的奇思妙想。“何必见戴”的“何必”两字，凸显出王徽之脱略形迹、无所约束的自由心态。不论何事，都可以从人生的必要性中分离出来，融入人生的随心所欲中。

【思考】

1. 用简要的语言概括本文所叙写的故事。
2. 文中“乘兴而行，兴尽而返，何必见戴”一句体现了王徽之怎样的性格？

作品 2

温酒斩华雄
——《三国演义》选段

罗贯中

罗贯中（约 1330—约 1400 年），名本，字贯中，元末明初小说家。根据现存《三国演义》最早版本的记载："晋平阳侯陈寿史传，后学罗本贯中编次"，可以认定《三国演义》的作者是罗贯中。元末明初贾仲明《录鬼簿续编》著录："罗贯中，太原人。号湖海散人，与人寡合，乐府、隐语极为清新。与余为忘年交，遭时多故，各天一方。至正甲辰（1364 年）复会。别来又六十余年，竟不知其所终。"

忽探子来报："华雄引铁骑下关，用长竿挑着孙太守赤帻[1]，来寨前大骂搦战[2]。"绍曰："谁敢去战？"袁术背后转出骁将俞涉曰："小将愿往。"绍喜，便著俞涉出马。即时报来："俞涉与华雄战不三合，被华雄斩了。"众大惊。太守韩馥曰："吾有上将潘凤，可斩华雄。"绍急令出战。潘凤手提大斧上马。去不多时，飞马来报："潘凤又被华雄斩了。"众皆失色。绍曰："可惜吾上将颜良、文丑未至！得一人在此，何惧华雄！"言未毕，阶下一人大呼出曰："小将愿往斩华雄头，献于帐下！"众视之，见其人身长九尺，髯长二尺，丹凤眼，卧蚕眉，面如重枣，声如巨钟，立于帐前。绍问何人。公孙瓒曰："此刘玄德之弟关羽也。"绍问现居何职。瓒曰："跟随刘玄德充马弓手。"帐上袁术大喝曰："汝欺吾众诸侯无大将耶？量一弓手，安敢乱言！与我打出！"曹操急止之曰："公路息怒。此人既出大言，必有勇略；试教出马，如其不胜，责之未迟。"袁绍曰："使一弓手出战，必被华雄所笑。"操曰："此人仪表不俗，华雄安知他是弓手？"关公曰："如不胜，请斩某头。"操教酾[3]热酒一杯，与关公饮了上马。关公曰："酒且斟下，某去便来。"出帐提刀，飞身上马。众诸侯听得关外鼓声大振，喊声大举，如天摧地塌，岳撼山崩，众皆失惊。正欲探听，鸾铃响处，马到中军，云长提华雄之头，掷于地上。其酒尚温。后人有诗赞之曰：

威镇乾坤第一功，辕门画鼓响咚咚。
云长停盏施英勇，酒尚温时斩华雄。

（罗贯中，2005．三国演义[M]．北京：人民文学出版社．）

【注释】

[1] 赤帻：古代武士佩戴的红色头巾。
[2] 搦（nuò）战：挑战。
[3] 酾（shī）：斟酒。

【作品解读】

《温酒斩华雄》节选自《三国演义》第五回，是小说中的精彩片段，主要勾勒了关羽神勇无敌的英雄形象。袁绍联合十八路诸侯讨伐董卓，华雄是董卓的大将，骁勇善战。作为董卓的前锋，华雄抵挡袁绍的进攻，一路斩杀联军的不少大将。随后关羽出阵。出阵前，曹操赠了一杯热酒给关羽。等到关羽斩落华雄头颅回营，“酒尚温”。

首先，本文通过夸张、对比手法来塑造关羽的光辉形象。华雄是一名武艺高超的大将，却被关羽在热酒未冷的时间内杀掉，具有一定的夸张成分。关羽在斩杀华雄之前，联军中的潘凤、俞涉两员大将已被华雄几个回合就拿下，突出强调了华雄的骁勇；而如此勇猛的华雄又被关羽瞬间杀死，两相对比，更突出了关羽的神勇无敌。

其次，本文通过侧面烘托的手法，勾勒了关羽的非凡武艺。在描写关羽和华雄的斗争时，本文没有直接描写两人的对阵，而是通过对营帐中诸人听觉和神态的描摹“关外鼓声大振，喊声大举，如天摧地塌，岳撼山崩，众皆失惊”，侧面烘托了战争场面的激烈。

再次，本文通过袁绍、袁术、曹操等人对关羽的不同态度，采用对比的手法，塑造了袁绍、袁术目中无人、见识浅薄的狭隘形象，也勾勒了曹操知人善任、求才若渴的形象。

【思考】

1. 本文采用了哪些手法来塑造关羽的形象？

2.《三国演义》中“喝断当阳桥”片段也通过夸张的手法勾勒张飞的勇猛，试阅读该段并与本文进行比较分析。

却说文聘引军追赵云至长坂桥，只见张飞倒竖虎须，圆睁环眼，手绰蛇矛，立马桥上；又见桥东树林之后，尘头大起，疑有伏兵，便勒住马，不敢近前。俄而，曹仁、李典、夏侯惇、夏侯渊、乐进、张辽、张郃、许褚等都至。见飞怒目横矛，立马于桥上，又恐是诸葛孔明之计，都不敢近前。扎住阵脚，一字儿摆在桥西，使人飞报曹操。操闻知，急上马，从阵后来。张飞睁圆环眼，隐隐见后军青罗伞盖、旄钺旌旗来到，料得是曹操心疑，亲自来看。飞乃厉声大喝曰：“我乃燕人张翼德也！谁敢与我决一死战？”声如巨雷。曹军闻之，尽皆股栗。曹操急令去其伞盖，回顾左右曰：“我向曾闻云长言：翼德于百万军中，取上将之首，如探囊取物。今日相逢，不可轻敌。”言未已，张飞睁目又喝曰：“燕人张翼德在此！谁敢来决死战？”曹操见张飞如此气概，颇有退心。飞望见曹操后军阵脚移动，乃挺矛又喝曰：“战又不战，退又不退，却是何故！”喊声未绝，曹操身边夏侯杰惊得肝胆碎裂，倒撞于马下。操便回马而走。于是诸军众将一齐望西奔走。正是：黄口孺子，怎闻霹雳之声；病体樵夫，难听虎豹之吼。一时弃枪落盔者，不计其数，人如潮涌，马似山崩，自相践踏。后人有诗赞曰：

长坂桥头杀气生，横枪立马眼圆睁。一声好似轰雷震，独退曹家百万兵。

作品 3

美髯公智稳插翅虎[1]
——《水浒传》选段

施耐庵

施耐庵（约 1296—约 1370），本名彦端，字肇瑞，号子安，别号耐庵。目前学界大多以为其是《水浒传》作者。

再说宋江飞马去到下处，连忙到茶坊里来，只见何观察正在门前望。宋江道："观察久等。却被村里有个亲戚，在下处说些家务，因此担搁了些。"何涛道："有烦押司引进。"宋江道："请观察到县里。"两个入得衙门来，正值知县时文彬在厅上发落事务。宋江将着宝封公文，引着何观察，直至书案边，叫左右挂上回避牌。宋江向前禀道："奉济州府公文，为贼情紧急公务，特差缉捕使臣何观察到此下文书。"知县接来拆开，就当厅看了，大惊，对宋江道："这是太师府差干办来立等要回话的勾当。这一干贼便可差人去捉。"宋江道："日间去只怕走了消息，只可差人就夜去捉。拿得晁保正来，那六人便有下落。"时知县道："这东溪村晁保正，闻名是个好汉，他如何肯做这等勾当？"随即叫唤尉司并两个都头：一个姓朱名仝，一个姓雷名横。他两个，非是等闲人也！

当下朱仝、雷横两个来到后堂，领了知县言语，和县尉上了马，径到尉司，点起马步弓手并土兵一百余人，就同何观察并两个虞候，作眼拿人。当晚都带了绳索军器，县尉骑着马，两个都头亦各乘马，各带了腰刀、弓箭，手拿朴刀[2]，前后马步弓手簇拥着，出得东门，飞奔东溪村晁家来。到得东溪村里，已是一更天气，都到一个观音庵取齐。朱仝道："前面便是晁家庄。晁盖家有前后两条路：若是一发去打他前门，他望后门走了；一齐哄去打他后门，他奔前门走了。我须知晁盖好生了得，又不知那六个是甚么人，必须也不是善良君子。那厮们都是死命，倘或一齐杀出来，又有庄客协助，却如何抵敌他。只好声东击西，等那厮们乱撺，便好下手。不若我和雷都头分做两路，我与你分一半人，都是步行去，先望他后门埋伏了，等候呼哨响为号，你等向前门只顾打入来，见一个捉一个，见两个捉一双。"雷横道："也说得是。朱都头，你和县尉相公从前门打入来，我去截住后路。"朱仝道："贤弟，你不省得。晁盖庄上有三条活路，我闲常时都看在眼里了。我去那里，须认得他的路数，不用火把便见。你还不知他出没的去处，倘若走漏了事情，不是耍处。"县尉道："朱都头说得是，你带一半人去。"朱仝道："只消得三十来个够了。"朱仝领了十个弓手，二十个土兵，先去了。县尉再上了马，雷横把马步弓手都摆在前后，帮护着县尉。土兵等都在马前，明晃晃照着三二十个火把，拿着梲叉、朴刀、留客住[3]、钩镰刀，一齐都奔晁家庄来。到得庄前，也兀自有半里多路，只见晁盖庄里一缕火起，从中堂烧将起来，涌得黑烟遍地，红焰飞空。又走不到十数步，只见前后门四面八方，约有三四十把火发，焰腾腾地一齐都着。前面雷横挺着朴刀，背后众土兵发着喊，一齐把庄门打开，都扑入里面看时，火光照得如同白日一般明亮，并不曾见有一个人。只听得后面发着喊，叫将起来，叫前面捉人。原来朱仝有心要救晁盖，故意赚雷横去打前门。这雷横亦有心要救晁盖，以此争先要来打后门，却被朱仝说开了，只得去打他前门。故意这等大惊小怪，声东击西，要催逼晁盖走了。

朱仝那时到庄后时，兀自晁盖收拾未了。庄客看见，来报与晁盖说道："官军到了！事不宜迟。"晁盖叫庄客四下里只顾放火，他和公胜孙引了十数个去的庄客，呐着喊，挺起朴刀，从后门杀将出来，大喝道："当吾者死，避我者生！"朱仝在黑影里叫道："保正休走，朱仝在这里等你多时。"晁盖那里顾他说，与同公孙胜舍命只顾杀出来。朱仝虚闪一闪，放开条路，让晁盖走了。晁盖却叫公孙胜引了庄客先走，他独自押着后。朱仝使步弓手从后门扑入去，叫道："前面赶捉贼人！"雷横听的，转身便出庄门外，叫马步弓手分头去赶。雷横自在火光之下，东观西望，做寻人。朱仝撇了土兵，挺着刀去赶晁盖。晁盖一面走，口里说道："朱都头，你只管追我做甚么？我须没歹处。"朱仝见后面没人，方才敢说道："保正，你兀自不见我好处。我怕雷横执迷，不会做人情，被我赚他打你前门，我在后面等你出来放你。你见我闪开条路让你过去。你不可投别处去，只除梁山泊可以安身。"晁盖道："深感救命之恩，异日必报。"有诗为证：

捕盗如何与盗通，只因仁义动其衷。
都头已自开生路，观察焉能立大功。

朱仝正赶间，只听得背后雷横大叫道："休教走了人！"朱仝分付晁盖道："保正，你休慌，只顾一面走，我自使转他去。"朱仝回头叫道："有三个贼望东小路去了。雷都头，你可急赶。"雷横领了人，便投东小路上，并土兵众人赶去。朱仝一面和晁盖说着话，一面赶他，却如防送的相似。渐渐黑影里不见了晁盖。朱仝只做失脚扑地，倒在地下。众土兵随后赶来向前扶起，急救得朱仝，答道："黑影里不见路径，失脚走下野田里，滑倒了，闪挫了左腿。"县尉道："走了正贼，怎生奈何？"朱仝道："非是小人不赶，其实月黑了，没做道理处。这些土兵全无几个有用的人，不敢向前！"县尉再叫土兵去赶，众土兵心里道："两个都头尚兀自不济事，近他不得，我们有何用。"都去虚赶了一回，转来道："黑地里正不知那条路去了。"雷横也赶了一直[4]回来，心内寻思道："朱仝和晁盖最好，多敢是放了他去，我没来由做甚么恶人。我也有心亦要放他，今已去了，只是不见了人情。晁盖那人也不是好惹的。"回来说道："那里赶得上？这伙贼端的了得！"

县尉和两个都头回到庄前时，已是四更时分。何观察见众人四分五落，赶了一夜，不曾拿得一个贼人，只叫苦道："如何回得济州去见府尹！"县尉只得捉了几家邻舍去，解将郓城县里来。

（施耐庵，2005. 水浒传[M]. 北京：人民文学出版社.）

【注释】

[1] 美髯公：朱仝。插翅虎：雷横。
[2] 朴（pō）刀：大刀的一种，是一种木柄上安有长而宽的钢刀的兵器。
[3] 留客住：古兵器名，一种头端有倒钩的长枪。
[4] 一直：行路的时间和途程，犹如一阵。

【作品解读】

《美髯公智稳插翅虎》节选自《水浒传》第十八回。晁盖、吴用等人智取生辰纲后，白胜被捉，供出了晁盖等人。官府要捉拿晁盖，宋江事先得知消息，连忙告知晁盖。此时官府已经派了县尉和两个都头前往晁盖庄上捉拿晁盖等人。这一段描写的就是朱仝、雷横两位都头在捉拿晁盖时的表现。这一段落的精彩之处就在于情节的设置和人物形象的塑造。

从情节来看，朱仝、雷横都与晁盖交好，并且佩服晁盖的为人。两人都有意要放走晁盖，但却互不透露彼此心意，又担心对方不肯放过晁盖。雷横假意分兵保卫晁家庄，实际上是想趁机从后门放人；朱仝以为雷横执意捉人，以巧言妙语打发雷横去攻前门。雷横在前面故意虚张声势，想要引起晁盖警觉，却被误以为是着意捉拿，吓得晁盖死命冲出；朱仝在后门假意追赶晁盖，晁盖起初不知，奋力突破，后得知朱仝真实意图后，安全逃脱。情节设置巧妙，波澜曲折。

从人物形象的塑造来看，这段文字主要描绘了朱仝、雷横两位英雄重情重义的特征。但比较来看，二人的性格特征又有不同：朱仝为人性情温和、做事周全、巧言多谋；雷横虽然十分勇猛，但智谋上逊于朱仝。

【思考】

1.《水浒传》第二十二回《朱仝义释宋公明》写的是宋江怒杀阎婆惜后，官府派朱仝、雷横捉拿，朱仝设计巧妙放走宋江一事。结合本文，对比分析两段文字在情节设置上的巧妙之处。

2. 金圣叹称："《水浒》所叙，叙一百八人，人有其性情，人有其气质，人有其形状，人有其声口。"《水浒传》塑造了一批个性鲜明的英雄好汉，重点分析朱仝、雷横的人物形象。

作品 4

婴宁

蒲松龄

蒲松龄（1640—1715），字留仙，一字剑臣，别号柳泉居士，淄川（今山东淄博）人。出身于没落地主家庭，一生热衷科举，却始终不得志。19 岁应童子试，县、府、道均考第一，但此后屡试不第，直至 71 岁时才破例补为贡生，终生为塾师，生活贫寒。蒲氏一生热衷科举又未能得中，因而对科举制度的不合理深有感触。《聊斋志异》8 卷、491 篇，约 40 万字。内容丰富多彩，故事多采自民间传说和野史逸闻，将花妖狐魅和幽冥世界的事物人格化、社会化，充分表达了作者的爱憎感情和美好理想。作品继承并发展了我国古代小说中志怪小说及传奇小说的优秀传统和表现手法，情节宛转曲折，跌宕变化，文笔简练，叙次井然，被誉为我国古代文言短篇小说中成就最高的作品。

王子服，莒[1]之罗店人。早孤。绝慧，十四入泮[2]。母最爱之，寻常不令游郊野。聘萧氏，未嫁而夭，故求凰未就也。会上元，有舅氏子吴生，邀同眺瞩。方至村外，舅家有仆来，招吴去；生见游女如云，乘兴独遨。有女郎携婢，拈梅花一枝，容华绝代，笑容可掬。生注目不移，竟忘顾忌。女过去数武[3]，顾婢子笑曰："个儿郎目灼灼似贼！"遗花地上，笑语自去。生拾花怅然，神魂丧失，怏怏遂返。

至家，藏花枕底，垂头而睡，不语亦不食。母忧之。醮禳益剧，肌革锐减[4]。医师诊视，投剂发表[5]，忽忽若迷。母抚问所由，默然不答。适吴生来，嘱密诘之。吴至榻前，生见之泪下。吴就榻慰解，渐致研诘。生具吐其实，且求谋画。吴笑曰："君意亦复痴！此愿有何难遂？当代访之。徒步于野，必非世家。如其未字，事固谐矣；不然，拚以重赂，计必允遂。但得痊瘳[6]，成事在我。"生闻之，不觉解颐。

吴出告母，物色女子居里，而探访既穷，并无踪绪。母大忧，无所为计。然自吴去后，颜顿开，食亦略进。数日，吴复来。生问所谋。吴绐[7]之曰："已得之矣。我以为谁何人，乃我姑氏女，即君姨妹行，今尚待聘；虽内戚有婚姻之嫌，实告之，无不谐者。"生喜溢眉宇，问："居何里？"吴诡曰："西南山中，去此可三十余里。"生又付嘱再四，吴锐身自任[8]而去。

生由此饮食渐加，日就平复。探视枕底，花虽枯，未便凋落。凝思把玩，如见其人。怪吴不至，折柬[9]招之。吴支托不肯赴招。生恚[10]怒，悒悒不欢。母虑其复病，急为议姻；略与商榷，辄摇首不愿。惟日盼吴。吴迄无耗[11]，益怨恨之。转思三十里非遥，何必仰息他人？怀梅袖中，负气自往，而家人不知也。

伶仃独步，无可问程，但望南山行去。约三十余里，乱山合沓，空翠爽肌，寂无人行，止有鸟道。遥望谷底，从花乱树中，隐隐有小里落。下山入村，见舍宇无多，皆茅屋，而意甚修雅。北向一家，门前皆绿柳，墙内桃杏尤繁，间以修竹；野鸟格磔[12]其中。意其园亭，不敢遽入。回顾对户，有巨石滑洁，因据坐少憩。

俄闻墙内有女子，长呼"小荣"，其声娇细。方伫听间，一女郎由东而西，执杏花一朵，俯首自簪。举头见生，遂不复簪，含笑拈花而入。审视之，即上元途中所遇也。心骤喜，但念无以阶进；欲呼姨氏，顾从无还往，惧有讹误。门内无人可问。坐卧徘徊，自朝至于日昃，盈盈望断，并忘饥渴。时见女子露半面来窥，似讶其不去者。

忽一老媪扶杖出，顾生曰："何处郎君，闻自辰刻便来，以至于今。意将何为？得勿[13]饥耶？"生急起揖之，答云："将以盼亲。"媪聋聩不闻。又大言之，乃问："贵戚何姓？"生不能答。媪笑曰："奇哉！姓名尚自不知，何亲可探？我视郎君，亦书痴耳。不如从我来，啖以粗粝[14]；家有短榻可卧。待明朝归，询知姓氏，再来探访，不晚也。"生方腹馁[15]思啗，又从此渐近丽人，大喜。

从媪入，见门内白石砌路，夹道红花，片片堕阶上；曲折而西，又启一关，豆棚花架满庭中。肃客入舍[16]，粉壁光明如镜；窗外海棠枝朵，探入室中；裀藉几榻，罔不洁泽[17]。甫坐，即有人自窗外隐约相窥。媪唤："小荣！可速作黍。"外有婢子嗷声而应。坐次，具展宗阀[18]。媪曰："郎君外祖，莫姓吴否？"曰："然。"媪惊曰："是吾甥也！尊堂，我妹子。年来以家窭贫，又无三尺男[19]，遂至音问梗塞。甥长成如许，尚不相识。"生曰："此来即为姨也，匆遽遂忘姓氏。"媪曰："老身秦姓，并无诞育；弱息仅存，亦为庶产[20]。渠母改醮，遗我鞠养[21]。颇亦不钝，但少教训，嬉不知愁。少顷，使来拜识。"

未几，婢子具饭，雏尾盈握[22]。媪劝餐已，婢来敛具。媪曰："唤宁姑来。"婢应去。良久，闻户外隐有笑声。媪又唤曰："婴宁，汝姨兄在此。"户外嗤嗤笑不已。婢推之以入，犹掩其口，笑不可遏。媪嗔目曰："有客在，咤咤叱叱，是何景象？"女忍笑而立，生揖之。媪曰："此王郎，汝姨子。一家尚不相识，可笑人也。"生问："妹子年几何矣？"媪未能解。生又言之。女复笑不可仰视。媪谓生曰："我言少教诲，此可见也。年已十六，呆痴裁如婴儿。"生曰："小于甥一岁。"曰："阿甥已十七矣，得非庚午属马者耶？"生首应之。又问："甥妇阿谁？"答云："无之。"曰："如甥才貌，何十七岁犹未聘耶？婴宁亦无姑家，极相匹敌；惜有内亲之嫌。"生无语，目注婴宁，不遑他瞬。婢向女小语云："目灼灼，贼腔未改！"女又大笑，顾婢曰："视碧桃开未？"遽起，以袖掩口，细碎莲步而出。至门外，笑声始纵。媪亦起，唤婢襆被[23]，为生安置。曰："阿甥来不易，宜留三五日，迟迟送汝归。如嫌幽闷，舍后有小园，可供消遣；有书可读。"

次日，至舍后，果有园半亩，细草铺毡，杨花糁径；有草舍三楹，花木四合其所。穿花小步，闻树头苏苏有声，仰视，则婴宁在上。见生来，狂笑欲堕。生曰："勿尔，堕矣！"女且下且笑，不能自止。方将及地，失手而堕，笑乃止。生扶之，阴挼其腕[24]。女笑又作，倚树不能行，良久乃罢。生俟其笑歇，乃出袖中花示之。女接之，曰："枯矣。何留之？"曰："此上元妹子所遗，故存之。"问："存之何意？"曰："以示相爱不忘也。自上元相遇，凝思成疾，自分化为异物[25]；不图得见颜色，幸垂怜悯。”女曰：“此大细事，至戚何所靳惜[26]？待郎行时，园中花，当唤老奴来，折一巨捆负送之。”生曰：“妹子痴耶？”女曰：“何便是痴？”生曰：“我非爱花，爱拈花之人耳。”女曰：“葭莩之情[27]，爱何待言。”生曰：“我所谓爱，非瓜葛之爱[28]，乃夫妻之爱。”女曰：“有以异乎？”曰：“夜共枕席耳。”女俯首思良久，曰：“我不惯与生人睡。”

语未已，婢潜至，生惶恐遁去。少时，会母所。母问：“何往？”女答以园中共话。媪曰：“饭熟已久，有何长言，周遮乃尔[29]？”女曰：“大哥欲我共寝。”言未已，生大窘，急目瞪之，女微笑而止。幸媪不闻，犹絮絮究诘。生急以他词掩之。因小语责女。女曰：“适此语不应说耶？”生曰：“此背人语。”女曰：“背他人，岂得背老母。且寝处亦常事，何讳之？”生恨其痴，无术可以悟之。

食方竟，家中人捉双卫来寻生[30]。先是，母待生久不归，始疑；村中搜觅几遍，竟无踪兆。因往询吴。吴忆曩[31]言，因教于西南山村行觅。凡历数村，始至于此。生出门，适相值，便入告媪，且请偕女同归。媪喜曰：“我有志，匪伊朝夕[32]。但残躯不能远涉；得甥携妹子去，识认阿姨，大好！”呼婴宁，宁笑至。媪曰：“有何喜，笑辄不辍？若不笑，当为全人。”因怒之以目。乃曰：“大哥欲同汝去，可便装束。”又饷家人酒食，始送之出，曰：“姨家田产充裕，能养冗人。到彼且勿归，小学诗礼，亦好事翁姑。即烦阿姨，为汝择一良匹。”二人遂发。至山坳，回顾，犹依稀见媪倚门北望也。

抵家，母睹姝丽，惊问为谁。生以姨女对。母曰：“前吴郎与儿言者，诈也。我未有姊，何以得甥？”问女，女曰：“我非母出。父为秦氏，没时，儿在褓中，不能记忆。”母曰：“我一姊适秦氏，良确；然殂谢已久[33]，那得复存？”因审诘面庞、痣赘[34]，一一符合。又疑曰：“是矣。然亡已多年，何得复存？”疑虑间，吴生至，女避入室。吴询得故，惘然久之。忽曰：“此女名婴宁耶？”生然之。吴极称怪事。问所自知，吴曰：“秦家姑去后，姑丈鳏居，祟于狐，病瘠死[35]。狐生女名婴宁，绷卧床上，家人皆见之。姑丈殁，狐犹时来；后求天师符粘壁间，狐遂携女去。将勿此耶？”彼此疑参。但闻室中吃吃，皆婴宁笑声。母曰：“此女亦太憨生。”吴请面之。母入室，女犹浓笑不顾。母促令出，始极力忍笑，又面壁移时，方出。才一展拜，翻然遽入，放声大笑。满室妇女，为之粲然。

吴请往觇其异，就便执柯[36]。寻至村所，庐舍全无，山花零落而已。吴忆姑葬处，仿佛不远；然坟垅湮没，莫可辨识，诧叹而返。母疑其为鬼。入告吴言，女略无骇意；又吊其无家，亦殊无悲意，孜孜憨笑而已。众莫之测。

母令与少女同寝止。昧爽即来省问，操女红精巧绝伦[37]。但善笑，禁之亦不可止；然笑处嫣然，狂而不损其媚，人皆乐之。邻女少妇，争承迎之。母择吉为之合卺[38]，而终恐为鬼物。窃于日中窥之，形影殊无少异。至日，使华妆行新妇礼；女笑极不能俯仰，遂罢。生以其憨痴，恐漏泄房中隐事；而女殊密秘，不肯道一语。每值母忧怒，女至，一笑即解。奴婢小过，恐遭鞭楚，辄求诣母共话；罪婢投见，恒得免。而爱花成癖，物色遍戚党；窃典金钗，购佳种，数月，阶砌藩溷[39]，无非花者。

庭后有木香一架，故邻西家，女每攀登其上，摘供簪玩。母时遇见，辄诃之。女卒不改。一日，西人子见之，凝注倾倒。女不避而笑。西人子谓女意已属，心益荡。女指墙底笑而下，西人子谓示约处，大悦。及昏而往，女昊在焉。就而淫之，则阴如锥刺，痛彻于心，大号而踣[40]。细视，非女，则一枯木卧墙边，所接乃水淋窍也。邻父闻声，急奔研问，呻而不言。妻来，始以实告。爇火烛窍[41]，见中有巨蝎，如小蟹然。翁碎木捉杀之。负子至家，半夜寻卒。

邻人讼生，讦[42]发婴宁妖异。邑宰素仰生才，稔知其笃行士[43]，谓邻翁讼诬，将杖责之。生为乞免，逐释而归。母谓女曰："憨狂尔尔，早知过喜而伏忧也。邑令神明，幸不牵累；设鹘突[44]官宰，必逮妇女质公堂，我儿何颜见戚里？"女正色，矢不复笑。母曰："人罔不笑，但须有时。"而女由是竟不复笑，旦故逗之，亦终不笑；然竟日未尝有戚容。

一夕，对生零涕。异之。女哽咽曰："曩以相从日浅，言之恐致骇怪。今日察姑及郎，皆过爱无有异心，直告或无妨乎？妾本狐产，母临去，以妾托鬼母，相依十余年，始有今日。妾又无兄弟，所恃者惟君。老母岑寂山阿，无人怜而合厝之[45]，九泉辄为悼恨。君倘不惜烦费，使地下人消此怨恫，庶养女者不忍溺弃[46]。"生诺之，然虑坟冢迷于荒草。女但言无虑。刻日，夫妻舆榇[47]而往。女于荒烟错楚[48]中，指示墓处，果得媪尸，肤革犹存。女抚哭哀痛。舁归[49]，寻秦氏墓合葬焉。

是夜，生梦媪来称谢，寤而述之。女曰："妾夜见之，嘱勿惊郎君耳。"生恨不邀留。女曰："彼鬼也。生人多，阳气胜，何能久居？"生问小荣，曰："是亦狐，最黠[50]。狐母留以视妾，每摄饵相哺，故德之常不去心[51]。昨问母，云已嫁之。"由是岁值寒食，夫妻登秦墓，拜扫无缺。女逾年，生一子。在怀抱中，不畏生人，见人辄笑，亦大有母风云。

异史氏曰："观其孜孜憨笑，似全无心肝者；而墙下恶作剧，其黠孰甚焉！至凄恋鬼母，反笑为哭，我婴宁殆隐于笑者矣。窃闻山中有草，名'笑矣乎'。嗅之，则笑不可止。房中植此一种，则合欢、忘忧[52]，并无颜色矣；若解语花，正嫌其作态耳[53]。"

（蒲松龄，1978．聊斋志异会校会注会评本[M]．张友鹤，辑校．北京：中华书局．）

【注释】

[1] 莒（jǔ）：古国名，今山东莒县一带。罗店为其县一地名。

[2] 泮（pàn）：泮宫，此指地方官办的学馆。入泮：考取秀才，得以进县学读书。

[3] 武：过去称半步为武。数武：几步。

[4] 醮禳（jiào ráng）：请和尚道士祈福消灾的迷信行为。剧：加重。醮禳益剧：越求神拜佛病情越重。肌：肌肉。革：皮肤。锐：迅速。肌革锐减：身体很快消瘦。

[5] 投剂：从病人的角度说就是吃药。发表：中医治病方法之一。投剂发表：吃药

发散内火。

[6] 痊瘳（chōu）：病好。

[7] 绐（dài）：说谎话骗人。

[8] 锐身自任：挺身承担，自告奋勇。

[9] 折柬：裁纸写信。

[10] 恚（huì）：恼怒、气愤。

[11] 迄：终究。耗：音讯，消息。

[12] 格磔（zhé）：鸟鸣声。

[13] 得勿：莫不是。

[14] 啖（dàn）：吃。粗粝（lì）：糙米饭。啖以粗粝：拿粗米饭给他吃。

[15] 馁：饿。

[16] 肃：请进。肃客入舍：让客人先进屋，表示尊敬。

[17] 裀（yīn）藉：垫褥，坐席。罔：无。

[18] 坐次：依次坐定的时候。宗阀：宗族门第。具展宗阀：详细说明宗族门第。

[19] 窭（jù）贫：极贫。三尺男：喻指男人。

[20] 诞育：生育。弱息：对自己女儿的谦称，这里指婴宁。庶产：由妾生下的孩子。

[21] 渠：代词，她。醮：古时女子出嫁时有人酌酒叫她喝，叫作醮子。改醮：改嫁。遗我鞠养：留给我抚养。

[22] 未几：不久。雏尾：雏鸡。盈握：满把。雏尾盈握：形容菜肴中家禽的肥大。

[23] 襆（fú）：被单，这里用为动词。襆被：铺设被褥。

[24] 捘（zùn）：按，捏。阴捘其腕：暗中捏她的手腕。

[25] 分（fèn）：料想。异物：鬼物。化为异物：死亡的婉称。自分化为异物：自以为要死了。

[26] 大细事：很小的事。靳惜：吝惜。

[27] 葭莩（jiā fú）：芦苇里黏附的薄膜，这里借指亲戚。葭莩之情：亲戚情谊。

[28] 瓜葛：瓜和葛都是牵连很长的蔓生植物，用以比喻疏远的亲戚。瓜葛之爱：亲戚之间的爱。

[29] 周遮：一作啁嗻。声音繁杂细碎，形容言语啰唆、话多的样子。乃尔：竟如此、竟这样。

[30] 卫：代指驴。双卫：两头驴子。捉双卫：即牵着两头驴。

[31] 曩（nǎng）：从前的，过去的。

[32] 匪：非，不是。伊：语助词，无义。匪伊朝夕：不止一朝一夕了。

[33] 适：出嫁，嫁给。殂（cú）谢：死亡，去世。

[34] 痣：皮肤上的深色小斑痕。赘：皮肤上的小疙瘩。痣赘：这里指人身体上的特征或标记。

[35] 鳏（guān）居：男子死了妻子独居。祟于狐：被狐狸精迷住了。病：作动词用，生病。瘠：虚症。病瘠死：害虚症而死。

[36] 觇（chān）：看，窥视。柯：斧头。这里用以斧头伐木做斧柄来比喻媒人做媒。执柯：做媒。

[37] 昧爽：天刚亮。省问：问安。女红（gōng）：妇女纺织、刺绣等工作。

[38] 合卺：旧时婚礼中的一种仪式。这里是举行婚礼的意思。

[39] 藩：篱笆。溷（hùn）：厕所。阶砌藩溷：庭阶篱笆厕所等处。

[40] 踣（bó）：仆倒。

[41] 爇（ruò）：点燃。爇火：点起灯笼火把。

[42] 讦（jié）：攻击，揭发，告发。

[43] 稔（rěn）：熟悉。笃行：品行纯厚。

[44] 鹘（hú）突：糊涂。

[45] 岑寂：高静，离开人世而独处。山阿：山中曲坳处。岑寂山阿：在山边很孤寂。合厝（cuò）：合葬。

[46] 恫（tōng）：病痛。庶：庶几，希望之词。溺：淹死。庶养女者不忍溺弃：也许可以使生女孩的人不忍心将其淹死或抛弃。

[47] 舆榇（chèn）：用车子装着棺材，以车载柩。

[48] 错楚：杂乱的灌木丛。

[49] 舁（yú）归：共同抬回来。

[50] 黠（xiá）：聪明而狡猾。

[51] 摄饵：找来食物。相哺：喂养。德之常不去心：感激不忘。

[52] 合欢：夜合花。忘忧：萱草的别名。合欢、忘忧：传说这两种花可使人欢乐而忘记忧愁。

[53] 解语花：懂得说话的花，喻指善于迎合人意的美女。作态：装模作样。

【作品解读】

莒县秀才王子服，上元节出游时，遇一位笑容可掬、美丽至极的女子，相思而病。表兄担心王子服，骗其说该女子家住三十里外的山中，王生欣然寻找。果然找到该女子，女子名婴宁，鬼母秦氏告知王子服与婴宁为表亲，答应让婴宁随王生探亲。原来婴宁为其父与狐所生，活泼开朗，聪慧美丽，经常笑声不断，邻居妇女都愿与她为友。王生与婴宁完婚后，种花嬉笑，甚至变成朽木捉弄对她不怀好意的男子，又为婴宁死去的母亲和鬼妈妈迁坟合葬答谢养育之恩。一年后生一子，与婴宁一样爱笑。婴宁敢说敢笑、天真烂漫，大胆追求自由幸福的爱情生活的形象跃然纸上，一扫封建闺阁女子形象。

本文通过与婴宁初见、相思、寻找、重见、成婚、结局六个环节表现中心思想，刻画了人物鲜明的性格。小说明写狐仙，实写人间，反映了人类永远需要协调，并为之付出代价的个体性与群体性、自然性与社会性相矛盾的冲突。这就是本篇小说体现的社会人生意义。

【思考】

1. 说说女主人公婴宁的性格特征。
2. 如何理解小说中婴宁是"隐于笑者"的？
3. 谈谈作者把婴宁描写成狐女的原因。

作品 5

手足耽耽小动唇舌　不肖种种大承笞挞[1]
——《红楼梦》选段

曹雪芹

曹雪芹（约 1715—约 1763），名霑，字梦阮，号雪芹，又号芹溪、芹圃，祖籍辽阳。曹雪芹出身清代内务府正白旗包衣世家，曾祖曹玺任江宁织造。曾祖母孙氏做过康熙帝玄烨的乳母。祖父曹寅少年时做过玄烨的伴读和御前侍卫，后任江宁织造，兼任两淮巡盐监察御使，极受玄烨宠信。玄烨六下江南，其中四次由曹寅负责接驾，并住在曹家。曹寅病故，其子曹颙、曹頫先后继任江宁织造。曹雪芹生长在南京，曾经历过富贵繁华的贵族生活。十三四岁时随家迁回北京。回京后，他曾在一所皇族学堂"右翼宗学"里当过掌管文墨的杂差，境遇潦倒，生活艰难。晚年移居北京西郊，生活更加穷苦，"满径蓬蒿"，"举家食粥酒常赊"。但他以坚韧不拔的毅力，专心从事《红楼梦》的写作和修订。1762 年除夕，曹雪芹因贫病无医而逝，遗留下来的只有一部未完成的《红楼梦》。《红楼梦》最初以 80 回抄本的形式在社会上流传，题名《石头记》。现流传的《红楼梦》全书 120 回，后 40 回为高鹗续作。

却说王夫人唤他母亲上来，拿几件簪环当面赏与，又吩咐请几众僧人念经超度。他母亲磕头谢了出去。

原来宝玉会过雨村回来听见了，便知金钏儿含羞赌气自尽，心中早又五内摧伤，进来被王夫人数落教训，也无可回说。见宝钗进来，方得便出来，茫然不知何往，背着手，低头一面感叹，一面慢慢地走着，信步来至厅上。刚转过屏门，不想对面来了一人正往里走，可巧儿撞了个满怀。只听那人喝了一声"站住！"宝玉唬了一跳，抬头一看，不是别人，却是他父亲，不觉地倒抽了一口气，只得垂手一旁站了。贾政道："好端端的，你垂头丧气嗐些什么？方才雨村来了要见你，叫你那半天你才出来；既出来了，全无一点慷慨挥洒谈吐，仍是葳葳蕤蕤萎靡不振。我看你脸上一团思欲愁闷气色，这会子又唉声叹气。你那些还不足，还不自在？无故这样，却是为何？"宝玉素日虽是口角伶俐，只是此时一心总为金钏儿感伤，恨不得此时也身亡命殒，跟了金钏儿去。如今见了他父亲说这些话，究竟不曾听见，只是怔呵呵地站着。

贾政见他惶悚，应对不似往日，原本无气的，这一来倒生了三分气。方欲说话，忽有回事人来回："忠顺亲王府里有人来，要见老爷。"贾政听了，心下疑惑，暗暗思忖道："素日并不和忠顺府来往，为什么今日打发人来？"一面想一面令"快请"，急走出来看时，却是忠顺府长史官[2]，忙接进厅上坐了献茶。未及叙谈，那长史官先就说道："下官此来，并非擅造潭府[3]，皆因奉王命而来，有一件事相求。看王爷面上，敢烦老大人作主，不但王爷知情，且连下官辈亦感谢不尽。"贾政听了这话，抓不住头脑，忙陪笑起身问道："大人既奉王命而来，不知有何见谕，望大人宣明，学生好遵谕承办。"那长史官便冷笑道："也不必承办，只用大人一句话就完了。我们府里有一个做小旦的琪官，一向好好在府里，如今竟三五日不见回去，各处去找，又摸不着他的道路，因此各处访察。这一城内，十停人倒有八停人都说，他近日和衔玉的那位令郎相与甚厚。下官辈等听了，尊府不比别家，可以擅入索取，因此启明王爷。王爷亦云：'若是别的戏子呢，一百个也罢了，只是这琪官随机应答，谨慎老诚，甚合我老人家的心，竟断断少不得此人。'故此求老大人转谕令郎，请将琪官放回，一则可慰王爷谆谆奉恳，二则下官辈也可免操劳求觅之苦。"说毕，忙打一躬。

贾政听了这话，又惊又气，即命唤宝玉来。宝玉也不知是何原故，忙赶来时，贾政便问："该死的奴才！你在家不读书也罢了，怎么又做出这些无法无天的事来！那琪官现是忠顺王爷驾前承奉的人，你是何等草芥，无故引逗他出来，如今祸及于我。"宝玉听了唬了一跳，忙回道："实在不知此事。究竟连'琪官'两个字不知为何物，岂更又加'引逗'二字！"说着便哭了。贾政未及开言，只见那长史官冷笑道："公子也不必掩饰。或隐藏在家，或知其下落，早说了出来，我们也少受些辛苦，岂不念公子之德？"宝玉连说不知，"恐是讹传，也未见得"。那长史官冷笑道："现有据证，何必还赖？必定当着老大人说了出来，公子岂不吃亏？既云不知此人，那红汗巾子怎么到了公子腰里？"宝玉听了这话，不觉轰去魂魄，目瞪口呆，心下自思："这话他如何得知！他既连这样机密事都知道了，大约别的瞒他不过，不如打发他去了，免得再说出别的事来。"因说道："大人既知他的底细，如何连他置买房舍这样大事倒不晓得了？听得说他如今在东郊离城二十里有个什么紫檀堡，他在那里置了几亩田地几间房舍。想是在那里也未可知。"那长史官听了，笑道："这样说，一定是在那里。我且去找一回，若有了便罢，若没有，还要来请教。"说着，便忙忙地走了。

贾政此时气得目瞪口歪，一面送那长史官，一面回头命宝玉"不许动！回来有话问你！"一直送那官员去了。才回身，忽见贾环带着几个小厮一阵乱跑。贾政喝令小厮"快打，快打！"贾环见了他父亲，唬得骨软筋酥，忙低头站住。贾政便问："你跑什么？带着你的那些人都不管你，不知往那里逛去，由你野马一般！"喝令叫跟上学的人来。贾环见他父亲盛怒，便乘机说道："方才原不曾跑，只因从那井边一过，那井里淹死了一个丫头，我看见人头这样大，身子这样粗，泡得实在可怕，所以才赶着跑了过来。”贾政听了惊疑，问道：“好端端的，谁去跳井？我家从无这样事情，自祖宗以来，皆是宽柔以待下人。——大约我近年于家务疏懒，自然执事人操克夺之权，致使生出这暴殄轻生[4]的祸患。若外人知道，祖宗颜面何在！”喝令快叫贾琏、赖大、来兴。小厮们答应了一声，方欲叫去，贾环忙上前拉住贾政的袍襟，贴膝跪下道：“父亲不用生气。此事除太太房里的人，别人一点也不知道。我听见我母亲说……”说到这里，便回头四顾一看。贾政知意，将眼一看众小厮，小厮们明白，都往两边后面退去。贾环便悄悄说道：“我母亲告诉我说，宝玉哥哥前日在太太屋里，拉着太太的丫头金钏儿强奸不遂，打了一顿。那金钏儿便赌气投井死了。”话未说完，把个贾政气得面如金纸，大喝“快拿宝玉来！”一面说，一面便往里边书房里去，喝令“今日再有人劝我，我把这冠带家私[5]一应交与他与宝玉过去！我免不得做个罪人，把这几根烦恼鬓毛剃去，寻个干净去处自了，也免得上辱先人下生逆子之罪。”众门客仆从见贾政这个形景，便知又是为宝玉了，一个个都是啖指咬舌，连忙退出。那贾政喘吁吁直挺挺坐在椅子上，满面泪痕，一叠声“拿宝玉！拿大棍！拿索子捆上！把各门都关上！有人传信往里头去，立刻打死！”众小厮们只得齐声答应，有几个来找宝玉。

那宝玉听见贾政吩咐他“不许动”，早知多凶少吉，那里承望贾环又添了许多的话。正在厅上干转，怎得个人来往里头去捎信，偏生没个人，连焙茗也不知在那里。正盼望时，只见一个老姆姆出来。宝玉如得了珍宝，便赶上来拉他，说道：“快进去告诉：老爷要打我呢！快去，快去！要紧，要紧！”宝玉一则急了，说话不明白；二则老婆子偏生又聋，竟不曾听见是什么话，把“要紧”二字只听作“跳井”二字，便笑道：“跳井让他跳去，二爷怕什么？”宝玉见是个聋子，便着急道：“你出去叫我的小厮来罢。”那婆子道：“有什么不了的事？老早得完了。太太又赏了衣服，又赏了银子，怎么不了事的！”

宝玉急得跺脚，正没抓寻处，只见贾政的小厮走来，逼着他出去了。贾政一见，眼都红紫了，也不暇问他在外流荡优伶，表赠私物，在家荒疏学业，淫辱母婢等语，只喝令“堵起嘴来，着实打死！”小厮们不敢违拗，只得将宝玉按在凳上，举起大板打了十来下。贾政犹嫌打轻了，一脚踢开掌板的，自己夺过来，咬着牙狠命盖了三四十下。众门客见打得不祥了，忙上前夺劝。贾政那里肯听，说道：“你们问问他干的勾当可饶不可饶！素日皆是你们这些人把他酿坏了，到这步田地还来解劝。明日酿到他弑君杀父，你们才不劝不成！”

众人听这话不好听，知道气急了，忙又退出，只得觅人进去给信。王夫人不敢先回贾母，只得忙穿衣出来，也不顾有人没人，忙忙赶往书房中来，慌得众门客小厮等避之不及。王夫人一进房来，贾政更如火上浇油一般，那板子越发下去得又狠又快。按宝玉的两个小厮忙松了手走开，宝玉早已动弹不得了。贾政还欲打时，早被王夫人抱住板子。贾政道：“罢了，罢了！今日必定要气死我才罢！”王夫人哭道：“宝玉虽然该打，老爷也要自重。况且炎天暑日的，老太太身上也不大好，打死宝玉事小，倘或老太太一时不自在了，岂不事大！”贾政冷笑道：“倒休提这话。我养了这不肖的孽障，已不孝；教训他一番，又有众人护持；不如趁今日一发勒死了，以绝将来之患！”说着，便要绳索来勒死。王夫人连忙抱住哭道：“老爷虽然应当管教儿子，也要看夫妻分上。我如今已将五十岁的人，只有这个孽障，必定苦苦地以他为法，我也不敢深劝。今日越发要他死，岂不是有意绝我。既要勒死他，快拿绳子来先勒死我，再勒死他。我们娘儿们不敢含怨，到底在阴司里得个依靠。”说毕，爬在宝玉身上大哭起来。贾政听了此话，不觉长叹一声，向椅上坐了，泪如雨下。王夫人抱着宝玉，只见他面白气弱，底下穿着一条绿纱小衣皆是血渍，禁不住解下汗巾看，由臀至胫，或青或紫，或整或破，竟无一点好处，不觉失声大哭起来，“苦命的儿吓！”因哭出“苦命儿”来，忽又想起贾珠来，便叫着贾珠哭道：“若有你活着，便死一百个我也不管了。”此时里面的人闻得王夫人出来，那李宫裁、王熙凤与迎春姊妹早已出来了。王夫人哭着贾珠的名字，别人还可，惟有宫裁禁不住也放声哭了。贾政听了，那泪珠更似滚瓜一般滚了下来。

正没开交处，忽听丫鬟来说：“老太太来了。”一句话未了，只听窗外颤巍巍的声气说道：“先打死我，再打死他，岂不干净了！”贾政见他母亲来了，又急又痛，连忙迎接出来，只见贾母扶着丫头，喘吁吁地走来。贾政上前躬身陪笑道：“大暑热天，母亲有何生气亲自走来？有话只该叫了儿子进去吩咐。”贾母听说，便止住步喘息一回，厉声说道：“你原来是和我说话！我倒有话吩咐，只是可怜我一生没养个好儿子，却教我和谁说去！”贾政听这话不像，忙跪下含泪说道：“为儿的教训儿子，也为的是光宗耀祖。母亲这话，我做儿的如何禁得起？”贾母听说，便啐了一口，说道：“我说一句话，你就禁不起，你那样下死手的板子，难道宝玉就禁得起了？你说教训儿子是光宗耀祖，当初你父亲怎么教训你来！”说着，不觉就滚下泪来。贾政又陪笑道：“母亲也不必伤感，皆是作儿的一时性起，从此以后再不打他了。”贾母便冷笑道：“你也不必和我使性子赌气的。你的儿子，我也不该管你打不打。我猜着你也厌烦我们娘儿们。不如我们赶早儿离了你，大家干净！”说着便令人去看轿马，“我和你太太宝玉立刻回南京去！”家下人只得干答应着。贾母又叫王夫人道：“你也不必哭了。如今宝玉年纪小，你疼他，他将来长大成人，为官作宰的，也未必想着你是他母亲了。你如今倒不要疼他，只怕将来还少生一口气呢。”贾政听说，忙叩头哭道：“母亲如此说，贾政无立足之地。”贾母冷笑道：“你分明使我无立足之地，你反说起你来！只是我们回去了，你心里干净，看有谁来许你打。”一面说，一面只令快打点行李车轿回去。贾政苦苦叩求认罪。

贾母一面说话，一面又记挂宝玉，忙进来看时，只见今日这顿打不比往日，又是心疼，又是生气，也抱着哭个不了。王夫人与凤姐等解劝了一会，方渐渐地止住。早有丫鬟媳妇等上来，要搀宝玉，凤姐便骂道：“糊涂东西，也不睁开眼瞧瞧！打得这么个样儿，还要搀着走！还不快进去把那藤屉子春凳抬出来呢。”众人听说连忙进去，果然抬出春凳来，将宝玉抬放凳上，随着贾母王夫人等进去，送至贾母房中。

彼时贾政见贾母气未全消，不敢自便，也跟了进去。看看宝玉，果然打重了。再看看王夫人，“儿”一声，“肉”一声，“你替珠儿早死了，留着珠儿，免你父亲生气，我也不白操这半世的心了。这会子你倘或有个好歹，丢下我，叫我靠那一个！”数落一场，又哭“不争气的儿”。贾政听了，也就灰心，自悔不该下毒手打到如此地步。先劝贾母，贾母含泪说道：“你不出去，还在这里做什么！难道于心不足，还要眼看着他死了才去不成！”贾政听说，方退了出来。

此时薛姨妈同宝钗、香菱、袭人、史湘云也都在这里。袭人满心委屈，只不好十分使出来，见众人围着，灌水的灌水，打扇的打扇，自己插不下手去，便越性走出来到二门前，令小厮们找了焙茗来细问：“方才好端端的，为什么打起来？你也不早来透个信儿！”焙茗急地说：“偏生我没在跟前，打到半中间我才听见了。忙打听原故，却是为琪官、金钏儿姐姐的事。”袭人道：“老爷怎么得知道的？”焙茗道：“那琪官的事，多半是薛大爷素日吃醋，没法儿出气，不知在外头唆挑了谁来，在老爷跟前下的火。那金钏儿的事是三爷说的，我也是听见老爷的人说的。”袭人听了这两件事都对景，心中也就信了八九分。然后回来，只见众人都替宝玉疗治。调停完备，贾母令“好生抬到他房内去”。众人答应，七手八脚，忙把宝玉送入怡红院内自己床上卧好。又乱了半日，众人渐渐散去，袭人方进前来经心服侍，问他端的。且听下回分解。

（王兆鹏，2004. 中国古代文学作品选[M]. 武汉：武汉出版社.）

【注释】

[1] 本回为《红楼梦》第三十三回，是全书的重要章回之一。
[2] 长史官：总管王府内务的官吏。
[3] 潭府：深宅大院，对他人住宅的敬称。潭：深。
[4] 暴殄轻生：恣意糟蹋，不爱惜生命。
[5] 冠带家私：官爵、家产。

【作品解读】

《手足耽耽小动唇舌　不肖种种大承笞挞》节选自《红楼梦》第三十三回。选文写的是宝玉因贾环诬陷而被贾政痛打。贾政狠狠地教训了宝玉一顿，打得宝玉皮开肉绽，搞得贾府上下鸡飞狗跳，一阵忙乱。贾政看在母亲的分上暂且饶过贾宝玉。宝玉挨打，是《红楼梦》情节高潮之一，写得非常讲究，也非常感人。宝玉挨打，其原因表面上一是与伶人来往，不关心仕途与学业，只愿意在园中与姐妹玩乐；二是开罪忠顺府，私下与琪官、柳湘莲等“下层人物”来往，而且相交甚欢，还悄悄为琪官置宅，惹得忠顺王府上门找人，使贾政难以下台；三是金钏儿被逐和投井自杀，王夫人本应负主要责任，宝玉只是唤醒金钏儿，塞给她一颗糖，说了几句话，但这事到了贾环口里就添油加醋，成了宝玉强暴金钏儿未遂，导致金钏儿投井，贾政听了自然生气。其实更深刻的原因是，贾宝玉是贾府的继承人，是贾家兴旺的希望所在，他应该走一条科举荣身之路，以便立身扬名，光宗耀祖。可是他却力图挣脱家庭强加于他的名缰利锁，做了个无拘无束、自由自在的“富贵闲人”。他“最不喜务正”“不肯读书”，不愿意走仕途的人生道路。这样，他就违背了封建家庭给他规定的生活道路，成了“不肖子孙”。宝玉鄙弃仕途经济，使贾府面临着后继无人的危险，所以他们父子的矛盾才激化到了这种程度。贾政的“下毒手”，实不过是恨铁不成钢而已。

宝玉挨打，反映了封建教育的内在矛盾和危机。贾宝玉是封建贵族家唯一一个“略可望成”的继业者，对他的教育自然关乎贾府的命运和前途。那么，怎么教育他？在激烈的冲突中，贾政的绝望、暴怒和微微显露的悔痛，王夫人的疼惜、无奈与慌乱，贾母的慈爱而又不失气势风度，都跃然纸上。

在创作手法上，“宝玉挨打”这一情节也展示出高超的写作艺术。一方面，宝玉挨打这一事件在前几回经过了层层铺垫，在第三十三回达到高潮，形成激烈的矛盾冲突。另一方面，通过不同人物的反应，展现人物性格，及其与贾宝玉的关系。王夫人作为母亲，体现的是慈爱；李纨作为丧夫的长嫂，体现的是凄苦；袭人作为侍女，表现出的是自责。

【思考】

1. 贾宝玉的性格特征是什么？他为什么挨打？

2. 王夫人一见贾政把贾宝玉打得半死，就抱住宝玉放声大哭起来。表面看来，似乎王夫人对贾宝玉充满了母爱，但是，这种母爱的真实内容又是什么呢？

3. 简要分析选段的艺术特征。

作品 6

边城（节选）

沈从文

沈从文（1902—1988），原名沈岳焕，湖南凤凰县人。我国著名作家、历史学家、考古学家。高小毕业后投身行伍，辗转于湘川黔交界地区。1923 年只身闯入北京，1924 年开始文学创作，发表了《长河》《边城》等小说。1930 年起先后在武汉大学、青岛大学任教。抗日战争爆发后，任西南联合大学教授。抗战胜利后，任北京大学教授。中华人民共和国成立之后在中国历史博物馆和中国社会科学院历史研究所工作，主要从事中国古代服饰的研究，著有《中国古代服饰研究》一书。1988 年病逝于北京。

沈从文是现代作家中成书最多的一个，其作品结集约有 80 部。沈从文的小说创作主要有两类：一类是以湘西生活为题材，另一类是以都市生活为题材。其作品中美好、和谐的湘西乡村世界与虚伪、狡诈的都市世界形成了强烈的对比。代表作有小说《边城》《八骏图》《长河》，散文集《湘行散记》等。

十　三

黄昏来时翠翠坐在家中屋后白塔下，看天空被夕阳烘成桃花色的薄云，十四中寨逢场，城中生意人过中寨收买山货的很多，过渡人也特别多，祖父在溪中渡船上忙个不息。天已快夜，别的雀子似乎都要休息了，只杜鹃叫个不息。石头泥土为白日晒了一整天，草木为白日晒了一整天，到这时节皆放散一种热气。空气中有泥土气味，有草木气味，且有甲虫类气味。翠翠看着天上的红云，听着渡口飘乡生意人的杂乱声音，心中有些儿薄薄的凄凉。

黄昏照样的温柔，美丽和平静。但一个人若体念到这个当前一切时，也就照样的在这黄昏中会有点儿薄薄的凄凉。于是，这日子成为痛苦的东西了。翠翠觉得好像缺少了什么。好像眼见到这个日子过去了，想要在一件新的人事上攀住它，但不成。好像生活太平凡了，忍受不住。

“我要坐船下桃源县过洞庭湖，让爷爷满城打锣去叫我，点了灯笼火把去找我。”

她便同祖父故意生气似的，很放肆地去想到这样一件不可能事情，她且想象她出走后，祖父用各种方法寻觅全无结果，到后如何躺在渡船上。

人家喊，“过渡，过渡，老伯伯，你怎么的！不管事！”“怎么的！翠翠走了，下桃源县了！”“那你怎么办？”“怎么办吗？拿了把刀，放在包袱里，搭下水船去杀了她！”……

翠翠仿佛当真听着这种对话，吓怕起来了，一面锐声喊着她的祖父，一面从坎上跑向溪边渡口去。见到了祖父正把船拉在溪中心，船上人喁喁说着话，小小心子还依然跳跃不已。

“爷爷，爷爷，你把船拉回来呀！”

那老船夫不明白她的意思，还以为是翠翠要为他代劳了，就说：

“翠翠，等一等，我就回来！”

“你不拉回来了吗？”

“我就回来！”

翠翠坐在溪边，望着溪面为暮色所笼罩的一切，且望到那只渡船上一群过渡人，其中有个吸旱烟的打着火镰吸烟，把烟杆在船边剥剥地敲着烟灰，就忽然哭起来了。

祖父把船拉回来时，见翠翠痴痴地坐在岸边，问她是什么事，翠翠不作声。祖父要她去烧火煮饭，想了一会儿，觉得自己哭得可笑，一个人便回到屋中去，坐在黑黝黝的灶边把火烧燃后，她又走到门外高崖上去，喊叫她的祖父，要他回家里来。在职务上毫不儿戏的老船夫，因为明白过渡人皆是赶回城中吃晚饭的人，来一个就渡一个，不便要人站在那岸边呆等，故不上岸来。只站在船头告翠翠，不要叫他，且让他做点事，把人渡完事后，就会回家里来吃饭。

翠翠第二次请求祖父，祖父不理会，她坐在悬崖上，很觉得悲伤。

天夜了，有一匹大萤火虫尾上闪着蓝光，很迅速地从翠翠身旁飞过去，翠翠想，“看你飞得多远！”便把眼睛随着那萤火虫的明光追去。杜鹃又叫了。

“爷爷，为什么不上来？我要你！”

在船上的祖父听到这种带着娇有点儿埋怨的声音，一面粗声粗气地答道：“翠翠，我就来，我就来！”一面心中却自言自语：“翠翠，爷爷不在了，你将怎么样？”老船夫回到家中时，见家中还黑黝黝的，只灶间有火光，见翠翠坐在灶边矮条凳上，用手蒙着眼睛。

走过去才晓得翠翠已哭了许久。祖父一个下半天来，皆弯着个腰在船上拉来拉去，歇歇时手也酸了，腰也酸了，照规矩，一到家里就会嗅到锅中所焖瓜菜的味道，且可看见翠翠安排晚饭在灯光下跑来跑去的影子。今天情形竟不同了一点。

祖父说：“翠翠，我来慢了，你就哭，这还成吗？我死了呢？”

翠翠不作声。

祖父又说：“不许哭，做一个大人，不管有什么事都不许哭。要硬扎一点，结实一点，才配活到这块土地上！”

翠翠把手从眼睛边移开，靠近了祖父身边去。“我不哭了。”

两人做饭时，祖父为翠翠述说起一些有趣味的故事。因此提到了死去了的翠翠的母亲。两人在豆油灯下把饭吃过后，老船夫因为工作疲倦，喝了半碗白酒，因此饭后兴致极好，又同翠翠到门外高崖上月光下去说故事。说了些那个可怜母亲的乖巧处，同时且说到那可怜母亲性格强硬处，使翠翠听来神往倾心。

翠翠抱膝坐在月光下，傍着祖父身边，问了许多关于那个可怜母亲的故事。间或吁一口气，似乎心中压上了些分量沉重的东西，想挪移得远一点，才吁着这种气，可是却无从把那种东西挪开。

月光如银子，无处不可照及，山上篁竹在月光下皆成为黑色。身边草丛中虫声繁密如落雨。间或不知道从什么地方，忽然会有一只草莺“嘘！”啭着她的喉咙，不久之间，这小鸟儿又好像明白这是半夜，不应当那么吵闹，便仍然闭着那小小眼儿安睡了。

祖父夜来兴致很好，为翠翠把故事说下去，就提到了本城人二十年前唱歌的风气，如何驰名于川黔边地。翠翠的父亲，便是当地唱歌的第一手，能用各种比喻解释爱与憎的结子，这些事也说到了。翠翠母亲如何爱唱歌，且如何同父亲在未认识以前在白日里对歌，一个在半山上竹篁里砍竹子，一个在溪面渡船上拉船，这些事也说到了。

翠翠问：“后来怎么样？”

祖父说：“后来的事长得很，最重要的事情，就是这种歌唱出了你。”

祖父于是沉默了，不曾说“唱出了你后也就死去了你的父亲和母亲”。

十　四

老船夫做事累了睡了，翠翠哭倦了也睡了。翠翠不能忘记祖父所说的事情，梦中灵魂为一种美妙歌声浮起来了，仿佛轻轻地各处飘着，上了白塔，下了菜园，到了船上，又复飞窜过悬崖半腰——去作什么呢？摘虎耳草！白日里拉船时，她仰头望着崖上那些肥大虎耳草已极熟习。崖壁三五丈高，平时攀折不到手，这时节却可以选顶大的叶子作伞。

一切皆像是祖父说的故事，翠翠只迷迷糊糊地躺在粗麻布帐子里草荐上，以为这梦做得顶美顶甜。祖父却在床上醒着，张起个耳朵听对溪高崖上的人唱了半夜的歌。他知道那是谁唱的，他知道是河街上天保大老走马路的第一著，因此又忧愁又快乐地听下去。翠翠因为日里哭倦了，睡得正好，他就不去惊动她。

第二天天一亮，翠翠就同祖父起身了，用溪水洗了脸，把早上说梦的忌讳去掉了，翠翠赶忙同祖父去说昨晚上所梦的事情。

“爷爷，你说唱歌，我昨天就在梦里听到一种顶好听的歌声，又软又缠绵，我像跟了这声音各处飞，飞到对溪悬崖半腰，摘了一大把虎耳草，得到了虎耳草，我可不知道把这个东西交给谁去了。我睡得真好，梦得真有趣！”

祖父温和悲悯地笑着，并不告给翠翠昨晚上的事实。

祖父心里想：“做梦一辈子更好，还有人在梦里做宰相中状元咧。”

昨晚上唱歌的，老船夫还以为是天保大老，日来便要翠翠守船，借故到城里去送药，探探情形。在河街见到了大老，就一把拉住那小伙子，很快乐地说：

“大老，你这个人，又走车路又走马路，是怎样一个狡猾东西！”

但老船夫却做错了一件事情，把昨晚唱歌人“张冠李戴”了。这两兄弟昨晚上同时到碧溪岨去，为了做哥哥的走车路占了先，无论如何也不肯先开腔唱歌，一定得让那弟弟先唱。弟弟一开口，哥哥却因为明知不是敌手，更不能开口了。翠翠同她祖父晚上听到的歌声，便全是那个傩送二老所唱的。大老伴弟弟回家时，就决定了同茶峒地方离开，驾家中那只新油船下驶，好忘却了上面的一切。这时正想下河去看新油船装货。老船夫见他神情冷冷的，不明白他的意思，就用眉眼做了一个可笑的记号，表示他明白大老的冷淡处是装成的，表示他有好消息可以奉告。他拍了大老一下，翘起一个大拇指，轻轻地说：

“你唱得很好，别人在梦里听着你那个歌，为那个歌带得很远，走了不少的路！你是第一号，是我们地方唱歌第一号。”

大老望着弄渡船的老船夫涎皮的老脸，轻轻地说：

“算了吧，你把宝贝孙女儿送给会唱歌的竹雀吧。”

这句话使老船夫完全弄不明白它的意思。大老从一个吊脚楼甬道走下河去了，老船夫也跟着下去。到了河边，见那只新船正在装货，许多油篓子搁在河岸边。一个水手正在用茅草扎成长束，备做船舷上挡浪用的茅把。还有人坐在河边石头上，用脂油擦桨板。老船夫问那个水手，这船什么日子下行，谁押船，那水手把手指着大老。老船夫搓着手说：

“大老，听我说句正经话，你那件事走车路，不对；走马路，你有份的！”

那大老把手指着窗口说：“伯伯，你看那边，你要竹雀做孙女婿，竹雀在那里啊！”

老船夫抬头望到二老，正在窗口整理一个渔网。

回碧溪岨到渡船上时，翠翠问：

“爷爷，你同谁吵了架，脸色那样难看！”

祖父莞尔而笑，他到城里的事情，不告给翠翠一个字。

十　五

大老坐了那只新油船向下河走去了，留下傩送二老在家。老船夫方面还以为上次歌声既归二老唱的，在此后几个日子里，自然还会听到那种歌声。一到了晚间就故意从别样事情上，促翠翠注意夜晚的歌声。两人吃完饭坐在屋里，因屋前滨水，长脚蚊子一到黄昏就嗡嗡地叫着，翠翠便把蒿艾束成的烟包点燃，向屋中角隅各处晃着驱逐蚊子。晃了一阵，估计全屋子里已为蒿艾烟气熏透了，才把烟包搁到床前地上去，再坐在小板凳上来听祖父说话。从一些故事上慢慢地谈到了唱歌，祖父话说得很妙。祖父到后发问道：

“翠翠，梦里的歌可以使你爬上高崖去摘那虎耳草，若当真有谁来在对溪高崖上为你唱歌，你预备怎么样？”祖父把话当笑话说着的。

翠翠便也当笑话答道：“有人唱歌我就听下去，他唱多久我也听多久！”

“唱三年六个月呢？”

“唱得好听，我听三年六个月。”

“这不大公平吧。”

“怎么不公平？为我唱歌的人，不是极愿意我长远听他唱歌吗？”

“照理说：炒菜要人吃，唱歌要人听。可是人家为你唱，是要你懂他歌里的意思！”

“爷爷，懂歌里什么意思？”

“自然是他那颗想同你要好的真心！不懂那点心事，不是同听竹雀唱歌一样吗？”

“我懂了他的心又怎么样？”

祖父用拳头把自己腿重重地捶着，且笑着：“翠翠，你人乖，爷爷笨得很，话也不说得温柔，莫生气。我信口开河，说个笑话给你听。你应当当笑话听。河街天保大老走车路，请保山来提亲，我告给过你这件事了，你那神气不愿意，是不是？可是，假若那个人还有个兄弟，走马路，为你来唱歌，向你攀交情，你将怎么说？”

翠翠吃了一惊，低下头去。因为她不明白这笑话究竟有几分真，又不清楚这笑话是谁诌的。

祖父说：“你告诉我，愿意哪一个？”

翠翠便勉强笑着轻轻地带点儿恳求的神气说：

“爷爷莫说这个笑话吧。”翠翠站起身了。

“我说的若是真话呢？”

“爷爷你真是个……”翠翠说着走出去了。

祖父说：“我说的是笑话，你生我的气吗？”

翠翠不敢生祖父的气，走近门限边时，就把话引到另外一件事情上去：“爷爷看天上的月亮，那么大！”说着，出了屋外，便在那一派清光的露天中站定。站了一忽儿，祖父也从屋中出到外边来了。翠翠于是坐到那白日里为强烈阳光晒热的岩石上去，石头正散发日间所储的余热。祖父就说：

“翠翠，莫坐热石头，免得生坐板疮。”

但自己用手摸摸后，自己便也坐到那岩石上了。

月光极其柔和，溪面浮着一层薄薄白雾，这时节对溪若有人唱歌，隔溪应和，实在太美丽了。翠翠还记着先前祖父说的笑话。耳朵又不聋，祖父的话说得极分明，一个兄弟走马路，唱歌来打发这样的晚上，算是怎么一回事？她似乎为了等着这样的歌声，沉默了许久。

她在月光下坐了一阵，心里却当真愿意听一个人来唱歌。久之，对溪除了一片草虫的清音复奏以外别无所有。翠翠走回家里去，在房门边摸着了那个芦管，拿出来在月光下自己吹着。觉吹得不好，又递给祖父要祖父吹。老船夫把那个芦管竖在嘴边，吹了个长长的曲子，翠翠的心被吹柔软了。

翠翠依傍祖父坐着，问祖父：

“爷爷，谁是第一个做这个小管子的人？

“一定是个最快乐的人做的，因为他分给人的也是许多快乐；可又像是个最不快乐的人做的，因为他同时也可以引起人不快乐！”

“爷爷，你不快乐了吗？生我的气了吗？”

“我不生你的气。你在我身边，我很快乐。”

“我万一跑了呢？”

“你不会离开爷爷的。”

“万一有这种事，爷爷你怎么样？”

“万一有这种事，我就驾了这只渡船去找你。”

翠翠嗤地笑了。“凤滩茨滩不为凶，下面还有绕鸡笼；绕鸡笼也容易下，青浪滩浪如屋大。爷爷，你渡船也能下凤滩、茨滩、青浪滩吗？那些地方的水，你不说过全是像疯子，毫不讲道理？”

祖父说：“翠翠，我到那时可真像疯子，还怕大水大浪？”

翠翠俨然极认真地想了一下，就说：“爷爷，我一定不走。可是，你会不会走？你会不会被一个人抓到别处去？”

祖父不作声了，他想到不犯王法不怕官，只有被死亡抓走那一类事情。

老船夫打量着自己被死亡抓走以后的情形，痴痴地看望天南角上一颗星子，心想：“七月八月天上方有流星，人也会在七月八月死去吧？”又想起白日在河街上同大老谈话的经过，想起中寨人陪嫁的那座碾坊，想起二老，想起一大堆事情，心中有点儿乱。

翠翠忽然说：“爷爷，你唱个歌给我听听，好不好？”

祖父唱了十个歌，翠翠傍在祖父身边，闭着眼睛听下去，等到祖父不作声时，翠翠自言自语说：“我又摘了一把虎耳草了。”

祖父所唱的歌便是那晚上听来的歌。

十　六

二老有机会唱歌却从此不再到碧溪岨唱歌。十五过去了，十六也过去了，到了十七，老船夫忍不住了，进城往河街去找寻那个年青小伙子，到城门边正预备入河街时，就遇着上次为大老作保山的杨马兵，正牵了一匹骡马预备出城，一见老船夫，就拉住了他：

“伯伯，我正有事情告你，碰巧你就来城里！”

“什么事情？”

“天保大老坐下水船到茨滩出了事，闪不知这个人掉到滩下漩水里就淹坏了。早上顺顺家里得到这个信，听说二老一早就赶去了。”

这不吉消息同有力巴掌一样，重重地掴了老船夫那么一下，他不相信这是当真的消息。他故作从容地说：

“天保大老淹坏了吗？从不闻有水鸭子被水淹坏的！”

“可是那只水鸭子仍然有那么一次被淹坏了……我赞成你的卓见，不让那小子走车路十分顺手。”

从马兵言语上，老船夫还十分怀疑这个新闻，但从马兵神气上注意，老船夫却看清楚这是个真的消息了。他惨惨地说：

“我有什么卓见可言？这是天意！一切都有天意。……”老船夫说时心中充满了感情。

特为证明那马兵所说的话有多少可靠处，老船夫同马兵分手后，于是匆匆赶到河街上去。到了顺顺家门前，正有人烧纸钱，许多人围在一处说话。搀加进去听听，所说的便是杨马兵提到的那件事。但一到有人发现了身后的老船夫时，大家便把话语转了方向，故意来谈下河油价涨落情形了。老船夫心中很不安，正想找一个比较要好的水手谈谈。

一会儿船总顺顺从外面回来了，样子沉沉的，这豪爽正直的中年人，正似乎为不幸打倒，努力想挣扎爬起的神气，一见到老船夫就说：

“老伯伯，我们谈的那件事情吹了吧。天保大老已经坏了，你知道了吧？”

老船夫两只眼睛红红的，把手搓着，“怎么的，这是真事！这不会是真事！是昨天，是前天？”

另一个像是赶路，回来报信的，便插嘴说道：“十六中上，船搁到石包子上，船头进了水，大老想把篙撇着，人就弹到水中去了。”

老船夫说：“你眼见他下水吗？”

“我还和他同时下水！”

“他说什么？

“什么都来不及说！这几天来他都不说话！”

老船夫把头摇摇，向顺顺那么怯怯地溜了一眼。船总顺顺像知道他的心中不安处，就说："伯伯，一切是天，算了吧。我这里有大兴场人送来的好烧酒，你拿一点去喝吧。"一个伙计用竹筒上了一筒酒，用新桐木叶蒙着筒口，交给了老船夫。

老船夫把酒拿走，到了河街后，低头向河码头走去，到河边天保大前天上船处去看看。杨马兵还在那里放马到沙地上打滚，自己坐在柳树荫下乘凉。老船夫就走过去请马兵试试那大兴场的烧酒，两人喝了点酒后，兴致似乎好些了。老船夫就告给杨马兵，十四夜里二老两兄弟过碧溪岨唱歌那件事情。

那马兵听到后便说：

"伯伯，你是不是以为翠翠愿意二老，应该派归二老……"

话不说完，傩送二老却从河街下来了。这年青人正像要远行的样子，一见了老船夫就回头走去。杨马兵就喊他说："二老，二老，你来，有话同你说呀！"

二老站定了，很不高兴神气，问马兵"有什么话说"。马兵望望老船夫，就向二老说："你来，有话说！"

"什么话？"

"我听人说你已经走了——你过来我同你说，我不会吃掉你！你什么时候走？"

那黑脸宽肩膊，样子虎虎有生气的傩送二老，勉强似地笑着，到了柳荫下时，老船夫想把空气缓和下来，指着河上游远处那座新碾坊说："二老，听人说那碾坊将来是归你的！归了你，派我来守碾子，行不行？"

二老仿佛听不惯这个询问的用意，便不作声。杨马兵看风头有点儿僵，便说："二老，你怎么的，预备下去吗？"那年青人把头点点，不再说什么，就走开了。

老船夫讨了个没趣，很懊恼地赶回碧溪岨去，到了渡船上时，就装作把事情看得极随便似的，告给翠翠：

"翠翠，今天城里出了件新鲜事情，天保大老驾油船下辰州，运气不好，掉到茨滩淹坏了。"

翠翠因为听不懂，对于这个报告最先好像全不在意。祖父又说：

"翠翠，这是真事。上次来到这里做保山的那个杨马兵，还说我早不答应亲事，极有见识！"

翠翠瞥了祖父一眼，见他眼睛红红的，知道他喝了酒，且有了点事情不高兴，心中想："谁撩你生气？"船到家边时，祖父不自然地笑着向家中走去。翠翠守船，半天不闻祖父声息，赶回家去看看，见祖父正坐在门槛上编草鞋耳子。

翠翠见祖父神气极不对，就蹲到他身前去。

"爷爷，你怎么的？"

"天保当真死了！二老生了我们的气，以为他家中出这件事情，是我们分派的！"

有人在溪边大喊渡船过渡，祖父匆匆出去了。翠翠坐在那屋角隅稻草上，心中极乱，等等还不见祖父回来，就哭起来了。

（沈从文，2014．边城[M]．武汉：长江文艺出版社．）

【作品解读】

中篇小说《边城》写于 1934 年，是沈从文的代表作，也是构建其湘西文学世界的重要作品。小说描写了湘西小城茶峒的人民“优美、健康、自然而又不悖乎人性的生命形式”，表现了湘西自然、淳朴的民风和人性美。少女翠翠和祖父相依为命。当地船总顺顺的两个儿子天保和傩送（即大老和二老）同时爱上了翠翠，纯真、稚气的翠翠倾心于二老。天保的意外身亡，让翠翠和二老的婚事被迫搁置下来。朴实、厚道的祖父因为孙女的婚事过于忧虑，在一个风雨之夜离开了人世。在这些变故和不幸面前，翠翠并没有被击倒，她继承了爷爷的渡船，静静地守候着二老的归来。本文节选自《边城》第十三至十六章，是小说描写非常精彩的一段。

在作品中，作者为我们描绘了一个充满着爱与美的湘西边城世界。这里风光绮丽，民风淳朴。翠翠的爷爷待人热忱，几十年如一日勤勤恳恳地为人摆渡；船总顺顺虽是富人，但也常常体恤穷苦人；其他人如当地商客，甚至是妓女，也都能以诚待人。在作者心目中，“边城”是大城市的对照。茶峒地区人民自由、自在的牧歌生活与当时在国民党黑暗统治下的现代都市人非人性、非人道的现实生活形成了强烈对比。对边城生活的描绘，表达了作者对和谐美好的社会理想的追求。

小说中的翠翠是作者心目中爱和美的化身。当年翠翠的父母为了爱情双双殉情，她在爷爷的抚养下，在大自然的怀抱中长大成人。她用一双自然、纯真的眼睛去看待周围的世界，特别是她对二老的爱情纯洁真挚，超越了一切世俗利害关系。对于自己对二老朦胧的情感以及王团总家以碾坊作陪嫁给二老的传闻，翠翠不去理会却又难以言清内心的忧伤，在二老的歌声中，年轻的翠翠在自然而不自觉地寻找着自己的爱情，并伴随着爱情一起成长。尽管生活的各种打击接踵而至，天保的身亡、爷爷的去世、顺顺对爷爷的误解、傩送的赌气远行，等等，但这些并没有让翠翠感到不满与委屈，相反激励着翠翠日渐成熟。翠翠默默承受着生活的重压，依然平静地守候在渡船上，恬静而淡然地过着自己的日子，等待着二老的归来。

沈从文是一位风格独特的作家，其作品具有鲜明的艺术特色。《边城》在艺术上突出的特点之一是生动的人物描写。作者擅长将人物的语言、行动描写与心理描写结合起来，从而充分展现人物的个性特征和丰富的内心世界。如文中对翠翠的描写，作者静观、揣摩少女在青春发育期因性心理的逐渐成熟而表现出的种种情态和状况，如莫名的忧伤、焦躁、哭泣、等待，并将这些通过粗线条的外部刻画与细腻入微的心理描写，把翠翠内向、羞涩、温柔善良的个性突出地表现了出来。独特的风俗描写和地方语言的运用，也使这部作品呈现出了浓郁的地方特色。如在故事的发展中作者穿插了苗族对歌、提亲、赛龙舟等风俗的描写，展示了边城独特的风俗人情。同时，许多地方方言词汇和单纯词的运用，使作品的语言简约含蓄，朴素生动，优美传神，给人以美的享受。

【思考】

1. 文中多次写到了翠翠的哀伤，你如何理解翠翠的哀伤？她为何哀伤？
2. 这部作品在语言上有哪些特点？结合作品加以分析。

作品 7

红高粱
——《红高粱家族》选段

莫言

一九三九年古历八月初九，我父亲这个土匪种十四岁多一点。他跟着后来名满天下的传奇英雄余占鳌司令的队伍去胶平公路伏击日本人的汽车队。奶奶披着夹袄，送他们到村头。余司令说："立住吧。"奶奶就立住了。奶奶对我父亲说："豆官，听你干爹的话。"父亲没吱声。他看着奶奶高大的身躯，嗅着奶奶的夹袄里散出的热烘烘的香味，突然感到凉气逼人，他打了一个战。肚子咕噜噜响一阵。余司令拍了一下父亲的头，说："走，干儿。"

天地混沌，景物影影绰绰，队伍的杂沓脚步声已响出很远。父亲眼前挂着蓝白色的雾幔，挡住了他的视线，只闻队伍脚步声，不见队伍形和影。父亲紧紧扯住余司令的衣角，双腿快速挪动。奶奶像岸愈离愈远，雾像海水愈近愈汹涌，父亲抓住余司令，就像抓住一条船舷。

父亲就这样奔向了耸立在故乡通红的高粱地里属于他的那块无字的青石墓碑。他的坟头上已经枯草瑟瑟，曾经有一个光屁股的男孩牵着一只雪白的山羊来到这里，山羊不紧不忙地啃着坟头上的草，男孩子站在墓碑上，怒气冲冲地撒了一泡尿，然后放声高唱：高粱红了——日本来了——同胞们准备好——开枪开炮——

有人说这个放羊的男孩就是我，我不知道是不是我。我曾经对高密东北乡极端热爱，曾经对高密东北乡极端仇恨，长大后努力学习马克思主义，我终于悟到：高密东北乡无疑是地球上最美丽最丑陋、最超脱最世俗、最圣洁最龌龊、最英雄好汉最王八蛋、最能喝酒最能爱的地方。生存在这块土地上的我的父老乡亲们，喜食高粱，每年都大量种植。八月深秋，无边无际的高粱红成汪洋的血海。高粱高密辉煌，高粱凄婉可人，高粱爱情激荡。秋风苍凉，阳光很旺，瓦蓝的天上游荡着一朵朵丰满的白云，高粱上滑动着一朵朵丰满白云的紫红色影子。一队队暗红色的人在高粱棵子里穿梭拉网，几十年如一日。他们杀人越货，他们精忠报国，他们演出过一幕幕英勇悲壮的舞剧，使我们这些活着的不肖子孙相形见绌，在进步的同时，我真切感到种的退化。

出村之后，队伍在一条狭窄的土路上行进，人的脚步声中夹杂着路边碎草的窸窣[1]声响。雾奇浓，活泼多变。我父亲的脸上，无数密集的小水点凝成大颗粒的水珠，他的一撮头发，粘在头皮上。从路两边高粱地里飘来的幽淡的薄荷气息和成熟高粱苦涩微甘的气味，我父亲早已经闻惯，不新不奇。在这次雾里行军中，父亲闻到了那种新奇的、黄红相间的腥甜气息。那味道从薄荷和高粱的味道中隐隐约约地透过来，唤起父亲心灵深处一种非常遥远的记忆。

七天之后，八月十五日，中秋节。一轮明月冉冉升起，遍地高粱肃然默立，高粱穗子浸在月光里，像蘸过水银，汩汩生辉。我父亲在剪破的月影下，闻到了比现在强烈无数倍的腥甜气息。那时候，余司令牵着他的手在高粱地里行走，三百多个乡亲叠股枕臂、陈尸狼藉，流出的鲜血灌溉了一大片高粱，把高粱下的黑土浸泡成稀泥，使他们拔脚迟缓。腥甜的气味令人窒息，一群前来吃人肉的狗，坐在高粱地里，目光炯炯地盯着父亲和余司令。余司令掏出自来得手枪，甩手一响，两只狗眼灭了；又一甩手，又灭了两只狗眼。群狗一哄而散，坐得远远的，呜呜地咆哮着，贪婪地望着死尸。腥甜味愈加强烈，余司令大喊一声："日本狗！狗娘养的日本！"他对着那群狗打完了所有的子弹，狗跑得无影无踪。余司令对我父亲说："走吧，儿子！"一老一小，便迎着月光，向高粱深处走去。那股弥漫田野的腥甜味浸透了我父亲的灵魂，在以后更加激烈更加残忍的岁月里，这股腥甜味一直伴随着他。

高粱的茎叶在雾中嗞嗞乱叫，雾中缓慢地流淌着在这块低洼平原上穿行的墨河水明亮的喧哗，一阵强一阵弱，一阵远一阵近。赶上队伍了，父亲的身前身后响着踢踢踏踏的脚步声和粗重的呼吸声。不知谁的枪托撞到另一个谁的枪托上了。不知谁的脚踩破了一个死人的骷髅什么的。父亲前边那个人吭吭地咳嗽起来，这个人的咳嗽声非常熟悉。父亲听着他咳嗽就想起他那两扇一激动就充血的大耳朵。透明单薄布满细密血管的大耳朵是王文义头上引人注目的器官。他个子很小，一颗大头缩在耸起的双肩中。父亲努力看去，目光刺破浓雾，看到了王文义那颗一边咳一边颠动的大头。父亲想起王文义在演练场上挨打时，那颗大头颠成那般可怜模样。那时他刚参加余司令的队伍，任副官在演练场上对他也对其他队员喊：向右转——，王文义欢欢喜喜地跺着脚，不知转到哪里去了。任副官在他腚上打了一鞭子，他嘴咧开叫一声：孩子他娘！脸上表情不知是哭还是笑。围在短墙外看光景的孩子们都哈哈大笑。

余司令飞去一脚，踢到王文义的屁股上。

"咳什么？"

"司令……"王文义忍着咳嗽说，"嗓子眼儿发痒……"

"痒也别咳！暴露了目标我要你的脑袋！"

"是，司令。"王文义答应着，又有一阵咳嗽冲口而出。

父亲觉出余司令前跨了一大步，一只手捺住了王文义的后颈皮。王文义口里噝噝地响着，随即不咳了。

父亲觉得余司令的手从王文义的后颈皮上松开了，父亲还觉得王文义的脖子上留下两个熟葡萄一样的紫手印，王文义幽蓝色的惊惧不安的眼睛里，飞迸出几点感激与委屈。

很快，队伍钻进了高粱地。父亲本能地感觉到队伍是向着东南方向开进的。适才走过的这段土路是由村庄直接通向墨水河边的唯一的道路。这条狭窄的土路在白天颜色青白，路原是由乌油油的黑土筑成，但久经践踏，黑色都沉淀到底层。路上叠印过多少牛羊的花瓣蹄印和骡马毛驴的半圆蹄印，骡马驴粪像干萎的苹果，牛粪像虫蛀过的薄饼，羊粪稀拉拉像震落的黑豆。父亲常走这条路，后来他在日本炭窑中苦熬岁月时，眼前常常闪过这条路。父亲不知道我的奶奶在这条土路上主演过多少风流悲喜剧，我知道。父亲也不知道在高粱阴影遮掩着的黑土上，曾经躺过奶奶洁白如玉的光滑肉体，我也知道。

拐进高粱地后，雾更显凝滞，质量更大，流动感少，在人的身体与人负载的物体碰撞高粱秸秆后，随着高粱嚓嚓啦啦的幽怨鸣声，一大滴一大滴的沉重水珠扑簌簌落下。水珠冰凉清爽，味道鲜美，父亲仰脸时，一滴大水珠准确地打进他的嘴里。父亲看到舒缓的雾团里，晃动着高粱沉甸甸的头颅。高粱沾满了露水的柔韧叶片，锯着父亲的衣衫和面颊。高粱晃动激起的小风在父亲头顶上短促出击，墨水河的流水声愈来愈响。

父亲在墨水河里玩过水，他的水性好像是天生的，奶奶说他见了水比见了亲娘还急。父亲五岁时，就像小鸭子一样潜水，粉红的屁眼朝着天，双脚高举。父亲知道，墨水河底的淤泥乌黑发亮，柔软得像油脂一样。河边潮湿的滩涂上，丛生着灰绿色的芦苇和鹅绿色的车前草，还有贴地爬生的野葛蔓，枝枝直立的接骨草。滩涂的淤泥上，印满螃蟹纤细的爪迹。秋风起，天气凉，一群群大雁往南飞，一会儿排成个“一”字，一会儿排个“人”字，等等。高粱红了，成群结队的、马蹄大小的螃蟹都在夜间爬上河滩，到草丛中觅食。螃蟹喜食新鲜牛屎和腐烂的动物的尸体。父亲听着河声，想着从前的秋天夜晚，跟着我家的老伙计刘罗汉大爷去河边捉螃蟹的情景。夜色灰葡萄，金风串河道，宝蓝色的天空深邃无边，绿色的星辰格外明亮。北斗勺子星——北斗主死，南头簸箕星——南斗司生，八角玻璃井——缺了一块砖，焦灼的牛郎要上吊，忧愁的织女要跳河……都在头上悬着。刘罗汉大爷在我家工作了几十年，负责我家烧酒作坊的全面工作，父亲跟着罗汉大爷脚前脚后地跑，就像跟着自己的爷爷一样。

父亲被迷雾扰乱的心头亮起了一盏四块玻璃插成的罩子灯，洋油烟子从罩子灯上盖的铁皮、钻眼的铁皮上钻出来。灯光微弱，只能照亮五六米方圆的黑暗。河里的水流到灯影里，黄得像熟透的杏子一样可爱，但可爱一霎霎，就流过去了，黑暗中的河水倒映着一天星斗。父亲和罗汉大爷披着大蓑衣，坐在罩子灯旁，听着河水的低沉呜咽——非常低沉的呜咽。河道两边无穷的高粱地不时响起寻偶狐狸的兴奋鸣叫。螃蟹趋光，正向灯影聚拢。父亲和罗汉大爷静坐着，恭听着天下的窃窃秘语，河底下淤泥的腥味，一股股泛上来。成群结队的螃蟹团团围上来，形成一个躁动不安的圆圈。父亲心里惶惶，跃跃欲起，被罗汉大爷按住了肩头。“别急！”大爷说，“心急喝不得热黏粥。”父亲强压住激动，不动。螃蟹爬到灯光里就停下来，首尾相衔，把地皮都盖住了。一片青色的蟹壳闪亮，一对对圆杆状的眼睛从凹陷的眼窝里打出来。隐在倾斜的脸面下的嘴里，吐出一串一串的五彩泡沫。螃蟹吐着彩沫向人挑战，父亲身上披着的大蓑衣长毛奓起。罗汉大爷说："抓！"父亲应声弹起，与罗汉大爷抢过去，每人抓住一面早就铺在地上的密眼罗网的两角，把一网螃蟹抬起来，露出了螃蟹下的河滩地。父亲和罗汉大爷把网角系起扔在一边，又用同样的迅速和熟练抬起网片。每一网都是那么沉重，不知网住了几百几千只螃蟹。

父亲跟着队伍进了高粱地后，由于心随螃蟹横行斜走，脚与腿不择空隙，撞得高粱棵子东倒西歪。他的手始终紧扯着余司令的衣角，一半是自己行走，一半是余司令牵拉着前进，他竟觉得有些瞌睡上来，脖子僵硬，眼珠子生涩呆板。父亲想，只要跟着罗汉大爷去墨水河，就没有空手回来的道理。父亲吃螃蟹吃腻了，奶奶也吃腻了。食之无味，弃之可惜，罗汉大爷就用快刀把螃蟹斩成碎块，放到豆腐磨里研碎，加盐，装缸，制成蟹酱，成年累月地吃，吃不完就臭，臭了就喂罂粟。我听说奶奶会吸大烟但不上瘾，所以始终面如桃花，神清气爽。用蟹酱喂过的罂粟花朵肥硕壮大，粉、红、白三色交杂，香气扑鼻。故乡的黑土本来就是出奇的肥沃，所以物产丰饶，人种优良。民心高拔健迈，本是我故乡心态。墨水河盛产的白鳝鱼肥得像肉棍子一样，从头至尾一根刺。它们呆头呆脑，见钩就吞。父亲想着的罗汉大爷去年就死了，死在胶平公路上。他的尸体被割得零零碎碎，扔得东一块西一块。躯干上的皮被剥了，肉跳，肉蹦，像只褪皮后的大青蛙。父亲一想起罗汉大爷的尸体，脊梁沟就发凉。父亲又想起大约七八年前的一个晚上，我奶奶喝醉了酒，在我家烧酒作坊的院子里，有一个高粱叶子垛，奶奶倚在草垛上，搂住罗汉大爷的肩，呢呢喃喃[2]地说："大叔……你别走，不看僧面看佛面，不看鱼面看水面，不看我的面子也看在豆官的面子上，留下吧，你要我……我也给你……你就像我的爹一样……"父亲记得罗汉大爷把奶奶推到一边，晃晃荡荡走进骡棚，给骡子拌料去了。我家养着两头大黑骡子，开着烧高粱酒的作坊，是村子里的首富。罗汉大爷没走，一直在我家担任业务领导，直到我家那两头大黑骡子被日本人拉到胶平公路修筑工地上去使役为止。

这时，从被父亲他们甩在身后的村子里，传来悠长的毛驴叫声。父亲精神一振，眼睛睁开，然而看到的，依然是半凝固半透明的雾气。高粱挺拔的秆子，排成密集的栅栏，模模糊糊地隐藏在气体的背后，穿过一排又一排，排排无尽头。走进高粱地多久了，父亲已经忘记，他的神思长久地滞留在远处那条喧响着的丰饶河流里，长久地滞留在往事的回忆里，竟不知这样匆匆忙忙拥拥挤挤地在如梦如海的高粱地里蹿进是为了什么。父亲迷失了方位。他在前年有一次迷途高粱地的经验，但最后还是走出来了，是河声给他指引了方向。现在，父亲又谛听着河的启示，很快明白，队伍是向正东偏南开进，对着河的方向开进。方向辨清，父亲也就明白，这是去打伏击，打日本人，要杀人，像杀狗一样。他知道队伍一直往东南走，很快就要走到那条南北贯通，把偌大个低洼平原分成两半，把胶县平度县两座县城连在一起的胶平公路。这条公路，是日本人和他们的走狗用皮鞭和刺刀催逼着老百姓修成的。

高粱的骚动因为人们的疲惫困乏而频繁激烈起来，积露连续落下，滴湿了每个人的头皮和脖颈。王文义咳嗽不断，虽连遭余司令辱骂也不改正。父亲感到公路就要到了，他的眼前昏昏黄黄地晃动着路的影子。不知不觉，连成一体的雾海中竟有些空洞出现，一穗一穗被露水打得精湿的高粱在雾洞里忧悒[3]地注视着我父亲，父亲也虔诚地望着它们。父亲恍然大悟，明白了它们都是活生生的灵物。它们根扎黑土，受日精月华，得雨露滋润，上知天文下知地理。父亲从高粱的颜色上，猜到了太阳已经把被高粱遮挡着的地平线烧成一片可怜的艳红。

忽然发生变故，父亲先是听到耳边一声尖厉呼啸，接着听到前边发出什么东西被迸裂的声响。

余司令大声吼叫："谁开枪？小舅子，谁开的枪？"

父亲听到子弹钻破浓雾，穿过高粱叶子高粱秆，一颗高粱头颅落地。一时间众人都屏气息声。那粒子弹一路尖叫着，不知落到哪里去了。芳香的硝烟弥散进雾。王文义惨叫一声："司令——我没有头啦——司令——我没有头啦——"

余司令一愣神，踢了王文义一脚，说："你娘个蛋！没有头还会说话！"

余司令撇下我父亲，到队伍前头去了。王文义还在哀嚎。父亲凑上前去，看清了王文义奇形怪状的脸。他的腮上，有一股深蓝色的东西在流动。父亲伸手摸去，触了一手粘腻发烫的液体。父亲闻到了跟墨河水淤泥差不多、但比墨水河淤泥要新鲜得多的腥气。它压倒了薄荷的幽香，压倒了高粱的甘苦，它唤醒了父亲那越来越迫近的记忆，一线穿珠般地把墨水河淤泥、把高粱下黑土、把永远死不了的过去和永远留不住的现在联系在一起，有时候，万物都会吐出人血的味道。

"大叔，"父亲说，"大叔，你挂彩了。"

"豆官，你是豆官吧，你看看大叔的头还在脖子上长着吗？"

"在，大叔，长得好好的，就是耳朵流血啦。"

王文义伸手摸耳朵，摸到一手血，一阵尖叫后，他就瘫了："司令我挂彩啦！我挂彩啦，我挂彩啦。"

余司令从前边回来，蹲下，捏着王文义的脖子，压低嗓门说："别叫，再叫我就毙了你！"

王文义不敢叫了。

"伤着哪儿啦？"余司令问。

"耳朵……"王文义哭着说。

余司令从腰里抽出一块包袱皮样的白布，嚓一声撕成两半，递给王文义，说："先捂着，别出声，跟着走，到了路上再包扎。"

余司令又叫："豆官。"父亲应了，余司令就牵着他的手走。王文义哼哼唧唧地跟在后边。

适才那一枪，是扛着一盘耙在头前开路的大个子哑巴不慎摔倒，背上的长枪走了火。哑巴是余司令的老朋友，一同在高粱地里吃过"扑饼[4]"的草莽英雄，他的一只脚因在母腹中受过伤，走起来一颠一颠，但非常快，父亲有些怕他。

黎明前后这场大雾，终于在余司令的队伍跨上胶平公路时溃散下去。故乡八月，是多雾的季节，也许是地势低洼土壤潮湿所致吧。走上公路后，父亲顿时感到身体灵巧轻便，脚板利索有劲，他松开了抓住余司令衣角的手。王文义用白布捂着血耳朵，满脸哭相。余司令给他粗手粗脚包扎耳朵，连半个头也包住了。王文义痛得龇牙咧嘴。

余司令说："你好大的命！"

王文义说："我的血流光了，我不能去啦！"

余司令说："屁，蚊子咬了一口也不过这样，忘了你那三个儿子啦吧！"

王文义垂下头，嘟嘟哝哝说："没忘，没忘。"

他背着一支长筒子鸟枪，枪托儿血红色。装火药的扁铁盒斜吊在他的屁股上。

那些残存的雾都退到高粱地里去了。大路上铺着一层粗沙，没有牛马脚踪，更无人的脚印。相对着路两侧茂密的高粱，公路荒凉、荒唐，令人感到不祥。父亲早就知道余司令的队伍连聋带哑连瘸带拐不过四十人，但这些人住在村里时，搅得鸡飞狗跳，仿佛满村是兵，队伍摆在大路上，三十多人缩成一团，像一条冻僵了的蛇。枪支七长八短，土炮、鸟枪、老汉阳，方六方七兄弟俩抬着一门能把小秤砣打出去的大抬杆子。哑巴扛着一盘长方形的平整土地用的、周遭二十六根铁尖齿的耙，另有三个队员也各扛着一盘。父亲当时还不知道打伏击是怎么一回事，更不知道打伏击为什么还要扛上四盘铁齿耙。

（莫言，2012．红高粱家族[M]．上海：上海文艺出版社．）

【注释】

[1] 窸窣（xī sū）：象声词。形容细小的摩擦声，也形容树叶、花草等细微的摩擦声音。

[2] 呢呢喃喃：象声词，形容声音很细小但很亲密。

[3] 忧悒（yōu yì）：忧愁烦恼，闷闷不乐。

[4] 抹饼：又叫单饼，面食，厚薄适中，有韧性，有嚼劲，既可单独食用，又可以搭配蔬菜和小葱、大酱食用，是山东人的代表食物。

【作品解读】

莫言的《红高粱家族》是对民族的骁勇血性和强大生命力的那种理想状态的找寻。在小说中"我奶奶""我爷爷"浑身上下焕发着旺盛的生命力："奶奶"年轻美丽，洋溢着生命活力，甚至有些放纵与风流。她渴望幸福美满的婚姻，谁知贪财的父亲把她嫁给了一个麻风病人单扁郎，"爷爷"劫走了三日后回娘家的"奶奶"，杀了单家父子，两人以原始炽烈的生命热情，共享生命的欢乐与灿烂。日本人来了，他们的生命又和抗日战争联系在一起。管家刘罗汉大爷为保护"奶奶"和她家的财产被日本人残忍剥皮，"奶奶"端出纪念刘罗汉大爷的血酒，让成为民间武装（或曰土匪）司令的"爷爷"喝下，去反击日本人。战争悲壮而热烈，"爷爷"带着儿子豆官（"我父亲"），扛着土炮，同日本兵在枪林弹雨中厮杀。"奶奶"最终也英勇牺牲。小说中的"我奶奶""我爷爷"与以往的革命战争小说中为了理想信念、民族利益去战斗的英雄人物不同，他们是在原始生命力的驱动下，去生活、恋爱、生育、杀人、越货、抗日、牺牲。他们敢作敢为，为解放生命而活，又为生命解放而死，他们可以说是生命意识层面上的英雄。莫言表现出其对传统价值观的质疑与反叛，对封建伦理观念的深刻剖析，以及对社会环境改变所带来的人性缺失和种族退化的感叹，对城市文明的批判等。而其中最为重要的则是对生命意识的弘扬。在作品中，作者有意塑造“我爷爷”“我奶奶”这一辈人物，刻画余占鳌、戴凤莲、罗汉大爷等形象。这些人物是高密东北乡土地上培育出的灵魂：男的剽悍勇猛，女的风流俊俏；嗜杀成性又视死如归，杀人越货又精忠报国；他们是自然生命的化身，体现了强悍的生命本能；他们敢恨敢爱，敢于直面生死荣辱。他们代表着朴素的人性。他们通过对传统伦理观念的反叛，将人类的生命原欲进行了最酣畅淋漓的宣泄与抒发。小说中，祖父母辈的人物形象和他们充满生机的热烈生活，构成了最有光彩的一部分。而父母一辈和“我”的同代人则麻木萎缩，被沉重的生活压弯了脊梁，这些人物善良勤劳又愚昧胆小，瞻前顾后，畏首畏尾，只能在庸碌的生活中苟且度日。作者通过对几代人的对比，鲜明地表现了对生命力的崇敬、赞美和对种族退化的深思。

在艺术上，《红高粱家族》受到福克纳的意识流和马尔克斯叙事模式的影响，以时空错乱的顺序来讲述故事。同时，在现实主义的精神下，作品运用了大量的现代主义文学技巧，如象征、隐喻、暗示、借代等手法的运用，增强了作品的表现力，深化了作品的内涵。

《红高粱家族》也表现出了莫言式语言风格：干脆利落、激情奔放、新颖独特、活泼传神、词语色彩凝重，同时，大量运用民谣、民歌、民谚，为作品增添了许多亮色，并散发着浓郁的乡土气息，令人回味无穷。

【思考】

1. 你如何理解戴凤莲和余占鳌的形象？
2.《红高粱家族》在语言上有哪些特色？

作品 8

乡间一夜
——《红与黑》选段

司汤达

司汤达（Stendhal，1783—1842），原名亨利·贝尔（Henri Beyle），19 世纪法国杰出的现实主义作家，法国和欧洲批判现实主义文学的奠基人。出生于法国格勒诺布尔市的一个小资产阶级家庭。1799 年，司汤达中学毕业后来到巴黎，在拿破仑的军队任职。1814 年波旁王朝复辟，司汤达侨居意大利米兰并开始写作。1821 年，司汤达被意大利当局视为危险分子，被迫离开米兰回到巴黎。1830年七月革命后，司汤达担任意大利海滨小城奇维塔维基亚的法国领事。1842年3月23日，司汤达因中风死在巴黎街头。司汤达的一生不到60年，并且在文学上的起步很晚，然而他却给人类留下了巨大的文化遗产，包括数部长篇、数十部短篇小说，数百万字的文论、随笔和散文、游记。他以准确的人物心理分析和凝练的笔法而闻名。代表作有《红与黑》《帕尔马修道院》《意大利遗事》《阿尔芒斯》等。

第二天，于连再见到德·莱纳夫人时，目光很古怪；他盯着她，仿佛面前是一个仇敌，他就要与之搏斗。这目光和昨天晚上的多么不同啊，德·莱纳夫人不知所措了：她一向待他很好，可是他好像气鼓鼓地。于是，她也不能不盯着他了。

德尔维夫人在场，于连正可少说话，更多地捉摸自己的心事。整个白天，他唯一的事情就是阅读那本有灵感的书，使自己的灵魂再一次得到锤炼，变得坚强。

他早早地放孩子们下了课，接着，德·莱纳夫人来到眼前，这又提醒他必须设法维护自己的荣誉，他下定决心，当晚无论如何要握住她的手，并且留下。

夕阳西下，决定性的时刻临近了，于连的心跳得好怪。入夜，他看出这一夜将是一个漆黑的夜，不由得心中大喜，压在胸口的一块巨石被挪掉了。天空布满大块的云，在热风中移动，预示着一场暴风雨。两个女友散步去了，很晚才回来。这一天晚上，她们俩做的事，件件都让于连觉得奇怪。她们喜欢这样的天气，对某些感觉细腻的人来说，这似乎增加了爱的欢乐。

大家终于落座，德·莱纳夫人坐在于连旁边，德尔维夫人挨着她的朋友。于连一心想着他要做的事，竟找不出话说。谈话无精打采，了无生气。

于连心想："难道我会像第一次决斗那样发抖和可怜吗？"他看不清自己的精神状态，对自己和对别人都有太多的猜疑。

这种焦虑真是要命啊，简直无论遭遇什么危险都要好受些。他多少次希望德·莱纳夫人有什么事，不能不回到房里去，离开花园！于连极力克制自己，说话的声音完全变了；很快，德·莱纳夫人的声音也发颤了，然而于连竟浑然不觉。责任向胆怯发起的战斗太令人痛苦了，除了他自己，什么也引不起他的注意。古堡的钟已经敲过九点三刻，他还是不敢有所动作。于连对自己的怯懦感到愤怒，心想："十点的钟声响过，我就要做我一整天里想在晚上做的事，否则我就回到房间里开枪打碎自己的脑袋。"

于连太激动了，几乎不能自已。终于，他头顶上的钟敲了十点，这等待和焦灼的时刻总算过去了。钟声，要命的钟声，一记记在他的脑中回荡，使得他心惊肉跳。

就在最后一记钟声余音未了之际，他伸出手，一把握住德·莱纳夫人的手，但是她立刻抽了回去。于连此时不知如何是好，重又把那只手握住。虽然他已昏了头，仍不禁吃了一惊，他握住的那只手冰也似的凉；他使劲地握着，手也战战地抖；德·莱纳夫人作了最后一次努力想把手抽回，但那只手还是留下了。

于连的心被幸福的洪流淹没了，不是他爱德·莱纳夫人，而是一次可怕的折磨终于到头了。他想他该说话了，不然德尔维夫人会有所察觉，这时他的声音变得响亮而有力。相反，德·莱纳夫人的声音却藏不住激动。她的女友以为她不舒服，建议她回房去。于连感到了危险："假如德·莱纳夫人回客厅去，我就又陷入白天的那种可怕的境地了。这只手我握的时间还太短，还不能算是我的一次胜利。"

正当德尔维夫人再次建议回客厅时，于连用力握了一下那只手。

德·莱纳夫人已经站起来，复又坐下，有气无力地说：

"我是觉得有些不舒服，不过，外面的新鲜空气对我有好处。"

这些话确认了于连的幸福，此时此刻，他真是幸福到了极点：他口若悬河，忘掉了伪装，两个女友听着，简直觉得他是世间最可爱的男人。然而，这突如其来的雄辩仍嫌有气不足。起风了，暴风雨要来了，于连生怕德尔维夫人受不住而想一个人回客厅。那样的话，他就要和德·莱纳夫人面面相觑，单独在一起了。刚才，他是偶然地凭借一股盲目的勇气才有所行动，而现在他觉得哪怕对她说一句最简单的话也力不能及。无论她的责备多么轻微，他也会一触即溃，刚刚获得的胜利也将化为乌有。

幸运的是，这晚他的动人又夸张的议论博得了德尔维夫人的欢心，她先前常常觉得他笨拙得像一个孩子，不大讨人喜欢。至于德·莱纳夫人，手握在于连手里，倒是什么也没想，随波逐流由它去了。在当地传说大胆夏尔手植的这株大椴树下度过的这几个钟头，对她来说，是一段幸福的时光。风在椴树浓密的枝叶间低吟，稀疏的雨点滴滴答答落在最低的叶子上，她听得好开心啊。于连没有注意到一个本可以使他放心的情况：德·莱纳夫人和德尔维夫人脚旁的一只花盆被风掀倒，她不得不抽出手来，起身帮助表姐扶起花盆，可是她刚一坐下，就几乎很自然地把手伸给他，仿佛这已是他们之间的一种默契。

午夜的钟声早已响过，终须离开花园，这就是说，要分手了。陶醉于爱之幸福的德·莱纳夫人天真无知，竟没有丝毫的自责。幸福使她失眠了。于连却沉沉睡去，胆怯和骄傲在他心中交战了整整一天，弄得他筋疲力尽。

第二天早晨五点钟，他被人叫醒；他几乎已经把德·莱纳夫人忘了，她若是知道，那对她可是太残酷了。他履行了他的责任，而且是一个英雄的责任。这种感觉使他非常幸福，他把自己反锁在房间里，怀着一种全新的乐趣重温他的英雄的丰功伟绩。

午餐的铃声响了，他在阅读大军公报的时候已经把昨夜的胜利全部抛在脑后。他下楼朝餐厅走去，用一种轻佻的口吻对自己说："应该告诉这个女人我爱她。"

他满以为会遇到一双柔情缱绻[1]的眼睛，不料看见的却是德·莱纳先生的一张严厉的脸。德·莱纳先生两个小时前从维里埃来，他毫不掩饰对于连的不满，他居然整整一上午扔下孩子们不管。当这个有权有势的人不高兴并且认为无须掩饰的时候，他的脸真是再难看不过了。

丈夫的每句刻薄的话，都像针一样刺着德·莱纳夫人的心。可是于连还沉浸在狂喜之中，还在回味刚刚在他眼前发生的持续了数小时的一件件大事，因此一开始他不能令注意力屈尊去听德·莱纳先生的那些伤人的话。最后，他相当生硬地对他说：

“我刚才不舒服。”

即使是一个远非市长先生那么爱发火的人，也会被这回答的口吻激怒。他对于连的回答，就是想立即将他赶出去。不过他忍住了，他想起了自己的座右铭：凡事勿躁。

“这个小笨蛋，”他立刻心想，“他在我家里为自己赢得了声誉，瓦勒诺先生可以把他弄去，或者他会娶爱丽莎，无论哪一种情况，他都会在内心里嗍笑我。”

德·莱纳先生的考虑固然明智，可是他的不满仍旧爆发出来，一连串的粗话渐渐激怒了于连。德·莱纳夫人的眼里涌上了泪水，就要哭出来。午饭一过，她就请求于连让她挽着胳膊去散步。她亲切地依偎着他。无论德·莱纳夫人说什么，于连都只低声应着：

“这就是有钱人啊！”

德· 莱纳先生就走在他们身边，于连一看见他，火就不打一处来。他突然感觉到德· 莱纳夫人紧紧地靠在他的胳膊上，这个动作使他感到厌恶，他粗暴地推开她，把胳膊抽回来。

幸亏德·莱纳先生没有看见这一新的无礼举动，可是德尔维夫人看见了。她的朋友的眼泪扑簌簌流出来了。这时，德·莱纳先生正用石块驱赶一农家女孩，那女孩抄了一条小路，正穿越果园的一角。

“于连先生，我求求您，克制一下吧；您应该想想，我们人人都有发脾气的时候。”德尔维夫人很快地说道。

于连冷冷地看了她一眼，目光中流露出极端的轻蔑。

德尔维夫人大吃一惊，如果她猜得出这目光的真正含义，她还要更吃惊呢；她本来应该看出这目光中闪烁着一种进行最残忍报复的朦胧希望。大概正是此类屈辱的时刻造就了那些罗伯斯庇尔吧。

“您的于连很粗暴，我真害怕，”德尔维夫人向她的朋友低声说。

“他有理由发火，”她的朋友回答说，“他使孩子们取得了进步，一个早上不给他们上课有什么关系；我看男人都是很无情的。”

德·莱纳夫人生平第一次感到一种欲望，要对她的丈夫报复。于连对有钱人的极端仇恨也快爆发了。幸好这时德·莱纳先生唤来园丁，跟他一起忙着用一捆捆荆棘堵住穿越果园的那条踩出来的小路。此后于连受到无微不至的体贴，可是他就是不说话。德·莱纳先生刚一离开，她俩就声称累了，一人挽了他一只胳膊。

他夹在两个女人中间，她们因内心的慌乱而双颊飞上红晕，露出窘色，而于连却脸色苍白，神情阴沉而果决，两者适成奇异的对照。他蔑视这两个女人，也蔑视一切温柔的感情。

“什么！”他心里说，“我连供我完成学业的五百法郎年金都没有！啊！我真想把他撵走！”他全神贯注于这些严肃的思想，她们俩的殷勤话只是偶尔屈尊听进几句，也觉得很不入耳，毫无意义，愚蠢，软弱，一言以蔽之，女人气。

没有话还得找话，又想让谈话生动活泼些，于是德·莱纳夫人就说到，她丈夫从维里埃回来，是因为他从一个佃户那里买了些玉米皮（在当地，人们用玉米皮填充床衬）。

“我丈夫不会回到我们这儿来了，”她说，“他要和园丁、男仆一起把全家的床衬都换过。今天上午，他把二楼的床衬都换过了玉米皮，现在他正在三楼呢。”

于连的脸色骤变，神情古怪地看了看德·莱纳夫人，立刻拉着她快走了几步，德尔维夫人让他们走开了。

“救救我的命吧，”于连对德·莱纳夫人说，“只有您能救我的命，因为您知道那个男仆恨我恨得要死。我应该向您坦白，夫人，我有一帧肖像。我把它藏在我那张床的床衬里。”

听了这话，德·莱纳夫人的脸色也惨白了。

“夫人，这个时候只有您才能进我的房间；别让人看见，在床衬最靠近窗户的那个角里摸一摸，有一个小纸盒子，黑色，很光滑。”

“那里面有一帧肖像！”德·莱纳夫人说，快要站不住了。

她的沮丧的神情被于连察觉了，他立刻趁势说道：

“我还要向您求个情，夫人，我求您别看这肖像，这是我的秘密。”

“这是个秘密，”德·莱纳夫人重复道，声音极端微弱。

尽管她在那些以财产自傲并只对金钱利益感兴趣的人中间长大，爱情却已经使她的灵魂变得宽宏大量。德·莱纳夫人被伤得好苦，却仍然表现出最单纯的忠诚，向于连提出了几个必须提出的问题，以保证顺利完成任务。

“是这样，”她边说边走，“一个小圆盒子，黑纸板的，很光滑。”

“是的，夫人，”于连答道，带着男人遇到危险时所具有的那种冷酷的神情。

她登上三楼，脸色苍白，犹如赴死一样。更为不幸的是，她觉得自己马上就要昏倒；可是她必须帮助于连啊，这又给了她力量。

“我必须拿到那个盒子，”她对自己说，一面加快了脚步。

她听见丈夫正跟男仆说话，就在于连的房间里。幸好，他们又到孩子们的房间里去了。她掀起床垫，把手伸进床衬，用力过猛，扎破了手指。本来她对这一类的小疼小痛十分敏感，现在却毫无感觉，因为她几乎同时摸到了一个光滑的纸盘子。她一把抓住，转身不见了。

她暗自庆幸没有被丈夫撞见，却立刻对这个盒子产生了恐惧，这下她真要病了。

“这么说于连在恋爱了，我这里拿着的是他爱的那个女人的肖像！”

德·莱纳夫人坐在前厅里的一张椅子上，经受着妒火的百般煎熬。她的极端无知这时倒有用了，惊奇减轻了痛苦。于连来了，不道谢，话也不说，一溜烟跑回房间，立刻点火焚烧。他脸色苍白，四肢瘫软，他夸大了刚才所遇到的危险。

“拿破仑的肖像，”他摇着头对自己说，“居然被发现藏在一个对篡位者怀有深仇大恨的人的房间里！还是被德・莱纳先生发现的，他是那么极端，又那样地被我激怒过！最不谨慎的是，我在肖像后面的白纸板上亲笔写了几行字！我的过分的钦佩之情无可怀疑！而这种仰慕之情的每一次表露都注明了日期！就在前一天还有过一次！

“我的名誉将一落千丈，毁于一旦！”于连一边对自己说，一边看着那盒子燃烧，“而我的全部财产就是荣誉呀，我就靠它生活……再说，这是怎样一种生活啊，伟大的天主！”

一个钟头以后，疲倦，他对自己的怜悯，都使他的心软下来。看见德・莱纳夫人，拿起她的手，怀着从未有过的那份真诚吻着。她幸福地脸红了，但几乎同时又怀着嫉妒的怒火推开了于连。于连早上被刺伤的自傲使他此时此刻成了一个大傻瓜。他在德・莱纳夫人身上只看见一个富家女，于是他厌恶地扔下她的手，扬长而去。他去花园，散步，沉思，他的嘴角很快露出一丝苦笑：

“我在这里散步，倒是悠闲得像一个有权支配自己的时间的人！我丢下孩子们不管。我又要听到德・莱纳先生那些让人感到屈辱的话了，而他是有理由的。”于是，他朝孩子们的房间走去，他很喜欢最小的那一个，孩子的亲近稍许平复了他的剧烈的痛苦。

“这孩子还不蔑视我，”于连想。然而，他很快自责起来，将这痛苦的缓解视为新的软弱。“这些孩子亲近我就像他们亲近昨天买来的小猎狗一样。”

（司汤达，1993．红与黑[M]．郭宏安，译．南京：译林出版社．）

【注释】

[1] 缱绻（qiǎn quǎn）：情意缠绵，难舍难分的样子。

【作品解读】

《红与黑》写于1828～1829年，是19世纪欧洲批判现实主义文学的奠基之作和经典之作。小说副题是“一八三〇年纪事”，其创作素材是当时法国《司法报》报道的法国外省小城的两起情杀案。本文选自《红与黑》中心理描写非常精彩的第九章《乡间一夜》，主要讲述了主人公于连为了报复德・莱纳市长对他的蔑视，勾引善良的市长夫人，并获得了成功。作品通过对于连心理活动的深入描写，揭示了其对贵族的反抗，以及敏感自尊、自卑又自傲的性格特征。

19世纪初的法国，波旁王朝复辟后，许多小资产阶级青年不再拥有拿破仑时代通过个人才能晋官加爵的机会，而只能去等级森严的巴黎进行个人奋斗。当中只有少数人成功，大多数人失败了。这是王政复辟后整整一代小资产阶级平民的现实遭遇，于连的悲剧也正是这样一出富于时代特征的悲剧。司汤达对自己所处的时代有着深刻的认识，在作品中他通过对于连双重人格、矛盾性格和悲剧命运的描写，揭露了法国王政复辟时期激烈的阶级斗争和残酷的现实状况，以及由此产生的对青年一代的腐蚀和摧残。

于连出身下层，却聪明好学，意志坚强，精力充沛。他少年时期接受了启蒙思想家的自由平等观念和无神论思想。他极度崇拜拿破仑，幻想着通过“入军界、穿军装、走一条‘红’的道路”建功立业、飞黄腾达。然而，波旁王朝复辟了，平民通过天赋直上青云的时代一去不复返。于连不得不另谋他路，幻想进入修道院，穿起黑色的教袍，或许将来能够成为一名“年俸十万法郎的大主教”。在德·莱纳市长家中，于连通过勾引市长夫人，虚荣心获得了极大的满足；在贝尚松神学院，于连常常口是心非、言不由衷，把圣经作为向上爬的敲门砖；在巴黎德·拉·木尔侯爵府这个“阴谋和伪善的中心”，于连则完全掌握了虚伪的手段。尽管他不爱玛特儿侯爵小姐，但为了抓住这块跳板，于连同样对她进行了勾引。在狱中于连才幡然醒悟：在等级森严的封建制度中，像他这样出身的人，是不可能通过个人奋斗而飞黄腾达的。在这个黑暗沉默的王政复辟时代，他只能扮演“一个逆叛的平民的悲惨角色”，成为与“整个社会作战的不幸的人”。

于连是法国王政复辟时期受压抑的小资产阶级个人奋斗者的典型，也是世界文学史上一个不朽的艺术形象。其性格是复杂多元的，强烈的自我意识是其性格的核心，并随周围环境的变化而不断发生演变。时代的变迁，不堪受辱的内心，受人歧视的社会地位以及向上爬而不能如愿的愤怒，形成了于连自尊、敏感、多疑和勇于反抗的性格。但因其反抗是以个人名利为前提的，因此，这就决定了其在反抗的同时，具有妥协性和软弱性的一面。在那个黑暗的复辟年代，于连作为一个平民知识分子为了争得自己的社会地位，向贵族资产阶级所做的反抗与斗争精神是应该给予肯定的，他那难以折服的骨气，无疑在当时具有进步意义。但是，于连在个人奋斗的同时，不择手段地损害他人利益的行为是应该批判的。

运用深刻细腻的心理描写来刻画人物性格，是《红与黑》的主要艺术魅力。司汤达是心理描写大师，特别善于把握和分析人物的心理。在小说中，他把人物在各种情境下的精神活动和情感变化细腻地表现了出来。尤其是写于连对不同环境的感受、关键时刻的内心斗争等心理活动都十分真实具体，并能与当时的客观情境结合起来。此外，简洁流畅的语言、明快的叙事风格也是这部作品突出的艺术特色。

【思考】

1. 本文是如何描写于连的心理活动的？有哪些特点？
2. 你怎样评价于连的个人奋斗？

第五章 戏曲总论

第一节 戏曲的基础知识

一、戏曲的含义

戏曲是各种戏剧形式的总称，它是借助文学、语言、音乐、舞蹈、绘画等多种艺术手段来塑造舞台形象，揭示社会矛盾，反映社会生活的综合舞台艺术体系。

二、戏曲的体制特征

戏曲是综合性艺术，戏曲的体制特征包含剧本体制、音乐体制、演出体制、舞美体制等方面。

1. 剧本体制

中国戏曲具有独特的艺术体制。宋元南戏剧本体制的特点，就是剧本的结构体例。南戏具有开放性与灵活性，体现在篇幅上，可以根据剧情自由伸缩，而且不忌枝蔓，因此都比北杂剧冗长。南戏还具有“开篇无题，下场有诗”的特点。

元杂剧是最成熟的戏剧表现形式。绝大多数由“四折一楔”构成。四折，是四个有情节的段落，像做文章讲究起承转合一样。楔子的篇幅短小，通常放在第一折之前，这有点类似于后来的“序幕”。元杂剧在艺术上是以歌唱为主、结合说白表演的形式。每一折由同一宫调的若干支曲子联成一个套曲。全套只押一个韵，由扮演男主角的正末或扮演女主角的正旦演唱。这种“一人主唱”可以极大地发挥歌唱艺术的特长，酣畅淋漓地塑造主要人物形象。念白部分受传统参军戏的影响，常常插科打诨，富于幽默趣味。将音乐结构与戏剧结构统一起来，达到体制上的规整，这充分表明元杂剧的艺术成熟和体制完善。

明清传奇则在剧本体制上分出标目，大多篇幅较长。剧本紧紧围绕一生一旦，并贯穿始终。

2. 音乐体制

音乐体制主要是指元杂剧的宫调及其运用问题。宫调，类似现代的“调”，一般包含调高和调式两种。元杂剧采用的宫调有正宫、中吕宫、南吕宫、仙吕宫、黄钟宫、大石调、双调、商调、越调九个。除四折外，全剧一般还要加上一个或两个楔子。楔子是对剧情起交代或连接作用的短小的开场戏或过场戏。

南戏与杂剧最大的区别体现在音乐体制上。南戏的曲调，主要采自南曲（民歌小调），字少而调缓，清峭柔远，宜于独奏。南曲轻柔婉转的音乐风格，适合演唱情意绵绵的故事。初期南戏的曲调配合，虽有惯例，但还没形成严密的宫调组织，可以根据剧情需要做较为自由的选择。南戏的器乐伴奏，则以管乐为主，以鼓、板为节。

明清传奇的音乐体系是以南曲为基础的南北合流结构。明代出现了“四大声腔”（浙江海盐腔、浙江余姚腔、江西弋阳腔和江苏昆山腔），江西弋阳腔和江苏昆山腔对后世戏曲影响最大，最终发展成典雅细腻的昆曲。其为以唱南曲为主的全国性戏曲形式；曲牌灵活多样，南北曲合套的形式普遍运用。在传奇里，南北曲合套的形式不仅得到了普遍运用，合套的形式也多样化了，有一南一北交替使用的，也有南北混用的，即在一套曲子里，可以一半用南曲，一半用北曲，而曲律则更为严格。明清传奇的器乐伴奏，以箫管为主。

3. 演出体制

元杂剧的角色分工十分细密，主次明显。元杂剧有旦、末、净、杂四大类角色。演出以演唱为主，一本戏始终由一个男主角或女主角主唱，其他角色一般不唱，台词和对白叫作“宾白”。动作称作“科”，如雁叫科、做悲科、醉科、笑科、睡科等，许多动作表演是虚拟化的。伴奏乐器以笛、板、鼓、锣为主。

南戏有生、旦、末、净、丑、外等，围绕生、旦正剧的表演展开故事情节，辅以净、末、丑的插科打诨，南戏的重要角色必须在开头的几出先出场，场次的安排要注意角色的劳逸、场面的冷热相隔。最后一出必须是大团圆，全体登场，由生旦穿红色吉服向台下交拜，大约是满足观众的愿望，取其吉利的意思。这是我国戏曲史上最早且完备的行当分配制度。

明清传奇的综合表演艺术较元杂剧和宋元南戏有着较大的发展，其角色行当的分类十分齐全。清乾隆年间的昆曲戏班有“江湖十二角色”之说（见李斗《扬州画舫录》）。昆曲传奇一般有十门角色，即生、小生、旦、老旦、贴、外、末、净、副、丑，以生、旦、净、丑最为重要。总之，明清传奇的角色行当随着传奇艺术的发展而发展，其功能任务也越来越细致具体。

4. 舞美体制

我国古典戏曲的舞台美术通常把重点放在人物塑造上。为了适应表演动作的节奏化，古典戏曲注重人物塑造。人物塑造很重要的一部分是戏曲行头和戏曲化妆。戏曲行头，是对戏曲服饰的一种通俗称呼。传统戏曲中角色穿的衣服，统称“大衣”。置放文服蟒、官衣、帔、开氅、褶子等的衣箱，称为“大衣箱”。传统戏曲中角色所穿的靠、箭衣、抱衣裤、打衣裤等武服，统称“二衣箱”，包含汉代、唐代、宋代服饰的元素，在明代服饰的基础之上又充分吸收了清代服装的造型和图案。戏剧服饰具有高度的概括性，它不受时间、朝代、季节的限制，在展示中国数千年历史故事的数以千计的剧目中游刃有余。戏曲服装还特别服务于戏剧的舞蹈性。戏曲表演是唱、念、做、打、舞、翻综合在一起的表演艺术，其中除去唱、念外，做、打、舞、翻无一不与舞蹈密切相关。舞蹈在戏剧结构中占有十分重要的位置，戏曲服装也成为演员运用舞蹈塑造人物形象的辅助工具。由此，戏曲服装还有许多独特的创造，如水袖、靠旗、飘带等，让人们欣赏到“长袖善舞”的意境。

戏曲的人物造型也强调性格化。不同的脸谱、不同的造型代表了人物不同的身份、不同的性格。我国戏曲脸谱是我国传统戏曲独有的元素，不同于其他国家任何戏剧的化妆造型艺术。每个人物或某种类型的人物造型都有一定的规律和大概的谱式，就像乐队奏乐时都要按照统一的乐谱一样，所以称为“脸谱”。一般来说，生、旦的化妆，是略施脂粉以达到美化的效果，这种化妆称为“俊扮”，也叫“素面”或“洁面”。其特征是“千人一面”，意思是说所有生行角色的面部妆容是有一个大致规定的，无论多少人物，从面部化妆看都是一张脸；旦行角色的面部化妆，也是无论多少人物，面部化妆都差不多。生、旦人物个性主要靠表演及服装等方面表现。

脸谱化妆，是用于各种净、丑行当的各种人物，主要的特点在于，用比较夸张强烈的色彩和变幻无穷的线条使演员的本来面目发生改变，与“素面”的生、旦化妆形成鲜明的对比。净、丑角色的勾脸是因人设谱，也就是说每个人一个谱。虽然是一人一谱，但却是一种性格妆，直接表现人物的个性，有多少净、丑角色就有多少谱样，不相雷同。因此，脸谱化妆的特征是“千变万化”的。

第二节 我国戏曲的发展简史

一、萌芽期——原始歌舞

我国戏曲的渊源可以一直上溯到原始社会，氏族聚居的村落产生了原始的歌舞，随着氏族的逐渐壮大，歌舞艺术也逐渐得到发展与提高。在许多古老的农村，还保持着源远流长的歌舞传统，如傩戏。同时，一些新的歌舞形式如社火、秧歌等适应人民的精神需求而诞生。正是这些歌舞演出，造就了一批又一批技艺娴熟的民间艺人，并向着戏曲的方向一点点迈进。从春秋战国到汉代，在娱神的歌舞中逐渐演变出娱人的歌舞。汉代，出现了具有表演意味的“角抵戏”（即百戏），以《东海黄公》为代表。角抵戏对于形成以唱、念、做、打、舞的综合表演为特征的戏曲艺术，有着重要的影响，可以说是我国戏剧的原型。南北朝时期出现了“大面”、“钵头”和以问答方式表演的“踏摇娘”等新的歌舞与表演相结合的“歌舞戏”形式，具有了更多的戏曲因素。这些都是萌芽状态的戏曲。唐代是我国封建社会的鼎盛时期，出现了以滑稽表演为特点的“参军戏”，同时在民间又出现了“俗讲”和“变文”等通俗说唱形式，对戏曲乐舞的发展起了一定的推动作用。

二、发展期——宋金杂剧

北宋王朝的建立，结束了晚唐五代以来将近百年的战乱分裂局面，开启了我国文化史上最为繁荣的时期。宋代，城市商品经济得到长足发展，市民群体扩大，瓦舍和勾栏等市民娱乐场所相继出现，为戏曲的发展提供了基础与条件。宋代文化全面繁荣的重要标志，就是传统的雅文化与新兴的都市俗文化交相争胜，砥砺磨合，进而在广泛的艺术领域中并行突进。这种文化氛围，为形成于隋唐之间的戏曲形态提供了生长环境，使之得以从歌舞戏、滑稽戏和通俗讲唱等结合而成的母体上孕育成型，并逐渐实现与诸般杂艺的分离，形成其兼具众艺之长而又独具特色的崭新艺术体式。宋代戏曲的典型范式是宋杂剧，这时期的杂剧包括北宋杂剧及其衍生体南宋官本杂剧，金院本则是北宋杂剧的延续和发展。当时，杂剧和院本已成为相当完整的表演艺术形式，深受欢迎。宋金对峙期间，南有宋杂剧，北有金院本，此外还流行一种有说有唱、以唱为主的讲唱文学——诸宫调。宋代的杂剧、金代的院本和讲唱形式的诸宫调，从乐曲、结构到内容，都为元代杂剧打下了基础。戏曲进入了一个新的发展时期。

三、成熟期——宋元南戏

12 世纪初，一方面是北宋的经济重心南移，另一方面随着女真贵族进入中原，士人纷纷南下，把北方的杂剧艺术也带到了浙江、福建、广东等东南沿海地区。在它的发展过程中，有的与当地的民间小戏或说唱曲艺结合，便产生了南戏。南戏与北曲杂剧相对而言，是南曲戏文的简称，特指宋元时期南方地区流行的戏曲形式，又叫“戏文”“南词”等。

徐渭《南词叙录》称：“南戏始于宋光宗朝，永嘉人所作《赵贞女》《王魁》二种实首之”。南戏的主要流行地区为浙江东南沿海的温州，故又名温州杂剧。温州古名永嘉，故也叫永嘉杂剧。早期南戏流行的范围仅限于江南地区，影响不大，故未引起外界的注意。直到元末北剧衰弱，才有一些文人转向南戏创作，产生了“荆（《荆钗记》）、刘（《刘知远白兔记》)、拜(《拜月亭记》)、杀(《杀狗记》)”四大南戏,或加上高明的《琵琶记》称五大南戏。这一阶段已进入南戏发展的后期,史称“南戏中兴”。

四、新成员——元代散曲

散曲作为我国文学史上一种新的诗歌形式,产生于金末元初。当时,由于北方少数民族入据中原,汉族地区原有的音乐和外来的胡曲、番乐相结合,孕育出一种新的乐曲,即散曲。

散曲的体制主要有小令、套数以及介于两者之间的带过曲。小令,又称“叶儿”,可分为寻常小令和重头小令。寻常小令是指单支曲子的一般小令,全篇仅有一段;重头小令则由数支小令组合在一起,同题同调,内容相通,首尾句法一致。带过曲是同一宫调中三个以下的单支曲子的组合体,韵脚相同。套数,又称“套曲”“散套”“大令”,由唐宋大曲、宋金诸宫调发展而来。组成套数的基本条件有三个方面:首先,必须由两个以上的同宫调的曲子组合而成,其相连的顺序也有约定俗成的定式;其次,每一套数有“尾声”,或称为“煞尾”“收尾”;最后,一篇套数尽管可多达几十曲,但全套在押韵上,必须押相同的韵。

五、第一个繁盛期——元代杂剧

13 世纪中叶,文学艺苑里又产生了由宋金杂剧脱胎而来的北曲杂剧,揭开了我国文学艺术的崭新篇章。由于北曲杂剧兴盛于蒙古入主中原以后,通常被称作元杂剧,或名以“元曲”。

元杂剧与宋杂剧名同实异,它是在宋金杂剧的基础上发展变化而成的一种完美的新戏曲。它不但标志着我国戏曲的第一个大丰收,而且以其原创性和独特性同时为我国文学史增添了辉煌的一页,从而成为一代文学最高成就的代表。历代相传的所谓“唐诗、宋词、元曲”之说,就反映了这一历史共识。

元杂剧还产生了许多大家与名作,其中不乏精品和绝唱。首屈一指的元曲大家当然非关汉卿莫属,他与马致远、白朴、郑光祖并称为“元曲四大家”。他的《窦娥冤》《单刀会》《拜月亭》等剧作,直到今天仍然活跃在戏曲的舞台上。王实甫的《西厢记》成为千古绝唱,被认为是元杂剧的压卷之作。王实甫的《西厢记》、关汉卿的《拜月亭》、白朴的《墙头马上》、郑光祖的《倩女离魂》,并称为元曲“四大爱情剧”。关汉卿的《窦娥冤》、白朴的《梧桐雨》、马致远的《汉宫秋》和纪君祥的《赵氏孤儿》并称为元曲“四大悲剧”。总之,元杂剧以其严谨精粹的艺术结构、丰富多样的题材与风格、生动鲜活的戏曲语言,生动地反映了元代的社会生活,充分表现出一个时代的精神与情感世界,从而形成了我国戏曲史上光耀千古的“黄金时代”。

六、第二个繁盛期——明代戏曲

明代戏曲有传奇和杂剧两种,交叉影响,互为消长。而尤以传奇成就最为显著,成为继元杂剧之后我国戏剧的第二座高峰。

明前期的戏曲乘元代戏曲的余劲，北曲仍然占有压倒优势，南曲无力与之争衡。明代传奇的前身是宋元时代的南戏，南戏在体制上与北杂剧不同：它不受四折的限制，经过文人的加工和提高，这种本来不够严整的短小戏曲，终于变成相当完整的长篇剧作。例如，高明的《琵琶记》就是一部由南戏向传奇过渡的作品。明中期的南曲，声腔繁盛，传奇作家和剧本大量涌现，其中成就最大的是汤显祖。他一生写了许多传奇剧本，《牡丹亭》是他的代表作。

明代戏曲，在音乐上出现明显的地方化趋势，主要表现为地方声腔的崛起，“四大声腔”中，江西弋阳腔和江苏昆山腔对后世戏曲影响最大，最终发展成典雅细腻的昆曲。浙江海盐腔和浙江余姚腔发展成广泛影响江苏的高腔。明后期随着新昆曲的崛起，北曲走向衰落，南曲逐渐成为剧坛主流。

七、转型期——清代戏曲

盛于元明的杂剧和传奇，清代的作家和作品也很可观。清代前期戏剧创作呈现出繁荣局面。吴伟业、李玉及其他江苏派剧作家所作戏曲多取历史故事随意点染，以寄托个人抑郁难明的心迹。洪昇、孔尚任等剧作家流露出浓重的感伤之情。清代戏曲在乾隆中期以后逐渐走向衰落。在此期间，各地民间流行的各种地方戏蔚然兴起，对长期主导剧团的昆曲形成威胁，尤其是乾隆末年形成的京剧，不仅促成了“花雅之争”的繁盛局面，也为这一时期寂寥的剧坛吹进了一股清新的空气。

八、戏曲史上的大事——京剧形成

京剧，曾称平剧，我国五大戏曲剧种之一，腔调以西皮、二黄为主，用胡琴和锣鼓等伴奏，被视为我国国粹、我国戏曲三鼎甲“榜首”。

徽剧是京剧的前身。清代乾隆五十五年（1790 年）起，原在南方演出的三庆、四喜、春台、和春四大徽班陆续进入北京，他们与来自湖北的汉调艺人合作，同时又接受了昆曲、秦腔的部分剧目、曲调和表演方法，吸收了一些地方民间曲调，通过不断的交流、融合，最终形成京剧。京剧形成后在清朝宫廷内开始快速发展，直至中华民国时期得到空前的繁荣。徽、汉皮黄在京城合流，经过数十年的发展，终于在 1840 年前后，形成一种独具北方特色的皮黄腔京剧。

九、变革期——近现代戏曲

近代是戏曲发展的一个重要时期，昆曲的衰落，传奇、杂剧的嬗变，地方戏和京剧艺术的发展，戏曲改良运动的兴起，以及我国早期话剧的萌芽和成长，构成这一时期戏曲变化发展的主要内容。话剧是我国现代戏剧的代表和主体。话剧是一种以对话和动作为主要表现手段的戏剧。曹禺是我国现代戏剧史上最杰出的戏剧艺术大师，是我国现代话剧的标志人物。现代戏曲呈现百花齐放的局面，京剧艺术日臻成熟，越剧、昆曲、梆子、评剧、黄梅戏等地方戏也得到了大力发展。

第三节 作品鉴赏

作品 1

鲁子敬设宴索荆州　关大王独赴单刀会（节选）

关汉卿

关汉卿（约 1220—1300），号已斋（一斋、已斋叟），大都（今北京市）人。他在宋、金杂剧、院本和诸宫调的基础上，融合众艺之长，创造了元杂剧，并用自己的剧作和舞台实践，领导和影响了 13 世纪中叶～14 世纪末叶蓬勃兴起的戏剧运动。他写的剧本以杂剧的成就最大，一生写了 60 多种，可惜多数剧本已经失传，今存 18 种，最著名的为《窦娥冤》。关汉卿也写了不少历史剧，如《单刀会》《单鞭夺槊》《西蜀梦》等；散曲今存小令 40 多首、套数 10 多首。

（第四折）

（鲁肃上，云）欢来不似今朝，喜来那逢今日？小官鲁子敬是也。我使黄文持书去请关公，欣喜许今日赴会。荆襄地合归还俺江东。英雄甲士已暗藏壁衣之后，令人江上相候，见船到便来报我知道。（正末[1]关公引周仓上，云）周仓，将到那里也？（周云）来到大江中流也。（正末云）看了这大江，是一派好水呵！（唱）

【双调】【新水令】大江东去浪千叠，引着这数十人驾着这小舟一叶，又不比九重龙凤阙[2]，可正是千丈虎狼穴，大丈夫心别[3]，我觑这单刀会似赛村社[4]。

（云）好一派江景也呵，（唱）

【驻马听】水涌山叠，年少周郎何处也？不觉的灰飞烟灭，可怜黄盖转伤嗟。破曹的樯橹一时绝，鏖兵的江水犹然热，好教我情惨切！

（带云）这也不是江水，（唱）二十年流不尽的英雄血！

（云）却早来到也。报伏去。（卒报科，做相见科）（鲁云）江下小会，酒非洞里之长春，乐乃尘中之菲艺。猥劳君侯屈高就下[5]，降尊临卑，实乃鲁肃之万幸也。（正末云）量某有何德能，着大夫置酒张筵？既请必至。（鲁云）黄文，将酒来。二公子满饮一杯。（正末云）大夫饮此杯。（把盏科）（正末云）想古今咱这人过日月好疾也呵！（鲁云）过日月是好疾也：光阴似骏马加鞭，浮世似落花流水。（正末唱）

【胡十八】想古今立勋业，那里也舜五人、汉三杰[6]，两朝相隔数年别，不甫能[7]

见者，却又早老也！开怀的饮数杯。

（云）将酒来。（唱）尽心儿待醉一夜。

（把盏科）（正末云）你知“以德报德，以直报怨”么[8]？（鲁云）既然将军言“以德报德，以直报怨”，借物不还者谓之怨。想君侯文武全才，通练兵书，习《春秋》《左传》，济拔颠危，匡扶社稷，可不谓之仁乎？待玄德如骨肉，觑曹操若仇雠，可不谓之义乎？辞曹归汉，弃印封金[9]，可不谓之礼乎？坐服于禁，水淹七军[10]，可不谓之智乎？且将军仁义礼智俱足，惜乎止少个“信”字，欠缺未完。再若得全个“信”字，无出君侯之右也。（正末云）我怎生失信？（鲁云）非将军失信，皆因令兄玄德公失信。（正末云）我哥哥怎生失信来？（鲁云）想昔日玄德公败于当阳之上，身无所归，因鲁肃之故，屯军三江夏口。鲁肃又与孔明同见我主公，即日兴师拜将，破曹兵于赤壁之间。江东所费巨万，又折了首将黄盖。因将军贤昆玉[11]无尺寸地，暂借荆州以为养军之资；数年不还。今日鲁肃低情曲意，暂取荆州，以为救民之急；待仓廪丰盈，然后再献与将军掌领。鲁肃不敢自专，君侯台鉴[12]不错。（正末云）你请我吃筵席来那，是索荆州来？（鲁云）没、没、没，我则这般道：孙、刘结亲，以为唇齿，两国正好和谐。（正末唱）

【庆东原】你把我真心儿待，将筵宴设，你这般攀今览古，分甚枝叶[13]？我跟前使不着你“之乎者也”、“诗云子曰”，早该豁口截舌！有意说孙、刘，你休目下番成吴、越！

（鲁云）将军原来傲物轻信。（正末云）我怎么傲物轻信？（鲁云）当日孔明亲言：破曹之后，荆州即还江东。鲁肃亲为代保。不思旧日之恩，今日恩变为仇，犹自说“以德报德，以直报怨”！圣人道：“信近于义，言可复也[14]。”“去食去兵，不可去信[15]。”“大车无輗，小车无軏，其何以行之哉[16]？”今将军全无仁义之心，枉作英雄之辈。荆州久借不还，却不道“人无信不立”！（正末云）鲁子敬，你听的这剑戒[17]么？（鲁云）剑戒怎么？（正末云）我这剑戒，头一遭诛了文丑，第二遭斩了蔡阳[18]，鲁肃呵，莫不第三遭到你也？（鲁云）没、没，我则这般道来。（正末云）这荆州是谁的？（鲁云）这荆州是俺的。（正末云）你不知，听我说。（唱）

【沉醉东风】想着俺汉高皇图王霸业，汉光武秉正除邪，汉王允将董卓诛，汉皇叔把温侯[19]灭。俺哥哥合承受汉家基业。则你这东吴国的孙权，和俺刘家是甚枝叶？请你个不克己[20]先生自说！

（鲁云）那里甚么响？（正末云）这剑戒二次也。（鲁云）却怎么说？（正末云）这剑按天地之灵，金火之精，阴阳之气，日月之形；藏之则鬼神遁迹，出之则魑魅潜踪；喜则恋鞘沉沉而不动，怒则跃匣铮铮而有声。今朝席上，倘有争锋，恐君不信，拔剑施呈。吾当摄剑，鲁肃休惊。这剑果有神威不可当，庙堂之器岂寻常；今朝索取荆州事，一剑先交鲁肃亡。（唱）

【雁儿落】则为你三寸不烂舌，恼犯我三尺无情铁。这剑饥餐上将头，渴饮仇人血。

【得胜令】则是条龙向鞘中蛰，唬的人向座间呆。今日故友每才相见，休着俺弟兄每相间别。鲁子敬听者，你心内休乔怯，畅好是随邪，休怪我十分酒醉也。

（鲁云）藏宫动乐。（藏宫上，云）天有五星，地攒五岳，人有五德，乐按五音。五星者：金、木、水、火、土。五岳者：常、恒、泰、华、嵩。五德者：温、良、恭、俭、让。五音者：宫、商、角、徵、羽。（甲士拥上科。）（鲁云）埋伏了者。（正末击案，怒云）有埋伏也无埋伏？（鲁云）并无埋伏。（正末云）若有埋伏，一剑挥之两段！（做击案科）（鲁云）你击碎菱花[21]。（正末云）我待来破镜[22]（唱）

【搅筝琶】却怎生闹吵吵军兵列，上来的休遮当莫拦截。（云）当着我的，呵呵！（唱）我着他剑下身亡，目前流血。便有那张仪口、蒯通舌[23]，休那里躲闪藏遮，好生的送我到船上者，我和你慢慢的相别。

（鲁云）你去了倒是一场伶俐。（黄文云）将军，有埋伏哩。（鲁云）迟了我的也。（关平领众将上，云）请父亲上船，孩儿每来迎接哩。（正末云）鲁肃，休惜殿后。（唱）

【离亭宴带歇指煞】我则见紫袍银带公人列，晚天凉风冷芦花谢，我心中喜悦。昏惨惨晚霞收，冷飕飕江风起，急飐飐云帆扯。承管待、承管待，多承谢、多承谢。唤梢公慢者，缆解开岸边龙，船分开波中浪，棹搅碎江心月。正欢娱有甚进退，且谈笑不分明夜[24]。说与你两件事先生记者：百忙里趁不了老兄心[25]，急且里倒不了俺汉家节[26]。

（王季思，1990．全元戏曲[M]．北京：人民文学出版社．）

【注释】

[1] 正末：杂剧角色名。元杂剧角色分末、旦、净、杂四大类，末为男角，犹京剧中的“生”，内分正末、副末、冲末、外末、小末等。正末为剧中的男主角。

[2] 九重龙凤阙：封建时代帝王住的宫殿。

[3] 心别：心情不同一般。

[4] 赛村社：“赛社”，周代蜡祭的遗俗。宋以后每年农历十月农事完毕后，乡村里巷举行祭田神的祭祀活动，村民相聚饮酒作乐日进行演出竞赛，谓之“赛社”。此处乃是关羽轻视对方本领的一种比喻，谓与东吴在这番较量中必获胜利。

[5] 猥劳：辱劳。猥：自谦之词。君侯：汉献帝曾封关羽为汉寿亭侯，故鲁肃称其为“君侯”。

[6] 舜五人：相传舜手下有五位贤臣，即禹（司马，掌平治水土）、皋陶（士官，掌刑法）、后姜（乐正，掌制诏乐）、弃（后稷，掌教种五谷）和契（司徒，掌教育百姓）。汉三杰：辅佐刘邦治天下的张良、萧何、韩信。

[7] 不甫能：一作“不付能”，好不容易。

[8] 以德报德，以直报怨：语出《论语·宪问》，意为别人有恩德于我，我当以恩德报答他；别人与我有仇怨，我也应该用公正的态度去对待他。

[9] 弃印封金：三国故事。关羽在许昌得到刘备的消息后，便将曹操所授“汉寿亭侯”之印留在原处，并将曹操所赠之金银封存好，然后离去，以表清白。

[10]“坐服”二句：此指曹操派于禁统领七支部队攻打樊城，庞德为先锋。结果为

关羽决襄江之水所淹，庞德被擒事。坐服：轻易制服，形容毫不费力。服：顺服。

[11] 贤昆玉：昆玉指兄弟。贤昆玉是对他人兄弟的敬称。这里指刘、关、张。

[12] 台鉴：阁下明察。台：旧时对人的一种敬称，如“兄台”“台甫”。

[13] 分甚枝叶：一棵树还分什么枝和叶？比喻不要将吴蜀的亲密关系搞坏了。

[14]“信近”二句：语出《论语·学而》，意谓守信用和“义”是接近的，而守信之言是可用行动来验证的。

[15]“去食去兵”二句：语出《论语·颜渊》，意谓即使舍弃粮食和武装力量，也不能无信。孔子认为“自古皆有死，民无信不立”，意思是讲守信最为重要。

[16]“大车”三句：语出《论语·为政》，意谓大车上没有輗，小车上没有軏，车如何能行走呢？此处用以比喻人不守信用便难以自立和处世。古代的牛车叫大车，马车叫小车，车前驾牲口的横木，横木上有活塞，大车叫輗，小车叫軏。

[17] 剑戒：剑响，剑鸣。王恽《秋涧集·剑戒》：“仆有一剑……每临静夜，屡聆悲鸣。比复作声，铮然也。且闻百炼之精，或尝试人者则鸣，世传以为剑戒。”

[18]“头一遭”二句：文丑，袁绍手下名将。蔡阳，曹操部下的将军。关羽杀文丑、蔡阳事，与史实记载不符，而与元代的《全相三国志平话》相合。

[19] 温侯：吕布，字奉先，东汉九原人。曾官奋威将军，封温侯。

[20] 不克己：不肯吃亏。

[21] 菱花：古代镜子的代称，因铜镜背面的装饰图案多用菱花之故。

[22] 破镜：象征决裂与分离，“镜”与“子敬”之“敬”谐音，语意双关。

[23] 张仪口，蒯通舌：像张仪和蒯通那样的善辩才能，此处暗喻鲁肃。张仪：战国时魏人，相于秦，曾游说齐楚燕韩赵魏六国连横事秦，被封为武信君。蒯通：秦汉间齐人，曾游说范阳令徐公归降武臣（陈胜将领），使武臣不战而下燕赵三十余城；又游说韩信而平定齐地。二人皆为历史上的著名辩士。

[24] 明夜：白昼和黑夜。

[25] 趁：通“称”，遂。趁心即称心。

[26] 急且里：匆忙急迫之中。汉家节：节乃是古代使臣所持之信物，有代表国家的意义。此处的“汉家节”可理解为汉家的天威。

【作品解读】

《鲁子敬设宴索荆州　关大王独赴单刀会》简称《单刀会》，是一部假借历史题材的杂剧。全剧共四折，写鲁肃为索取荆州，约请关羽过江赴会，想在席间挟持关羽。前两折借东吴乔国老和隐士司马徽之口，历数关羽的盖世威名和赫赫战功，侧面衬托关羽形象。第三折主要通过关羽对关平等人诉说创业的艰辛，充分表现了他无所畏惧的英雄气概。本篇选的是第四折，写单刀赴会的关羽与鲁肃斗争的情景，是全剧的高潮部分。

本折戏在关羽形象的刻画上独具匠心。《三国志·鲁肃传》记载，原来赴会时每位将军都带一口单刀，但本剧突破历史情境的制约，只让关羽带一口单刀，这样就更加突出了这次赴会的紧张气氛和关羽的英武胆识。不仅如此，作者还采用戏曲剧本结构技巧中的欲急先缓、欲张先弛的延宕法，在关羽与鲁肃相见前，以【新水令】【驻马听】两支曲子来写景抒情，巧妙地将叙事融于其间，使景、情、事达到有机的统一，充分展示关羽藐视强敌、处惊不慌的豪迈气概。单刀会上，甲士拥出，关羽揪定鲁肃，拍案而起，那“怒则跃匣铮铮而有声”的宝剑戛然响了三次，把关羽的神威烘托得栩栩如生；特别是当鲁肃喋喋不休地指责关羽失信时，关羽一针见血地指出，荆州这块土地，本来就是汉家基业，不存在归还孙吴的问题。这一番言辞，大义凛然，直使鲁肃张口结舌。在整个赴会过程中，作者凭借对壮阔景色的描绘和英雄性格的摹写以及对英雄豪迈情怀的抒发，将三者交织在一起，刻画出关羽这个勇武非凡、胆略超群、智慧过人的英雄形象。

【思考】

1. 结合本文，说说作者是怎样塑造关羽这个英雄形象的。
2. 简析【新水令】【驻马听】两支曲子的艺术特色。

作品 2

拷　红
——《西厢记》选段

王实甫

王实甫（约 1260—1336），名德信，字实甫，元朝大都（今北京）人。元代杰出的杂剧作家。

（夫人引俫上云）这几日窃见莺莺语言恍惚，神思加倍，腰肢体态，比向日不同。莫不做下来了么？（俫云）前日晚夕，奶奶睡了，我见姐姐和红娘烧香，半晌不回来，我家去睡了。（夫人云）这桩事都在红娘身上，唤红娘来！（俫唤红科）（红云）哥哥唤我怎么？（俫云）奶奶知道你和姐姐去花园里去，如今要打你哩。（红云）呀！小姐，你带累我也！小哥哥，你先去，我便来也。（红唤旦科）（红云）姐姐，事发了也，老夫人唤我哩，却怎了？（旦云）好姐姐，遮盖咱！（红云）娘呵，你做的稳秀者[1]，我道你做下来也。（旦念）月圆便有阴云蔽，花发须教急雨催。（红唱）

【越调·斗鹌鹑】则着你夜去明来，倒有个天长地久；不争你握雨携云，常使我提心在口。你则合带月披星，谁着你停眠整宿？老夫人心数多，情性㑇[2]；使不着我巧语花言，将没做有。

【紫花儿序】老夫人猜那穷酸做了新婿，小姐做了娇妻，这小贱人做了牵头[3]。俺小姐这些时春山低翠，秋水凝眸。别样的都休，试把你裙带儿拴，纽门儿扣，比着你旧时肥瘦，出落得精神，别样的风流。

（旦云）红娘，你到那里小心回话者！（红云）我到夫人处，必问："这小贱人，

【金蕉叶】我着你但去处行监坐守[4]，谁着你迤逗的胡行乱走？"若问着此一节呵如何诉休？你便索与他个知情的犯由。

姐姐，你受责理当，我图甚么来？

【调笑令】你绣帏里效绸缪，倒凤颠鸾百事有。我在窗儿外几曾轻咳嗽，立苍苔将绣鞋儿冰透。今日个嫩皮肤倒将粗棍抽，姐姐呵，俺这通殷勤的着甚来由？

姐姐在这里等着，我过去。说过呵，休欢喜；说不过，休烦恼。（红见夫人科）（夫人云）小贱人，为甚么不跪下！你知罪么？（红跪云）红娘不知罪。（夫人云）你故自口强哩。若实说呵，饶你；若不实说呵，我直打死你这个贱人！谁着你和小姐花园里去来？（红云）不曾去，谁见来？（夫人云）欢郎见你去来，尚故自推哩。（打科）（红云）夫人休闪了手，且息怒停嗔，听红娘说。

【鬼三台】夜坐时停了针绣，共姐姐闲穷究[5]，说张生哥哥病久。咱两个背着夫人，向书房问候。

（夫人云）问候呵，他说甚么？（红云）他说来，道"老夫人事已休，将恩变为仇，着小生半途喜变做忧。"他道："红娘你且先行，教小姐权时落后。"

（夫人云）他是个女孩儿家，着他落后怎么！（红唱）

【秃厮儿】我则道神针法灸，谁承望燕侣莺俦？他两个经今月余则是一处宿，何须你一一问缘由？

【圣药王】他每不识忧，不识愁，一双心意两相投。夫人得好休，便好休，这其间何必苦追求？常言道"女大不中留"。

（夫人云）这端事都是你个贱人。（红云）非是张生小姐红娘之罪，乃夫人之过也。（夫人云）这贱人倒指下我来，怎么是我之过？（红云）信者人之根本，"人而无信，不知其可也。大车无輗，小车无軏，其何以行之哉[6]？"当日军围普救，夫人所许退军者，以女妻之。张生非慕小姐颜色，岂肯区区建退军之策？兵退身安，夫人悔却前言，岂得不为失信乎？既然不肯成其事，只合酬之以金帛，令张生舍此而去。却不当留请张生于书院，使怨女旷夫[7]，各相早晚窥视，所以夫人有此一端。目下老夫人若不息其事，一来辱没相国家谱；二来张生日后名重天下，施恩于人，忍令反受其辱哉？使至官司，夫人亦得治家不严之罪。官司若推其详，亦知老夫人背义而忘恩，岂得为贤哉？红娘不敢自专[8]，乞望夫人台鉴：莫若恕其小过，成就大事，撋[9]之以去其污，岂不为长便乎？

【麻郎儿】秀才是文章魁首，姐姐是仕女班头；一个通徹三教九流，一个晓尽描鸾刺绣。

【幺篇】世有、便休、罢手[10]，大恩人怎做敌头？起白马将军故友，斩飞虎叛贼草寇。

【络丝娘】不争和张解元参辰[11]卯酉，便是与崔相国出乖弄丑。到底干连着自己骨

肉，夫人索穷究[12]。

（夫人云）这小贱人也道得是。我不合养了这个不肖之女。待经官呵，玷辱家门。罢罢！俺家无犯法之男，再婚之女，与了这厮罢。红娘唤那贱人来！（红见旦云）且喜姐姐，那棍子则是滴溜溜在我身上，吃我直说过了。我也怕不得许多，夫人如今唤你来，待成合亲事。（旦云）羞人答答的，怎么见夫人？（红云）娘根前有甚么羞？

【小桃红】当日个月明才上柳梢头，却早人约黄昏后。羞得我脑背后将牙儿衬着衫儿袖。猛凝眸，则见鞋底尖儿瘦。一个恣情的不休，一个哑声儿厮耨[13]。呸！那其间可怎生不害半星儿羞？

（旦见夫人科）（夫人云）莺莺，我怎生抬举你来，今日做这等的勾当；则是我的孽障[14]，待怨谁的是！我待经官来，辱没了你父亲，这等事不是俺相国人家的勾当。罢罢罢！谁似俺养女的不长进！红娘，书房里唤将那禽兽来！（红唤末科）（末云）小娘子唤小生做甚么？（红云）你的事发了也，如今夫人唤你来，将小姐配与你哩。小姐先招了也，你过去。（末云）小生惶恐，如何见老夫人？当初谁在老夫人行说来？（红云）休佯小心，过去便了。

【幺篇】既然泄漏怎甘休？是我相投首[15]。俺家里陪酒陪茶到撋就。你休愁，何须约定通媒媾？我弃了部署[16]不收，你原来"苗而不秀[17]"。呸！你是个银样镴枪头[18]。

（末见夫人科）（夫人云）好秀才呵，岂不闻"非先王之德行不敢行[19]"。我待送你去官司里去来，恐辱没了俺家谱。如今将莺莺与你为妻，则是俺三辈儿不招白衣[20]女婿，你明白便上朝取应去。我与你养着媳妇，得官呵，来见我；驳落[21]呵，休来见我。（红云）张生早则喜也。

【东原乐】相思事，一笔勾，早则展放从前眉儿皱，美爱幽欢恰动头[22]。既能够，张生，你觑兀的般可喜娘庞儿也要人消受。

（夫人云）明日收拾行装，安排果酒，请长老一同送张生到十里长亭去。（旦念）寄语西河堤畔柳，安排青眼送行人[23]。（同夫人下）（红唱）

【收尾】来时节画堂箫鼓鸣春昼，列着一对儿鸾交凤友。那其间才受你说媒红[24]，方吃你谢亲酒[25]。（并下）

（王季思，1990．全元戏曲[M]．北京：人民文学出版社．）

【注释】

［1］稳秀：隐秀，藏而不露、才贤而不为人知。稳：通"隐"。这里是红娘说反话："你们干得可真隐蔽呀！"

［2］㑇（zhòu）：固执，刚愎。

［3］牵头：男女私通的拉线人。

［4］行监坐守：一举一动都要监视看守。

［5］穷究：本指追根问底，此指聊天、说话。

［6］“人而无信”五句：语出《论语·为政》篇。作为一个人却没有信用，不晓得那怎么可以，就像大车上没有輗、小车上没有軏一样，那还靠什么行走呢？輗和軏都是车辕前面安放套牲口的销子，大车上的叫輗，小车上的叫軏，没有輗軏就不能套牲口，车就不能行走。

［7］怨女旷夫：成年未嫁之女为怨女，成年未娶之男为旷夫。《孟子·梁惠王下》："内无怨女，外无旷夫。"

［8］自专：自以为是，自作主张。

［9］撋（ruán）：本指摩弄、揉搓，此处指迁就、撮合成就。

［10］世有、便休、罢手：既然张生与莺莺做出了这种事，就只能了结，放开手不必追究。

［11］参（shēn）辰：参星与辰星，亦称参辰。参与辰此出彼落，不同时出现，故以参辰比喻不和睦或不能相见。

［12］穷究：慎重考虑。

［13］厮耨（nòu）：纠缠戏弄。

［14］孽障：业障。孽：罪恶，灾殃。佛教称所作恶业（坏事）障碍正道，故称业障。

［15］投首：投官自首。

［16］部署：宋元时的枪棒师傅。

［17］苗而不秀：庄稼苗长得好，却不开花吐穗，比喻无用之人。《论语·子罕》："苗而不秀者有矣夫！秀而不实者有矣夫！"

［18］银样镴（là）枪头：枪头的样子看上去像是银的，实际是镴做的。比喻好看而不实用的样子货。

［19］非先王之德行不敢行：语出《孝经·卿大夫章》，意思是不敢做不符合先王道德标准的事。

［20］白衣：古代没有做官的人穿白衣，故以“白衣”代指没有功名官职的人，即平民。

［21］驳落：落第，亦作“剥落”。

［22］恰动头：才开始。

［23］“寄语”二句：王季思云：“《中州集》称高汝励临终留诗，有‘寄谢东门千树柳，安排青眼送行人’”句。青眼：指柳叶。又：指黑眼珠。《晋书·阮籍传》："籍又能为青白眼，见礼俗之士，以白眼对之……乃见青眼。"后以青眼表示对人的重视、喜爱。这里语意双关。

［24］说媒红：赏给媒人的谢礼。

[25]谢亲酒：男女婚后三日，婿家备酒宴岳父母及媒人，称为谢亲酒。

【作品解读】

本文节选自《西厢记》第四本《草桥店梦莺莺杂剧》第二折。《西厢记》描写的是书生张珙在普救寺和前相国的女儿崔莺莺相遇、相知、相爱的故事。“拷红”是《西厢记》的精彩片段，艺术成就突出。

从人物形象上看，红娘机智聪明，热情泼辣并充满自信。她的语言既幽默，又有理有据。尤其是红娘的供词，逼真地表现了红娘的绝顶聪明和老夫人的无奈，具有很好的喜剧效果。通观全篇，文章注重对民间俗语的吸收运用。如“天长地久”“带月披星”以及“心数多”“性情”等民间口语俗语，使曲子通俗易懂、朗朗上口，读之津津有味。

从戏曲冲突来看，这一段也突出表现了《西厢记》的多层矛盾：老夫人和莺莺、张生、红娘之间封建和叛逆的矛盾，莺莺、张生、红娘之间性格的矛盾。主次矛盾制约，起伏交错。

老夫人是剧中封建家长的代表，是崔莺莺、张生、红娘的对立面。她表面上爱女儿，实质上爱的是“无犯法之男，再婚之女”的“相国家谱”。因此，在严格管教、约束莺莺过程中，她慈母面目后面，掩盖的是封建家族的利益。而张生、崔莺莺、红娘这一方则是为了追求爱情的封建叛逆者的代表。通过“拷红”，《西厢记》强化了这些矛盾，使整个作品波澜起伏、妙趣横生。

【思考】

1. 分析红娘的形象特点。
2. 朱权称《西厢记》为“花间美人”，试结合“拷红”这一片段进行分析。
3. 你怎样看待张生与崔莺莺的爱情结局？

作品3

梧桐雨[1]（节选）

白朴

白朴（1226—约1306），原名恒，后改名朴，字仁甫，一字太素，号兰谷。汉族，祖籍隩州（今山西河曲），也有资料显示可能是山西曲沃县。白朴幼年在战乱中失去母亲，幸得父亲好友元好问抚养，12岁和父亲团聚，并徙居真定（今河北正定县）。白朴对律赋之学颇为上进，很快即以能诗善赋而知名，成为元代著名杂剧作家。然而，因幼年心灵上的创伤难以平复，他对蒙古统治者充满厌恶，因此，拒绝在朝中为官，而以亡国遗民自适，以词赋为专门之业，用歌声宣泄胸中的郁积及不满。晚年寓居金陵（今南京），并在杭州、扬州一带游历。

据元人钟嗣成《录鬼簿》著录，白朴写过 15 部剧本，现仅存《唐明皇秋夜梧桐雨》(简称《梧桐雨》)、《裴少俊墙头马上》(简称《墙头马上》) 和《董秀英花月东墙记》(简称《东墙记》) 三部著作全本。白朴另有一百余首词流传至今，大多以咏物与应酬为主。其作品歌词典雅，属于文采派。

(第四折)

(高力士上，云) 自家高力士是也。自幼供奉内宫，蒙主上抬举，加为六宫提督太监[2]。往年主上悦杨氏容貌，命某取入宫中，宠爱无比，封为贵妃，赐号太真。后来逆胡称兵，伪诛杨国忠为名，逼的主上幸蜀。行至中途，六军不进。右龙武将军陈玄礼奏过，杀了国忠，祸连贵妃。主上无可奈何，只得从之，缢死马嵬驿中。今日贼平无事，主上还国，太子做了皇帝。主上养老，退居西宫，昼夜只是想贵妃娘娘。今日教某挂起真容[3]，朝夕哭奠，不免收拾停当，在此伺候咱。(正末[4]上，云) 寡人自幸蜀还京，太子破了逆贼，即了帝位。寡人退居西宫养老，每日只是思量妃子。教画工画了一轴真容供养着，每日相对，越增烦恼也呵！(做哭科) (唱)

【正宫·端正好】自从幸西川，还京兆[5]，甚的是月夜花朝。这半年来白发添多少，怎打叠[6]愁容貌！

【幺篇】瘦岩岩[7]不避群臣笑，玉叉儿将画轴高挑。荔枝花果香檀桌，目觑[8]了伤怀抱。

(做看真容科) (唱)

【滚绣球】险些把我气冲倒，身谩[9]靠，把太真妃放声高叫；叫不应雨泪嚎咷。这待诏[10]，手段高，画的来没半星儿差错。虽然是快染[11]能描，画不出沉香亭畔回鸾舞[12]，花萼楼前上马娇[13]，一段儿妖娆。

【倘秀才】妃子呵，常记得千秋节华清宫宴乐[14]，七夕会长生殿乞巧。誓愿学连理枝比翼鸟[15]，谁想你乘彩凤，返丹霄[16]，命夭。

(带云) 寡人越看，越添伤感，怎生是好！(唱)

【呆骨朵】寡人有心待盖一座杨妃庙，争奈无权柄谢位辞朝。则俺这孤辰限难熬，更打着离恨天最高[17]。在生时同衾枕，不能够死后也同棺椁。谁承望马嵬坡尘土中，可惜把一朵海棠花零落了！

(带云) 一会儿身子困乏。且下这亭子去，闲行一会咱。(唱)

【白鹤子】挪身离殿宇，信步下亭皋[18]；见杨柳袅翠蓝丝，芙蓉拆胭脂萼[19]。

【么】见芙蓉怀媚脸，遇杨柳忆纤腰。依旧的两般儿点缀上阳宫[20]，他管一灵儿潇洒长安道[21]。

【么】常记得碧梧桐阴下立，红牙筋[22]手中敲。他笑整缕金衣，舞按霓裳乐[23]。

【么】到如今翠盘[24]中荒草满，芳树下暗香消。空对井梧阴，不见倾城貌。

(做叹科，云) 寡人也怕闲行，不如回去来。(唱)

【倘秀才】本待闲散心追欢取乐，倒惹的感旧恨天荒地老。怏怏归来凤帏悄，甚法儿、捱今宵？懊恼！

（带云）回到这寝殿中，一弄儿[25]助人愁也。（唱）

【芙蓉花】淡氤氲篆烟袅[26]，昏惨刺[27]银灯照；玉漏[28]迢迢，才是初更报。暗觑清霄，盼梦里他来到。却不道口是心苗[29]，不住地频频叫。

（带云）不觉一阵昏迷上来，寡人试睡些儿。（唱）

【伴读书】一会家心焦躁，四壁厢秋虫闹。忽见掀帘西风恶，遥观满地阴云罩。俺这里披衣闷把帏屏靠，业眼难交[30]。

【笑和尚】原来是滴溜溜[31]绕闲阶败叶飘，疏刺刺[32]落叶被西风扫，忽鲁鲁[33]风闪得银灯爆。厮琅琅鸣殿铎[34]，扑簌簌动朱箔[35]，吉丁当玉马儿向檐间闹[36]。

（做睡科，唱）

【倘秀才】闷打颏[37]和衣卧倒，软兀刺[38]方才睡着。（旦上，云）妾身贵妃是也。今日殿中设宴。宫娥，请主上赴席咱。（正末唱）忽见青衣[39]走来报，道太真妃将寡人邀，宴乐。

（正末见旦科，云）妃子，你在那里来？（旦云）今日长生殿排宴，请主上赴席。（正末云）吩咐梨园子弟齐备着[40]。（旦下）（正末做惊醒科，云）呀，原来是一梦！分明梦见妃子，却又不见了。（唱）

【双鸳鸯】斜軃翠鸾翘[41]，浑一似出浴的旧风标[42]，映着云屏一半儿娇。好梦将成还惊觉，半襟情泪湿鲛绡[43]。

【蛮姑儿】懊恼，暗约[44]。惊我来的又不是楼头过雁、砌下寒蛩、檐前玉马、架上金鸡，是兀那[45]窗儿外梧桐上雨潇潇。一声声洒残叶，一点点滴寒梢，会把愁人定虐[46]。

【滚绣球】这雨呵，又不是救旱苗，润枯草，洒开花萼；谁望道秋雨如膏。向青翠条，碧玉梢，碎声儿毕剥[47]，增百十倍歇和[48]芭蕉。子管里[49]珠连玉散飘千颗，平白地瀽瓮翻盆下一宵，惹的人心焦！

【叨叨令】一会价紧呵，似玉盘中万颗珍珠落；一会价响呵，似玳筵前几簇笙歌闹；一会价清呵，似翠岩头一派寒泉瀑；一会价猛呵，似绣旗下数面征鼙操。兀的不恼杀人也么哥[50]，兀的不恼杀人也么哥！则被他诸般儿雨声相聒噪。

【倘秀才】这雨一阵阵打梧桐叶凋，一点点滴人心碎了。枉着金井银床[51]紧围绕，只好把泼枝叶做柴烧，锯倒。

（带云）当初妃子舞翠盘[52]时，在此树下；寡人与妃子盟誓时，亦对此树。今日梦境相寻，又被他惊觉了。（唱）

【滚绣球】长生殿那一宵，转回廊，说誓约，不合对梧桐并肩斜靠，尽言词絮絮叨叨。沉香亭那一朝，按霓裳舞六么[53]，红牙筯击成腔调，乱宫商闹闹吵吵。是兀那当时欢会栽排下，今日凄凉厮凑着，暗地量度。

（高力士云）主上，这诸样草木皆有雨声，岂独梧桐？（正末云）你那里知道！我说与你听者。（唱）

【三煞】润濛濛杨柳雨，凄凄院宇侵帘幕。细丝丝梅子雨，装点江干满楼阁。杏花雨红湿阑干，梨花雨玉容寂寞；荷花雨翠盖翩翻，豆花雨绿叶萧条。都不似你惊魂破梦，助恨添愁，彻夜连宵。莫不是水仙弄娇，蘸杨柳洒风飘。

【二煞】咻咻似喷泉瑞兽临双沼[54]，刷刷似食叶春蚕散满箔；乱洒琼阶，水传宫漏；飞上雕檐，酒滴新槽。直下的更残漏断，枕冷衾寒，烛灭香消。可知道夏天不觉，把高凤麦来漂[55]。

【黄钟煞】顺西风低把纱窗哨，送寒气频将绣户敲。莫不是天故将人愁闷搅？前度铃声响栈道[56]，似花奴羯鼓调[57]，如伯牙水仙操[58]。洗黄花润篱落，清苍苔倒墙角；渲湖山漱石窍，浸枯荷溢池沼；沾残蝶粉渐消，洒流萤焰不着；绿窗前促织叫，声相近雁影高；催邻砧处处捣，助新凉分外早。斟量[59]来这一宵，雨和人紧厮熬。伴铜壶点点敲，雨更多泪不少。雨湿寒梢，泪染龙袍；不肯相饶，共隔着一树梧桐直滴到晓。

（王季思，1990．全元戏曲[M]．北京：人民文学出版社．）

【注释】

[1] 梧桐雨：全名为《唐明皇秋夜梧桐雨》，描写的是唐代“安史之乱”前后唐玄宗和杨贵妃的故事。

[2] 六宫提督太监：总管皇帝后宫的太监。唐代无此官名。

[3] 真容：杨贵妃的画像。

[4] 正末：男主角，这里指唐玄宗。

[5] 京兆：地名，在长安附近，是汉代首都长安的辅佐地区。这里实指京城长安。

[6] 打叠：收拾。

[7] 瘦岩岩：瘦得很厉害的样子。

[8] 觑：见到。

[9] 谩：聊且。

[10] 待诏：唐代设立翰林院，内有擅长文词、经术、医卜、艺术的人士，随时听候皇帝召唤，称为待诏。当时有“医待诏”“画待诏”等名目。这里指画代诏。

[11] 快染：快，灵巧。染：画的着色。

[12] 沉香亭畔回鸾舞：沉香亭在长安兴庆宫内，唐玄宗与杨贵妃常在亭上赏花。回鸾：古舞曲。

[13] 花萼楼：花萼相辉楼，是唐玄宗和诸王兄弟游宴的地方。上马娇：宋元时画的杨贵妃图像的一种，画的是杨贵妃上马的情况。

[14] 千秋节：唐玄宗诞辰是八月五日，开元十七年，百官上表奏请这一天为千秋节。华清宫：唐代宫殿名，在今陕西骊山上。唐玄宗与杨贵妃常在此过冬。

[15] “七夕”二句：语出白居易《长恨歌》。“七月七日长生殿，夜半无人私语时。在天愿作比翼鸟，在地愿为连理枝。”

[16] 乘彩凤、返丹霄：成仙，是死的委婉说法。

[17] 打：遭。离恨天最高：元人常有“三十三天，离恨天最高；四百四病，相思病最苦”的说法。

[18] 亭皋：平边平地。

[19] 芙蓉拆胭脂萼：指木芙蓉花开。萼：花托。

[20] 上阳宫；唐宫殿名，在洛阳。

[21] 管：包管。一灵儿：灵魂。

[22] 红牙筋：红色象牙箸，敲乐器用。

[23] 按霓裳乐：按《霓裳羽衣曲》的节奏。

[24] 翠盘：园中的假山。

[25] 一弄儿：一味地。

[26] 篆烟霭：指香的烟气盘旋上升。

[27] 昏惨剌：昏暗的样子。

[28] 漏：古代滴水计时的工具。

[29] 口是心苗：心中有想法，言语会表现出来。

[30] 业眼难交：意思是难以入睡。

[31] 滴溜溜：形容树叶飘落的象声词。

[32] 疏剌剌：形容风吹落叶的声音。

[33] 忽鲁鲁：形容风吹灯的声音。

[34] 厮琅琅：形容铃声。殿铎：殿铃。

[35] 扑簌簌：形容窗帘吹动的声音。朱箔：朱帘。

[36] 吉丁当：象声词。玉马儿：铁马．古代屋檐上常挂的铁片。有的也用玉做成，称为玉马。

[37] 闷打颏：昏沉沉的样子。

[38] 软兀剌：软摊摊地。

[39] 青衣：宫女。

[40] 梨园子弟：唐玄宗曾选乐工和宫女在梨园集中训练，这些人称为梨园子弟。

[41] 斜軃翠鸾翘：谓翠鸾翘斜插着。翠鸾翘，用玉做成的凤形首饰。

[42] 浑一：完全。出浴的旧风标：太真出浴是古代许多艺术家喜欢描写的题材。风标：风韵。

[43] 鲛绡：古代传说中的人鱼叫鲛人，他织的绡称为鲛绡。因手帕多以绡做成，故多以指手帕。

[44] 喑约：思量、忖度。也作“黯纥”。

[45] 兀那：那。兀：语气词，无义。

[46] 定虐：扰乱。

[47] 毕剥：象声词。

[48] 歇和：协和。

[49] 子管里：只管。

[50] 兀的：这。也么哥：语气词。

[51] 银床：对井架的美称。

[52] 翠盘：一种跳舞用的道具。

[53] 六么：或作绿腰、录要，唐大曲名。

[54] 咻咻：象声词，形容雨声。瑞兽：古代在喷水的地方装上石兽，让水从兽口中流出。

[55] 把高凤麦来漂：东汉人高凤读书极为专心，一次下大雨，将他所晒的麦子全冲走了，他浑然不觉。

[56] 前“度铃声”句：据载，唐玄宗避难蜀中时，在栈道的雨声中听到铃声后，更加伤感，因而作《雨霖铃》一曲。

[57] 花奴：汝阳王李琎，小名花奴，擅长羯鼓。羯鼓：一种可以从两头敲的鼓。

[58] 伯牙：春秋时人，善鼓琴。水仙操：传说是伯牙所作的琴曲名。

[59] 斟量：思量。

【作品解读】

本文选自《梧桐雨》第四折，是全剧最精彩的部分。这一折 23 支曲子主要是抒写唐明皇思念杨贵妃的凄楚情怀。【端正好】至【呆骨朵】五曲写唐明皇面对杨贵妃真容引起的怀念与感伤。这里既有还京后“无权柄”的苦恼，又有“孤辰限”的凄惶，真可谓百感交集，声泪俱下。唐明皇内心的这种苦闷和忧愁如何排解呢？他选择去沉香亭闲行遣闷。地点也由殿宇内转换为亭皋边。沉香亭是个有着特殊意义的地方，因为这里曾是唐明皇与杨贵妃御园小宴、啖荔枝、舞霓裳追欢取乐的地方，这里留下的全部是美好的回忆，可如今怎能不见物思人，触景伤情？

【白鹤子】至【倘秀才】五曲即写在沉香亭畔，唐明皇睹物思人，昔日里的杨贵妃如今已物在人亡，发出哀叹。“见芙蓉怀媚脸，遇杨柳忆纤腰”两句曲词是从《长恨歌》“芙蓉如面柳如眉”演化而来。作者运用生动的比喻和丰富的联想，写出了唐明皇对往昔荣华富贵的回忆和对杨贵妃的深深思念。可是眼下却是“翠盘中荒草满，芳树下暗香消。空对井梧桐，不见倾城貌”。作品通过今昔对比，抒写了唐明皇对往日繁华一去不复返的无奈和惆怅之情。

唐明皇回到寝殿，时间已由白昼转入夜晚。此时的景物显得和人的心情一样衰败、昏暗，衬托出更加忧伤的感情色彩。【芙蓉花】至【黄钟煞】十三首曲抒写唐明皇的寝殿惊梦，作者以具体形象为喻，极写唐明皇内心的哀伤。

前三曲写唐明皇入梦前的孤寂和焦躁。作品通过暗淡的串烟，昏惨的银河，喧闹的秋虫，满地的阴云，狂恶的西风，飘落的败叶，琅琅的殿铃，簌簌的朱帘等，渲染一种独特的氛围，烘托主人公的痛苦心境。【倘秀才】【双鸳鸯】二曲直接写梦会。唐明皇刚刚入睡，就梦见杨贵妃请他长生殿赴宴，杨贵妃生前的娇态和往日的荣华富贵又浮现在眼前。可是转瞬间睡梦又被惊醒，一切皆成虚幻，惊梦之后，内心更加感伤。追寻惊梦的原因，白朴把视野集中在一个焦点上，即梧桐雨。白朴运用多种艺术手法和修辞方式，从多个角度描绘雨打梧桐的意象。梧桐雨是白朴刻意要表现的自然景象，是显现人物心理状态、丰腴人物精神情貌的主要依托物象，只有把这一物象摧写得摇曳多姿、精彩纷呈，才能最大限度地表现主人公的精神世界。【蛮姑儿】以下数曲极力铺叙“秋夜梧桐雨”的自然景象，造成一种凄怆冷落的意境，抒写唐明皇孤凄、愁苦的心境。作者倾注全部心力和才思，以多种多样的艺术手法和修辞方式，从各种不同的角度，描绘雨打梧桐的意象。作品摹写梧桐雨以楼头过雁、阶下寒蛩、檐前玉马、架上金鸡作反衬；以杨柳雨、梅子雨、杏花雨、梨花雨、荷花雨、豆花雨作对比；以“玉盘中万颗珍珠落”“玳筵前几簇笙歌闹”“翠岩头一派寒泉瀑”等作比喻；以“洗黄花、润篱落、清苍苔、倒墙角、渲湖山”等作排比，令人眼花缭乱，目不暇接。尤其值得注意的是，作品中出现的景物描写，都不是孤立和游离的，作者通过人物描写和景物相结合的方式抒发了人景相融的特殊意境。描写景物是为了对人物心理刻画进行铺垫，使人物描写更加生动。每首曲词结尾都把主人公的思想感情作为景物描写的归宿，层层递进地抒写主人公情感的演变历程，从而创造了一个情景交融的意境，充分展现了主人公的内心世界。

在大量描摹梧桐雨的过程中，作者又把梧桐树作为联想的条件，中间穿插【滚绣球】一曲：“是兀那当时欢会栽排下，今日凄凉厮凑着。”揭示了今天的凄凉是由往日的欢会所栽排，昔日的骄奢淫逸造成如今的死别生离。盛极而衰，乐极哀来，唐明皇自己吞食自己种植的苦果。这句点睛之笔，是主题思想的高度概括，也是人生底蕴的深刻揭示，具有很强的讽喻性。繁华已去，盛景不再，失去的永远失去了，只剩下孤独寂寞时的悔恨和哀怨。这种由盛至衰的人世沧桑的悲剧，通过李、杨故事演绎出来，尤为动人心魄。

【思考】

1. 本文运用了哪些艺术手法来描绘雨打梧桐的意象？
2. 本文表达了唐明皇怎样的思想感情？

作品 4

哈姆莱特（节选）

莎士比亚

莎士比亚（Shakespeare，1564—1616），英国文学史上最杰出的戏剧家，也是欧洲文艺复兴时期最重要、最伟大的作家，人类历史上杰出的作家之一。莎士比亚出生在英国中部埃文河畔斯特拉福镇一个富裕市民家庭，少年时期就读于当地文法学校，后因家道中落，辍学谋生。18 岁时与安妮·海瑟薇结婚。1585 年前后离开家乡来到伦敦。他先在剧院打杂，1590 年开始戏剧创作，并很快获得了成功，创作了大量优秀的作品。莎士比亚不仅是演员、剧作家，还是伦敦环球剧场的股东之一。1612 年左右，莎士比亚离开伦敦，回到家乡斯特拉福镇，3 年后，莎士比亚在他生日那天逝世。

莎士比亚一生共写了 37 部剧本、两首长诗和 154 首十四行诗。他的主要成就是戏剧创作，历史剧有《亨利四世》《理查三世》等，喜剧有《仲夏夜之梦》《威尼斯商人》《第十二夜》等，悲剧有《哈姆莱特》《奥赛罗》《李尔王》《麦克白》《罗密欧与朱丽叶》等。

第三幕　第一场　城堡中一室

〔国王、王后、波洛涅斯、奥菲利娅、罗森格兰兹及吉尔登斯吞上〕

国　王　你们不能用迂回婉转的方法，探出他为什么这样神魂颠倒，让紊乱而危险的疯狂困扰他的安静的生活吗？

罗森格兰兹　他承认他自己有些神经迷惘，可是绝口不肯说为了什么缘故。

吉尔登斯吞　他也不肯虚心接受我们的探问；当我们想要引导他吐露他自己的一些真相的时候，他总是用假作痴呆的神气故意回避。

王　后　他对待你们还客气吗？

罗森格兰兹　很有礼貌。

吉尔登斯吞　可是不大自然。

罗森格兰兹　他很吝惜自己的话，可是我们问他话的时候，他回答起来却是毫无拘束。

王　后　你们有没有劝诱他找些什么消遣？

罗森格兰兹　娘娘，我们来的时候，刚巧有一班戏子也要到这儿来，给我们赶上了；我们把这消息告诉了他，他听了好像很高兴。现在他们已经到了宫里，我想他已经吩咐他们今晚为他演出了。

波洛涅斯　一点不错；他还叫我来请两位陛下同去看看他们演得怎样哩。

国　王　那好极了；我非常高兴听见他在这方面有兴趣。请你们两位还要更进一步鼓起他的兴味，把他的心思移转到这种娱乐上面。

罗森格兰兹　是，陛下。（罗森格兰兹、吉尔登斯吞同下）

国　王　亲爱的乔特鲁德，你也暂时离开我们；因为我们已经暗中差人去唤哈姆莱特到这儿来，让他和奥菲利娅见见面，就像他们偶然相遇一般。她的父亲跟我两人将要权充一下密探，躲在可以看见他们，却不能被他们看见的地方，注意他们会面的情形，从他的行为上判断他的疯病究竟是不是因为恋爱上的苦闷。

王　　后　我愿意服从您的意旨。奥菲利娅，但愿你的美貌果然是哈姆莱特疯狂的原因；更愿你的美德能够帮助他恢复原状，使你们两人都能安享尊荣。

奥菲利娅　娘娘，但愿如此。（王后下）

波洛涅斯　奥菲利娅，你在这儿走走。陛下，我们就去躲起来吧。（向奥菲利娅）你拿这本书去读，他看见你这样用功，就不会疑心你为什么一个人在这儿了。人们往往用至诚的外表和虔敬的行动，掩饰一颗魔鬼般的内心，这样的例子是太多了。

国　　王　（旁白）啊，这句话是太真实了！它在我的良心上抽了多么重的一鞭！涂脂抹粉的娼妇的脸，还不及掩藏在虚伪的言辞后面的我的行为更丑恶。难堪的重负啊！

波洛涅斯　我听见他来了；我们退下去吧，陛下。（国王及波洛涅斯下）

〔哈姆莱特上〕

哈姆莱特　生存还是毁灭，这是一个值得考虑的问题；默然忍受命运的暴虐的毒箭，或是挺身反抗人世的无涯的苦难，通过斗争把它们扫清，这两种行为，哪一种更高贵？死了；睡着了；什么都完了；要是在这一种睡眠之中，我们心头的创痛，以及其他无数血肉之躯所不能避免的打击，都可以从此消失，那正是我们求之不得的结局。死了；睡着了；睡着了也许还会做梦；嗯，阻碍就在这儿：因为当我们摆脱了这一具朽腐的皮囊以后，在那死的睡眠里，究竟将要做些什么梦，那不能不使我们踌躇顾虑。人们甘心久困于患难之中，也就是为了这个缘故；谁愿意忍受人世的鞭挞和讥嘲、压迫者的凌辱、傲慢者的冷眼、被轻蔑的爱情的惨痛、法律的迁延、官吏的横暴和费尽辛勤所换来的小人的鄙视，要是他只要用一柄小小的刀子，就可以清算他自己的一生？谁愿意负着这样的重担，在烦劳的生命的压迫下呻吟流汗，倘不是因为惧怕不可知的死后，惧怕那从来不曾有一个旅人回来过的神秘之国，是它迷惑了我们的意志，使我们宁愿忍受目前的磨折，不敢向我们所不知道的痛苦飞去？这样，重重的顾虑使我们全变成了懦夫，决心的赤热的光彩，被审慎的思维盖上了一层灰色，伟大的事业在这一种考虑之下，也会逆流而退，失去了行动的意义。且慢！美丽的奥菲利娅！——女神，在你的祈祷之中，不要忘记替我忏悔我的罪孽。

奥菲利娅　我的好殿下，您这许多天来贵体安好吗？

哈姆莱特　谢谢你，很好，很好，很好。

奥菲利娅　殿下，我有几件您送给我的纪念品，我早就想把它们还给您；请您现在收回去吧。

哈姆莱特　不，我不要；我从来没有给你什么东西。

奥菲利娅　殿下，我记得很清楚您把它们送给了我，那时候您还向我说了许多甜言蜜语，使这些东西格外显得贵重；现在它们的芳香已经消散，请您拿回去吧，因为在有骨气的人看来，送礼的人要是变了心，礼物虽贵，也会失去了价值。拿去吧，殿下。

哈姆莱特　哈哈！你贞洁吗？

奥菲利娅　殿下！

哈姆莱特　你美丽吗？

奥菲利娅　殿下是什么意思？

哈姆莱特　要是你既贞洁又美丽，那么你的贞洁应该断绝跟你的美丽来往。

奥菲利娅　殿下，难道美丽除了贞洁以外，还有什么更好的伴侣吗？

哈姆莱特　嗯，真的；因为美丽可以使贞洁变成淫荡，贞洁却未必能使美丽受它自己的感化；这句话从前像是怪诞之谈，可是现在时间已经把它证实了。我的确曾经爱过你。

奥菲利娅　真的，殿下，您曾经使我相信您爱我。

哈姆莱特　你当初就不应该相信我，因为美德不能熏陶我们罪恶的本性；我没有爱过你。

奥菲利娅　那么我真是受了骗了。

哈姆莱特　进尼姑庵去吧；为什么你要生一群罪人出来呢？我自己还不算是一个顶坏的人；可是我可以指出我的许多过失，一个人有了那些过失，他的母亲还是不要生下他来的好。我很骄傲，有仇必报，富于野心，我的罪恶是那么多，连我的思想也容纳不下，我的想象也不能给它们形象，甚至于我都没有充分的时间可以把它们实行出来。像我这样的家伙，匍匐于天地之间，有什么用处呢？我们都是些十足的坏人；一个也不要相信我们。进尼姑庵去吧。你的父亲呢？

奥菲利娅　在家里，殿下。

哈姆莱特　把他关起来，让他只好在家里发发傻劲。再会！

奥菲利娅　嗳哟，天哪！救救他！

哈姆莱特　要是你一定要嫁人，我就把这一个诅咒送给你做嫁妆[1]：尽管你像冰一样坚贞，像雪一样纯洁，你还是逃不过谗人的诽谤。进尼姑庵去吧，去；再会！或者要是你必须嫁人的话，就嫁给一个傻瓜吧；因为聪明人都明白你们会叫他们变成怎样的怪物。进尼姑庵去吧，去；越快越好。再会！

奥菲利娅　天上的神明啊，让他清醒过来吧！

哈姆莱特　我也知道你们会怎样涂脂抹粉；上帝给了你们一张脸，你们又替自己另外造了一张。你们烟视媚行，淫声浪气，替上帝造下的生物乱取名字，卖弄你们不懂事的风骚。算了吧，我再也不敢领教了；它已经使我发了狂。我说，我们以后再不要结什么婚了；已经结过婚的，除了一个人以外，都可以让他们活下去；没有结婚的不准再结婚，进尼姑庵去吧，去。（下）

奥菲利娅 啊，一颗多么高贵的心是这样陨落了！朝臣的眼睛、学者的辩舌、军人的利剑、国家所瞩望的一朵娇花；时流的明镜、人伦的雅范、举世瞩目的中心，这样无可挽回地陨落了！我是一切妇女中间最伤心而不幸的，我曾经从他音乐一般的盟誓中吮吸芬芳的甘蜜，现在却眼看着他的高贵无上的理智，像一串美妙的银铃失去了谐和的音调，无比的青春美貌，在疯狂中凋谢！啊！我好苦，谁料过去的繁华，变作今朝的泥土！（退后）

〔国王及波洛涅斯重上〕

国　王 恋爱！他的精神错乱不像是为了恋爱；他说的话虽然有些颠倒，也不像是疯狂。他有些什么心事盘踞在他的灵魂里，我怕它也许会产生危险的结果。为了防止万一，我已经当机立断，决定了一个办法：他必须立刻到英国去，向他们追索延宕未纳的贡物；也许他到海外各国游历一趟以后，时时变换的环境，可以替他排解去这一桩使他神思恍惚的心事。你看怎么样？

波洛涅斯 那很好；可是我相信他的烦闷的根本原因，还是为了恋爱上的失意。啊，（奥菲利娅趋前）奥菲利娅！你不用告诉我们哈姆莱特殿下说些什么话；我们全都听见了。陛下，照您的意思办吧；可是您要是认为可以的话，不妨在戏剧终场以后，让他的母后独自一人跟他在一起，恳求他向她吐露他的心事；她必须很坦白地跟他谈谈，我就找一个所在听他们说些什么。要是她也探听不出他的秘密来，您就叫他到英国去，或者凭着您的高见，把他关禁在一个适当的地方。

国　王 就这样吧，大人物的疯狂是不能听其自然的。（同下）

（莎士比亚，2007. 哈姆莱特[M]. 朱生豪，译. 上海：上海文艺出版社.）

【注释】

[1] 嫁奁：陪嫁的财物。

【作品解读】

《哈姆莱特》也译作《王子复仇记》，是莎士比亚最重要的一部悲剧作品，创作于1601年。这部作品以丰富的思想内涵、复杂的人物形象和高超的艺术技巧，成为整个西方文艺复兴时期文学的最高成就。剧本共五幕，写的是丹麦王子哈姆莱特为父报仇的故事。这个故事情节取材于12世纪的丹麦，作者用人文主义的观点，把这个只是单纯为父复仇的故事改写成了一部深刻反映时代面貌、具有强烈反封建意识和深刻哲理性的伟大作品，哈姆莱特也成为世界文学中著名的艺术典型之一。本文选自《哈姆莱特》第三幕第一场，是展示主人公哈姆莱特性格的重要场次。

王子哈姆莱特在威登堡大学读书期间突然遭遇了一系列不幸和家庭变故：父亲暴亡，叔叔克劳狄斯篡位，母亲改嫁给了叔叔。哈姆莱特从父亲鬼魂的口中得知了真相——叔叔克劳狄斯是罪魁祸首。哈姆莱特认为他现在的为父复仇不只是为了他自己，而是为了整个社会、国家，他要承担起这个“重整乾坤的重任”。他考虑着问题的各个方面，又怕泄露心事，又怕鬼魂是假的，从而落入坏人的圈套，他心烦意乱，忧郁寡欢，只好通过装疯卖傻来迷惑敌人，等待时机复仇。克劳狄斯觉察到了危险，于是想方设法试探并想除掉他。

欧洲的文艺复兴运动使欧洲进入了“人”的觉醒时代，在“个性解放”的旗帜下，到莎士比亚生活的文艺复兴晚期，普遍产生了私欲的泛滥和社会的混乱。剧本主人公哈姆莱特就生活在这样一个人性堕落、罪恶嚣张的时代。拥有人文主义理想的王子哈姆莱特具备了最善良的本性。他肯定人的力量，深信人性的高贵，崇尚人的尊严。在哈姆莱特看来，人是“宇宙的精华”“万物的灵长”，这时他是一个“快乐王子”。可是不幸接踵而来：父亲被害，母亲不贞，叔父篡位，朋友弃义，恋人薄情，一个人文主义者视若珍宝的生活理想全都破灭了，哈姆莱特感到人世间的一切“多么可厌、陈腐、乏味而无聊”，从而变成了一个“忧郁王子”。此时的哈姆莱特选择为父报仇，这样，与他对立的就不仅仅是一个杀父仇人克劳狄斯，而是以他为代表的全部邪恶势力。哈姆莱特感到自己力量的微弱，然而他又不甘于使人类美好价值在生活中沦丧，于是陷入了深深的忧郁和痛苦之中，内心充满了矛盾——是生存还是毁灭？哈姆莱特犹豫彷徨，复仇行动一再延宕。同时，作为一个人文主义者，他不相信暴力，不相信群众，孤军奋战，在强大的恶势力面前，最终只能落得个悲剧结局。哈姆莱特的悲剧反映了人文主义者理想和现实之间的矛盾，以及“历史发展的必然趋势和这一趋势暂时不能实现之间的冲突”。

《哈姆莱特》在艺术上也代表了莎士比亚戏剧创作的最高成就。在人物塑造上，莎士比亚擅长运用内心独白来揭示人物复杂而隐秘的内心世界。例如，哈姆莱特那段著名的独白“是生存还是毁灭”，就展示了其复仇过程中痛苦的心灵冲撞。通过这段独白，我们看到了他对人生的思索，他的痛苦和烦恼、失望与彷徨，以及他对现实的深刻揭露和批判，同时也表现出了哈姆莱特忧郁厌世、软弱迟疑、优柔寡断、心思缜密的个性特点。在结构上，《哈姆莱特》突出地表现出了莎剧情节生动丰富的特点。剧本同时交织着三条为父复仇的情节线索，使戏剧场面不断转换，产生了扣人心弦的艺术效果。

莎士比亚是世界公认的语言大师，他的语言丰富而富于形象性和哲理性。他擅长按照人物的身份与处境使用不同的语言，时而高雅，时而粗俗，还善于运用比喻、隐喻等形象化的语言来突出人物的性格特征，揭示人物的内心世界和感情变化。例如，奥菲利娅在谈到哈姆莱特的变化时，就用了一连串的比喻句来表达她的痛苦。

【思考】

1. 你如何理解哈姆莱特的形象？
2. 这个剧本在语言上有哪些特点？

作品 5

茶馆（节选）

老舍

老舍（1899—1966），我国现代小说家、作家、语言大师，我国第一位获得“人民艺术家”称号的作家。1899 年生于北京，满族正红旗人。原名舒庆春，字舍予。另有笔名絜青、鸿来、非我等。父亲在八国联军入侵北京时阵亡，母亲在清贫中将他抚养长大。1913 年进北京师范学校学习。毕业后，曾先后在北京、天津等地中小学任教。五四时期开始用白话练习写作。1924 年赴英国伦敦大学东方学院中文系任讲师。1930 年回国后，任济南齐鲁大学、青岛大学教授。抗日战争爆发后，老舍由济南到武汉，从事抗战文学运动。1946 年赴美讲学。1949 年应召回国，历任全国文联副主席、中国作家协会副主席、北京市文联主席等职。1966 年，老舍被“四人帮”迫害致死，后得以平反昭雪。老舍一生创作勤奋，作品多取材于自己所熟悉的城市下层人民生活，塑造生动的人物形象，于平常中透露出深刻的社会意义，作品善于运用地道的北京话，具有浓厚的地方特色和生活气息，形成了一种通俗而又诙谐幽默的独特风格。代表作品有长篇小说《骆驼祥子》《四世同堂》，剧本《茶馆》等。

（第一幕）

时　间　一八九八年（戊戌）初秋，康梁等的维新运动失败了。早半天。

地　点　北京，裕泰大茶馆。

人　物　王利发　刘麻子　庞太监　唐铁嘴　康六　小牛儿　松二爷　黄胖子　宋恩子　常四爷　秦仲义　吴祥子　李三　老人　康顺子　二德子　乡妇　茶客甲、乙、丙、丁　马五爷　小妞　茶房一二人

〔幕启：这种大茶馆现在已经不见了。在几十年前，每城都起码有一处。这里卖茶，也卖简单的点心与菜饭。玩鸟的人们，每天在蹓够了画眉、黄鸟等之后，要到这里歇歇腿，喝喝茶，并使鸟儿表演歌唱。商议事情的，说媒拉纤[1]的，也到这里来。那年月，时常有打群架的，但是总会有朋友出头给双方调解；三五十口子打手，经调人东说西说，便都喝碗茶，吃碗烂肉面（大茶馆特殊的食品，价钱便宜，作起来快当），就可以化干戈为玉帛了。总之，这是当日非常重要的地方，有事无事都可以来坐半天。

〔在这里，可以听到最荒唐的新闻，如某处的大蜘蛛怎么成了精，受到雷击。奇怪的意见也在这里可以听到，像把海边上都修上大墙，就足以挡住洋兵上岸。这里还可以听到某京戏演员新近创造了什么腔儿，和煎熬鸦片烟的最好的方法。这里也可以看到某人新得到的奇珍——一个出土的玉扇坠儿，或三彩的鼻烟壶。这真是个重要的地方，简直可以算作文化交流的所在。

〔我们现在就要看见这样的一座茶馆。

〔一进门是柜台与炉灶——为省点事，我们的舞台上可以不要炉灶；后面有些锅勺的响声也就够了。屋子非常高大，摆着长桌与方桌，长凳与小凳，都是茶座儿。隔窗可见后院，高搭着凉棚，棚下也有茶座儿。屋里和凉棚下都有挂鸟笼的地方。各处都贴着“莫谈国事”的纸条。

〔有两位茶客，不知姓名，正眯着眼，摇着头，拍板低唱。有两三位茶客，也不知姓名，正入神地欣赏瓦罐里的蟋蟀。两位穿灰色大衫的——宋恩子与吴祥子，正低声地谈话，看样子他们是北衙门的办案的（侦缉）。

〔今天又有一起打群架的，据说是为了争一只家鸽，惹起非用武力解决不可的纠纷。假若真打起来，非出人命不可，因为被约的打手中包括着善扑营的哥儿们和库兵，身手都十分厉害。好在，不能真打起来，因为在双方还没把打手约齐，已有人出面调停了——现在双方在这里会面。三三两两的打手，都横眉立目，短打扮，随时进来，往后院去。

〔马五爷在不惹人注意的角落，独自坐着喝茶。

〔王利发高高地坐在柜台里。

〔唐铁嘴踏拉着鞋，身穿一件极长极脏的大布衫，耳上夹着几张小纸片，进来。

王利发　唐先生，你外边蹓跶吧！

唐铁嘴　（惨笑）王掌柜，捧捧唐铁嘴吧！送给我碗茶喝，我就先给您相相面吧！手相奉送，不取分文！（不容分说，拉过王利发的手来）今年是光绪二十四年，戊戌。您贵庚是……

王利发　（夺回手去）算了吧，我送给你一碗茶喝，你就甭卖那套生意口啦！用不着相面，咱们既在江湖内，都是苦命人！（由柜台内走出，让唐铁嘴坐下）坐下！我告诉你，你要是不戒了大烟，就永远交不了好运！这是我的相法，比你的更灵验！

〔松二爷和常四爷都提着鸟笼进来，王利发向他们打招呼。他们先把鸟笼子挂好，找地方坐下。松二爷文绉绉的，提着小黄鸟笼；常四爷雄赳赳的，提着大而高的画眉笼。茶房李三赶紧过来，沏上盖碗茶。他们自带茶叶。茶沏好，松二爷、常四爷向邻近的茶座让了让。

松二爷
常四爷　您喝这个！（然后，往后院看了看）

松二爷　好像又有事儿？

常四爷　反正打不起来！要真打的话，早到城外头去啦；到茶馆来干吗？

〔二德子，一位打手，恰好进来，听见了常四爷的话。

二德子　（凑过去）你这是对谁甩闲话[2]呢？

常四爷　（不肯示弱）你问我哪？花钱喝茶，难道还教谁管着吗？

松二爷 （打量了二德子一番）我说这位爷，您是营里当差的吧？来，坐下喝一碗，我们也都是外场人。

二德子 你管我当差不当差呢！

常四爷 要抖威风，跟洋人干去，洋人厉害！英法联军烧了圆明园，尊家吃着官饷，可没见您去冲锋打仗！

二德子 甭说打洋人不打，我先管教管教你！（要动手）

〔别的茶客依旧进行他们自己的事。王利发急忙跑过来。

王利发 哥儿们，都是街面上的朋友，有话好说。德爷，您后边坐！

〔二德子不听王利发的话，一下子把一个盖碗搂下桌去，摔碎。翻手要抓常四爷的脖领。

常四爷 （闪过）你要怎么着？

二德子 怎么着？我碰不了洋人，还碰不了你吗？

马五爷 （并未立起）二德子，你威风啊！

二德子 （四下扫视，看到马五爷）喝，马五爷，您在这儿哪？我可眼拙，没看见您！（过去请安）

马五爷 有什么事好好地说，干吗动不动地就讲打？

二德子 嗻！您说的对！我到后头坐坐去。李三，这儿的茶钱我候啦！（往后面走去）

常四爷 （凑过来，要对马五爷发牢骚）这位爷，您圣明，您给评评理！

马五爷 （立起来）我还有事，再见！（走出去）

常四爷 （对王利发）邪！这倒是个怪人！

王利发 您不知道这是马五爷呀？怪不得您也得罪了他！

常四爷 我也得罪了他？我今天出门没挑好日子！

王利发 （低声地）刚才您说洋人怎样，他就是吃洋饭[3]的。信洋教，说洋话，有事情可以一直地找宛平县的县太爷去，要不怎么连官面上都不惹他呢！

常四爷 （往原处走）哼，我就不佩服吃洋饭的！

王利发 （向宋恩子、吴祥子那边稍一歪头，低声地）说话请留点神！（大声地）李三，再给这儿沏一碗来！（拾起地上的碎瓷片）

松二爷 盖碗多少钱？我赔！外场人不作老娘们事！

王利发 不忙，待会儿再算吧！（走开）

〔纤手刘麻子领着康六进来。刘麻子先向松二爷、常四爷打招呼。

刘麻子 您二位真早班儿！（掏出鼻烟壶，倒烟）您试试这个！刚装来的，地道英国造，又细又纯！

常四爷 唉！连鼻烟也得从外洋来！这得往外流多少银子啊！

刘麻子 咱们大清国有的是金山银山，永远花不完！您坐着，我办点小事！（领康六找

了个座儿）

〔李三拿过一碗茶来。

刘麻子　说说吧，十两银子行不行？你说干脆的！我忙，没工夫专伺候你！

康　六　刘爷！十五岁的大姑娘，就值十两银子吗？

刘麻子　卖到窑子去，也许多拿一两八钱的，可是你又不肯！

康　六　那是我的亲女儿！我能够……

刘麻子　有女儿，你可养活不起，这怪谁呢？

康　六　那不是因为乡下种地的都没法子混了吗？一家大小要是一天能吃上一顿粥，我要还想卖女儿，我就不是人！

刘麻子　那是你们乡下的事，我管不着。我受你之托，教你不吃亏，又教你女儿有个吃饱饭的地方，这还不好吗？

康　六　到底给谁呢？

刘麻子　我一说，你必定从心眼里乐意！一位在宫里当差的！

康　六　宫里当差的谁要个乡下丫头呢？

刘麻子　那不是你女儿的命好吗？

康　六　谁呢？

刘麻子　庞总管！你也听说过庞总管吧？侍候着太后，红得不得了，连家里打醋的瓶子都是玛瑙作的！

康　六　刘大爷，把女儿给太监作老婆，我怎么对得起人呢？

刘麻子　卖女儿，无论怎么卖，也对不起女儿！你糊涂！你看，姑娘一过门，吃的是珍馐美味，穿的是绫罗绸缎，这不是造化吗？怎样，摇头不算点头算，来个干脆的！

康　六　自古以来，哪有……他就给十两银子？

刘麻子　找遍了你们全村儿，找得出十两银子找不出？在乡下，五斤白面就换个孩子，你不是不知道！

康　六　我，唉！我得跟姑娘商量一下！

刘麻子　告诉你，过了这个村可没有这个店，耽误了事别怨我！快去快来！

康　六　唉！我一会儿就回来！

刘麻子　我在这儿等着你！

康　六　（慢慢地走出去）

刘麻子　（凑到松二爷、常四爷这边来）乡下人真难办事，永远没有个痛痛快快！

松二爷　这号生意又不小吧？

刘麻子　也甜不到哪儿去，弄好了，赚个元宝！

常四爷　乡下是怎么了？会弄得这么卖儿卖女的！

刘麻子　谁知道！要不怎么说，就是一条狗也得托生在北京城里嘛！

常四爷　刘爷，您可真有个狠劲儿，给拉拢这路事！

刘麻子　我要不分心，他们还许找不到买主呢！（忙岔话）松二爷（掏出个小时表来），您看这个！

松二爷　（接表）好体面的小表！

刘麻子　您听听，嘎登嘎登地响！

松二爷　（听）这得多少钱？

刘麻子　您爱吗？就让给您！一句话，五两银子！您玩够了，不爱再要了，我还照数退钱！东西真地道，传家的玩艺！

常四爷　我这儿正咂摸这个味儿：咱们一个人身上有多少洋玩艺儿啊！老刘，就着你身上吧：洋鼻烟，洋表，洋缎大衫，洋布裤褂……

刘麻子　洋东西可是真漂亮呢！我要是穿一身土布，像个乡下脑壳，谁还理我呀！

常四爷　我老觉乎着咱们的大缎子，川绸，更体面！

刘麻子　松二爷，留下这个表吧，这年月，戴着这么好的洋表，会教人另眼看待！是不是这么说，您哪？

松二爷　（真爱表，但又嫌贵）我……

刘麻子　您先戴两天，改日再给钱！

〔黄胖子进来。

黄胖子　（严重的沙眼，看不清楚，进门就请安）哥儿们，都瞧我啦！我请安了！都是自己弟兄，别伤了和气呀！

王利发　这不是他们，他们在后院哪！

黄胖子　我看不大清楚啊！掌柜的，预备烂肉面。有我黄胖子，谁也打不起来！（往里走）

二德子　（出来迎接）两边已经见了面，您快来吧！

〔二德子同黄胖子入内。

〔茶房们一趟又一趟地往后面送茶水。老人进来，拿着些牙签、胡梳、耳挖勺之类的小东西，低着头慢慢地挨着茶座儿走；没人买他的东西。他要往后院去，被李三截住。

李　三　老大爷，您外边蹓跶吧！后院里，人家正说和事呢，没人买您的东西！（顺手儿把剩茶递给老人一碗）

松二爷　（低声地）李三！（指后院）他们到底为了什么事，要这么拿刀动杖的？

李　三　（低声地）听说是为一只鸽子。张宅的鸽子飞到了李宅去，李宅不肯交还……唉，咱们还是少说话好，（问老人）老大爷您高寿啦？

老　人　（喝了茶）多谢！八十二了，没人管！这年月呀，人还不如一只鸽子呢！唉！（慢慢走出去）

〔秦仲义，穿得很讲究，满面春风，走进来。

王利发　哎哟！秦二爷，您怎么这样闲在，会想起下茶馆来了？也没带个底下人？

秦仲义　来看看，看看你这年轻小伙子会作生意不会！

王利发　唉，一边作一边学吧，指着这个吃饭嘛。谁叫我爸爸死得早，我不干不行啊！好在照顾主儿都是我父亲的老朋友，我有不周到的地方，都肯包涵，闭闭眼就过去了。在街面上混饭吃，人缘儿顶要紧。我按着我父亲遗留下的老办法，多说好话，多请安，讨人人的喜欢，就不会出大岔子！您坐下，我给您沏碗小叶茶去！

秦仲义　我不喝！也不坐着！

王利发　坐一坐！有您在我这儿坐坐，我脸上有光！

秦仲义　也好吧！（坐）可是，用不着奉承我！

王利发　李三，沏一碗高的来！二爷，府上都好？您的事情都顺心吧？

秦仲义　不怎么太好！

王利发　您怕什么呢？那么多的买卖，您的小手指头都比我的腰还粗！

唐铁嘴　（凑过来）这位爷好相貌，真是天庭饱满，地阁方圆，虽无宰相之权，而有陶朱之富[4]！

秦仲义　躲开我！去！

王利发　先生，你喝够了茶，该外边活动活动去！（把唐铁嘴轻轻推开）

唐铁嘴　唉！（垂头走出去）

秦仲义　小王，这儿的房租是不是得往上提那么一提呢？当年你爸爸给我的那点租钱，还不够我喝茶用的呢！

王利发　二爷，您说的对，太对了！可是，这点小事用不着您分心，您派管事的来一趟，我跟他商量，该长多少租钱，我一定照办！是！嗻！

秦仲义　你这小子，比你爸爸还滑！哼，等着吧，早晚我把房子收回去！

王利发　您甭吓唬着我玩，我知道您多么照应我，心疼我，决不会叫我挑着大茶壶，到街上卖热茶去！

秦仲义　你等着瞧吧！

〔乡妇拉着个十来岁的小妞进来。小妞的头上插着一根草标[5]。李三本想不许她们往前走，可是心中一难过，没管。她们俩慢慢地往里走。茶客们忽然都停止说笑，看着她们。

小　妞　（走到屋子中间，立住）妈，我饿！我饿！

〔乡妇呆视着小妞，忽然腿一软，坐在地上，掩面低泣。

秦仲义　（对王利发）轰出去！

王利发　是！出去吧，这里坐不住！

乡　妇　哪位行行好？要这个孩子，二两银子！

常四爷 李三，要两个烂肉面，带她们到门外吃去！

李 三 是啦！（过去对乡妇）起来，门口等着去，我给你们端面来！

乡 妇 （立起，抹泪往外走，好像忘了孩子；走了两步，又转回身来，搂住小妞吻她）宝贝！宝贝！

王利发 快着点吧！

〔乡妇、小妞走出去。李三随后端出两碗面去。

王利发 （过来）常四爷，您是积德行好，赏给她们面吃！可是，我告诉您：这路事儿太多了，太多了！谁也管不了！（对秦仲义）二爷，您看我说得对不对？

常四爷 （对松二爷）二爷，我看哪，大清国要完！

秦仲义 （老气横秋地）完不完，并不在乎有人给穷人们一碗面吃没有。小王，说真的，我真想收回这里的房子！

王利发 您别那么办哪，二爷！

秦仲义 我不但收回房子，而且把乡下的地，城里的买卖也都卖了！

王利发 那为什么呢？

秦仲义 把本钱拢在一块儿，开工厂！

王利发 开工厂？

秦仲义 嗯，顶大顶大的工厂！那才救得了穷人，那才能抵制外货，那才能救国！（对王利发说而眼看着常四爷）唉，我跟你说这些干什么，你不懂！

王利发 您就专为别人，把财产都出手，不顾自己了吗？

秦仲义 你不懂！只有那么办，国家才能富强！好啦，我该走啦。我亲眼看见了，你的生意不错，你甭再耍无赖，不长房钱！

王利发 您等等，我给您叫车去！

秦仲义 用不着，我愿意蹓跶蹓跶！

〔秦仲义往外走，王利发送。

〔小牛儿搀着庞太监走进来。小牛儿提着水烟袋。

庞太监 哟！秦二爷！

秦仲义 庞老爷！这两天您心里安顿了吧？

庞太监 那还用说吗？天下太平了，圣旨下来，谭嗣同问斩！告诉您，谁敢改祖宗的章程，谁就掉脑袋！

秦仲义 我早就知道！

〔茶客们忽然全静寂起来，几乎是闭住呼吸地听着。

庞太监 您聪明，二爷，要不然您怎么发财呢！

秦仲义 我那点财产，不值一提！

庞太监 太客气了吧？您看，全北京城谁不知道秦二爷！您比作官的还厉害呢！听说呀，好些财主都讲维新！

秦仲义　不能这么说，我那点威风在您的面前可就施展不出来了！哈哈哈！

庞太监　说得好，咱们就八仙过海，各显其能吧！哈哈哈！

秦仲义　改天过去给您请安，再见！（下）

庞太监　（自言自语）哼，凭这么个小财主也敢跟我逗嘴皮子，年头真是改了！（问王利发）刘麻子在这儿哪？

王利发　总管，您里边歇着吧！

〔刘麻子早已看见庞太监，但不敢靠近，怕打搅了庞太监、秦仲义的谈话。

刘麻子　喝，我的老爷子！您吉祥！我等了您好大半天了！（搀庞太监往里面走）

〔宋恩子、吴祥子过来请安，庞太监对他们耳语。

〔众茶客静默了一阵之后，开始议论纷纷。

茶客甲　谭嗣同是谁？

茶客乙　好像听说过！反正犯了大罪，要不，怎么会问斩呀！

茶客丙　这两三个月了，有些作官的，念书的，乱折腾乱闹，咱们怎能知道他们捣的什么鬼呀！

茶客丁　得！不管怎么说，我的铁杆庄稼又保住了！姓谭的，还有那个康有为，不是说叫旗兵不关钱粮，去自谋生计吗？心眼多毒！

茶客丙　一份钱粮倒叫上头克扣去一大半，咱们也不好过！

茶客丁　那总比没有强啊！好死不如赖活着，叫我去自己谋生，非死不可！

王利发　诸位主顾，咱们还是莫谈国事吧！

〔大家安静下来，都又各谈各的事。

庞太监　（已坐下）怎么说？一个乡下丫头，要二百银子？

刘麻子　（侍立）乡下人，可长得俊呀！带进城来，好好地一打扮、调教，准保是又好看，又有规矩！我给您办事，比给我亲爸爸作事都更尽心，一丝一毫不能马虎！

〔唐铁嘴又回来了。

王利发　铁嘴，你怎么又回来了？

唐铁嘴　街上兵荒马乱的，不知道是怎么回事！

庞太监　还能不搜查搜查谭嗣同的余党吗？唐铁嘴，你放心，没人抓你！

唐铁嘴　嗻，总管，您要能赏给我几个烟泡儿，我可就更有出息了。

〔有几个茶客好像预感到什么灾祸，一个个往外溜。

松二爷　咱们也该走啦吧！天不早啦！

常四爷　嗻！走吧！

〔二灰衣人——宋恩子和吴祥子走过来。

宋恩子　等等！

常四爷　怎么啦？

宋恩子 刚才你说“大清国要完”？
常四爷 我，我爱大清国，怕它完了！
吴祥子 （对松二爷）你听见了？他是这么说的吗？
松二爷 哥儿们，我们天天在这儿喝茶。王掌柜知道：我们都是地道老好人！
吴祥子 问你听见了没有？
松二爷 那，有话好说，二位请坐！
宋恩子 你不说，连你也锁了走！他说“大清国要完”，就是跟谭嗣同一党！
松二爷 我，我听见了，他是说……
宋恩子 （对常四爷）走！
常四爷 上哪儿？事情要交代明白了啊！
宋恩子 你还想拒捕吗？我这儿可带着“王法”呢！（掏出腰中带着的铁链子）
常四爷 告诉你们，我可是旗人！
吴祥子 旗人当汉奸，罪加一等！锁上他！
常四爷 甭锁，我跑不了！
宋恩子 量你也跑不了！（对松二爷）你也走一趟，到堂上实话实说，没你的事！

〔黄胖子同三五个人由后院过来。

黄胖子 得啦，一天云雾散，算我没白跑腿！
松二爷 黄爷！黄爷！
黄胖子 （揉揉眼）谁呀？
松二爷 我！松二！您过来，给说句好话！
黄胖子 （看清）哟，宋爷，吴爷，二位爷办案啊？请吧！
松二爷 黄爷，帮帮忙，给美言两句！
黄胖子 官厅儿管不了的事，我管！官厅儿能管的事呀，我不便多嘴！（问大家）是不是？
众 嗻！对！

〔宋恩子、吴祥子带着常四爷、松二爷往外走。

松二爷 （对王利发）看着点我们的鸟笼子！
王利发 您放心，我给送到家里去！

〔常四爷、松二爷、宋恩子、吴祥子同下。

黄胖子 （唐铁嘴告以庞太监在此）哟，老爷在这儿哪？听说要安份儿家，我先给您道喜！
庞太监 等吃喜酒吧！
黄胖子 您赏脸！您赏脸！（下）

〔乡妇端着空碗进来，往柜上放。小妞跟进来。

小 妞 妈！我还饿！
王利发 唉！出去吧！

乡　妇　走吧，乖！
小　妞　不卖妞妞啦？妈！不卖啦？妈！
乡　妇　乖！（哭着，携小妞下）
〔康六带着康顺子进来，立在柜台前。
康　六　姑娘！顺子！爸爸不是人，是畜生！可你叫我怎办呢？你不找个吃饭的地方，你饿死！我不弄到手几两银子，就得叫东家活活地打死！你呀，顺子，认命吧，积德吧！
康顺子　我，我……（说不出话来）
刘麻子　（跑过来）你们回来啦？点头啦？好！来见见总管！给总管磕头！
康顺子　我……（要晕倒）
康　六　（扶住女儿）顺子！顺子！
刘麻子　怎么啦？
康　六　又饿又气，昏过去了！顺子！顺子！
庞太监　就要活的，可不要死的！
〔静场。
茶客甲　（正与乙下象棋）将！你完啦！

——幕落

（老舍，1985．老舍剧作全集[M]．北京：中国戏剧出版社．）

【注释】

[1] 说媒拉纤：旧时指为人介绍婚姻或做房地产买卖的牵线工作。
[2] 甩闲话：方言。指讲不满意的话。
[3] 吃洋饭：指靠替外国人做事谋生。
[4] 陶朱之富：泛指拥有巨额财产。
[5] 草标：指插在物品上，作为待售的标志的草束。亦作为卖身的标记。

【作品解读】

话剧《茶馆》是老舍在 1949 年之后创作的最成功的一部戏剧作品。共分为三幕，分别刻画了三个可诅咒的时代：第一幕的时间是 1898 年，即戊戌变法失败后的晚清末年；第二幕是军阀混战的中华民国初年；第三幕写的是抗日战争胜利后，解放战争爆发前夕的国民党反动统治时期。三幕戏剧描绘了半封建半殖民地旧中国三个黑暗、病态、荒诞的社会历史发展过程和种种人物的命运。本文选自《茶馆》第一幕。

《茶馆》第一幕描绘了清代末期戊戌变法失败、维新派代表谭嗣同被杀害那个黑暗时代的社会生活。剧本主要描写了裕泰大茶馆里形形色色人物的种种活动，通过分析戊戌变法发生与失败的前因后果，以及帝国主义的扩张渗透、吃洋饭的流氓地痞横行、农民破产、宫廷生活的荒淫腐败、爱国者横遭迫害的社会现实，逼真地勾勒出晚清社会的真实图景，尤其是在帝国主义的经济侵略下，洋货大量倾销中国，大量白银外流，中国农村的经济遭到严重的打击和破坏的社会现实。这一幕共有22个人物出场，并且每个人都有说话，生动传神，每个人物的语言都十分符合其身份、地位及性格特征，如马五爷是“吃洋饭”的，透过他的威风可以看出当时帝国主义的势力；宋恩子、吴祥子是清朝封建统治势力的两个爪牙；庞总管是封建主义势力的代表。他“侍候着太后，红得不得了”，透过庞总管，可以看到清朝封建主义顽固派头子慈禧太后血腥镇压维新运动的狰狞面目。这一幕剧情的焦点在常四爷的判断：“大清国要完！”而在末尾“静场”中响起一个下棋的茶客的喊声：“将！你完啦！”一语双关，揭示了旧时代必然灭亡的历史趋势。

《茶馆》没有统一的故事情节，没有贯穿全剧的中心轴线，而是把各方面有代表性的众多人物集中在一个茶馆里，通过人物间的纠葛和冲突，描绘出了一个五光十色的“茶馆世界”。剧本成功地塑造了众多的艺术典型。其中，第一幕的典型人物有常四爷、秦仲义和王利发。常四爷是一个具有侠骨豪情的旗人，他性格耿直，且有正义感和爱国心。他痛恨洋人，乐于帮助弱者，勇于抗争。他的失败不是由于胆怯、懒惰，而是由于他的落伍观念，具有旧时代也是满族传统的人生观。常四爷的失败，除了可归因于社会责任外，也因为他的人生哲学已然不合时宜。他敢于当众宣布“大清国要完”，是个有血气的硬汉子，是正义和反抗力量的代表。秦仲义是裕泰茶馆的房东，他是民族资本家，是民族资产阶级的代表。他财大气粗，自命不凡，对穷苦人少有同情，试图走实业救国之路。戊戌变法失败后国势衰落，他凭着一颗报国之心，变卖祖业创建工厂，开银号，惨淡经营几十年，最终还是彻底破产了。他与清王朝的统治存在着阶级本能上的对立，在与庞太监的对话中，软中有硬，绵里藏针，体现了新兴资产阶级的锐气。王利发是裕泰茶馆的掌柜，也是贯穿全剧的人物。在第一幕里也成功地显示了自己的性格特征，他精明能干，能说会道，八面玲珑。在强者面前，他忍气吞声；在弱者面前，他虽无害人之心，却也没有多少同情心，是个圆滑自私的小业主的典型。

在结构上，《茶馆》打破了传统的戏剧结构手法，借助“埋葬旧时代”的主题，采用“图卷戏”（或称“人像展览式”）的结构形式，以人物塑造带动故事情节发展，同时，把悲剧和喜剧有机地糅合融会，以茶馆为舞台，把不同人物的遭遇和命运交织在一起，以喜剧的形式表现了最为悲切的内容，广泛地反映了社会风貌，揭示了时代的风云变幻。

老舍是一代语言大师。剧本语言炉火纯青，独树一帜，简洁明快，生动传神，幽默含蓄，富有个性化，概括力强，三言两语即能刻画出人物鲜明的性格特征，字里行间流露出浓郁的北京地方文化色彩，这些都充分显示了老舍作为语言艺术大师的深厚艺术功力。

【思考】

1.《茶馆》第一幕出场的哪些人物给你留下了深刻的印象？为什么？

2.《茶馆》第一幕揭示了哪些社会现实？从哪里可以看出来？

作品 6

南吕·一枝花（对驴弹琴）

冯惟敏

冯惟敏（1511—约 1580），字汝行，号海浮，山东临朐人。聪颖好学，才华富赡，与兄惟健、惟重及弟惟讷同以诗享名齐鲁间，明世宗嘉靖十六年（1537）中举，后任涞水知县。为人耿介拔俗，疾恶如仇，不为权势所容，最后辞官归家。他的散曲作品，以率真明朗、豪辣奔放见长，但也不乏清新婉丽之作。作品中大量运用俚语俗谚，不事假借，极少雕饰，幽默诙谐，气韵生动，保持了散曲通俗自然的本色美。有时他将经、史、子、集中的书面语词入曲，任意驱遣，浑然天成，毫无生硬枯涩之弊。有曲作《海浮山堂词稿》四卷及一些诗词著作。

【一枝花】知音自古稀，感物非容易。名琴偏爱抚，大耳不曾习。思忆颜回，怎入驴肝肺？难通草肚皮！俺这里勾打吟猱[1]，他那里前跑后踢。

【梁州】他支蒙着两耳朵长勾一尺[2]，俺摩弄着七条弦弹了三回。子见他仰天大叫乔声气[3]，吓的宫商[4]错乱，聒[5]的音律差池，忽的难调玉轸[6]，兀的怎按金徽[7]，张果老赴不得瑶池佳会，孟浩然顾不得踏雪寻梅。他也懂不得崔莺莺待月眠迟，他也省不得卓文君飞凰求匹，他也晓不得牧犊子[8]晚景无妻。看伊，所为，秋风灌耳空淘气，不知音不达意。这的是世间能走不能飞，草券一张皮[9]。

【尾】看了他粗愚痴蠢村沙势[10]，似不的禾黍秋风听马嘶，怎怪他不解其中无限意。不遇着子期，谁知道品题？俺索把三尺丝桐[11]收拾起。

（冯惟敏，2007．冯惟敏全集[M]．谢伯阳，编．济南：齐鲁书社．）

【注释】

[1] 勾打吟猱：四种弹琴的指法。

[2] 支蒙：竖起。勾：够。

[3] 乔声气：粗鲁做作的声音。

[4] 宫商：古代音调。

[5] 聒：聒噪，吵闹刺耳的声音。

[6] 玉轸：玉制的琴柱。

[7] 金徽：琴面上音阶的金属标记。

[8] 牧犊子：战国齐宣王时人，五十无妻，在田野砍柴时见雉雄雌相随而飞，作《雉朝飞》自伤悲苦身世。

[9] 草券一张皮：订契约也只是出卖一张皮。

[10] 村沙势：丑陋寒酸的样子。

[11]丝桐：桐木作的琴。

【作品解读】

冯惟敏一生科举屡屡受挫，后虽出仕十余年，但始终处于下层，仕途不顺，人生颇不得意。这篇套曲将战国时期公明仪对牛弹琴的故事进行新编，精心建构出“对驴弹琴”的寓言故事，场景诙谐幽默，形象逼真传神，寓意生动辛辣。

在作品中，高雅的琴师居然想通过弹琴来取悦恶俗的笨驴，其结局可想而知。“对驴弹琴”虽为寓言，但现实中未尝没有这样的人和事。全曲刻画精当入微，运用排比手法，将当权者驴一样的粗蠢恶劣表现得一览无余，最终作者放弃幻想，收拾“丝桐”，断然结束官途回乡归隐。当时的当权者都是“驴肝肺”“草肚皮”，有这样的“草包”执政，贤人自然就不能容身了。作品猛烈抨击了当权者之间的尔虞我诈以及他们的贤愚不辨。

【思考】

1. 戏曲中驴的形象是怎样的？作者是怎样对驴的形象进行刻画的？
2. 你还读过哪些寓言故事？与同学分享你所知道的寓言故事。

下编　实用文体写作

第六章 实用写作概述

第一节 实用文的产生及发展

实用文也叫应用文，是人们在处理公私事务、沟通信息时所拟写的实用性文章。在1998第三届现代应用文国际研究会上，研究者达成共识：把一切非文学写作通称为“实用写作”。

实用文的“文”，还有“文字”的含义，如学校里推广普通话的宣传语“请讲普通话，请写规范字”，警示司机的禁酒语“司机一滴酒，亲人两行泪”等，还有某些题词、宣传口号，虽然只是寥寥数字，称不上有章法的文章，却是应用写作词典所列的应用文种。所以，实用文的“文”既含有文章的意思，又有文字的意思。

一、实用文的产生

实用文是社会发展的产物，在早期生产劳动实践中，人们创造了文字，为实用文的出现奠定了基础。《周易·系辞下》中记载：“上古结绳而治，后世圣人易之以书契，百官以治，万民以察，盖取诸《夬》。”这里的“书契”就是公文文书，这句话说明在文字产生以前，人类在劳动实践中就有了记述事物和表达思想的要求。而文字的产生，也是最先服务于人类的实践活动。

从 1898 年起，考古工作者在河南安阳小屯殷墟遗址等地陆续发现了大量刻有文字的甲骨，这就是在中国文化发展史上占有重要地位的甲骨文。这里的“文”就是刻在龟甲或兽骨上的文字，从内容看多是商代王室占卜时所做的简单记录，是我国最早出现的原始性的文章，也是最早的应用文。

商周时期盛行在青铜器上铸刻文字，称为钟鼎文。钟鼎文有的用来记载统治者的制度、法令，贵族之间的商务活动，私人物质交换的契约；有的用来记录征战的胜利，歌颂统治者的文德武功。我国最早的文章总集《尚书》所收录的文章多数也是公文。《尚书》原称《书》，到汉代改称《尚书》，意为上代之书，是儒家经典之一。《尚书》所录为虞、夏、商、周各代典、谟、训、诰、誓、命等文献。其中，虞、夏及商代部分文献是据传闻而写成的，不尽可靠。“典”记述了上古的典章制度；“谟”是记君臣谋略的策论；“训”是教诲开导的论说文；“诰”是训诫勉励的文告；“誓”是君主训诫士众的誓词；“命”是君主的命令和诏书。这些文体与现代的命令、决议、决定、指示、布告、通告、报告、通报等有相似之处。

二、实用文的发展

战国时期，狼烟遍地，秦灭六国后，为加强统治，统一了文字，对公文也进行了改革，将前代的文种命、令、书分别改为了制、诏、奏；李斯等人为了行文格式的一致，还制定了统一的公文格式，规定以吏为师传授其技法。这些现象是公务实用文走向成熟的重要标志。

汉代公文在秦代的基础上有所发展，其文种除了章、奏、表、议外，还有疏、状、移、檄、教、牒等。汉代统治者将实用文中的公文写作与人才选拔和官吏考核结合起来，对不熟悉吏治业务、书疏不善者，不予重用，还要对推荐人问责治罪，为促进实用文的发展营造了良好的氛围，催生了流传至今的名家名作，如贾谊的《陈政事疏》、晁错的《论贵粟疏》和司马相如的《喻巴蜀檄》等。

魏晋南北朝时期是实用文重要的发展阶段。当时一些名家直接参与实用文的撰写，出现了不少传世名篇，如曹操的《求贤令》、曹丕的《与吴质书》等。有的还对实用文写作理论进行了有益的探索，如曹丕的《典论·论文》、陆机的《文赋》、刘勰的《文心雕龙》等。这一时期，肖统的《昭明文选》收文 700 多篇，其中实用文就达 20 余种。

唐宋王朝是我国封建社会的鼎盛阶段。这段时期我国经济繁荣，文化发达，实用文的发展达到高峰。其成就体现在两个方面：一是名家名篇多，如魏征的《谏太宗十思疏》、韩愈的《祭十二郎文》、刘禹锡的《陋室铭》等；二是实用文种类多，当时下行文（制、敕、册、令、教、符）和上行文（表、状、笺、启、辞、牒）各 6 种，平行文 3 种（关、移、刺）。行文规范严格，应言上而不言上、不应言上而言上者，应行下而不行下、不应行下而行下者，均要按有关条例予以处罚。宋代的实用文种类在唐代的基础上创新发展，增加了诰命、御札、敕、牓、故牒、公牒、呈状、申状、劄子等，出现了欧阳修的《谢致仕表》、苏轼的《答谢民师推官书》、李清照的《金石录后序》等名篇。这些名篇，风格较之前有所变化，对后世产生了积极的影响。

实用文稳定发展是在元、明、清三朝。各个朝代的执政者为加强中央集权的统治，一般承袭前朝的公务文种，实用文体趋于稳定，但在行文上更为严格。在实用文理论研究上有新的突破，如吴讷的《文章辨体》、刘熙载的《艺概·文概》等在写作理论上所作的探讨，对后世实用文的写作有较大影响。

1912 年辛亥革命胜利，中华民国政府宣告成立，结束了封建王朝的君主专制制度。不久就颁布了首个行政公文条例，虽然废除了旧公文体式，明确了新公文的具体程式，要求官吏相互称官职，民间相互称先生，要求用白话文写公文，使用新式标点符号，但由于当时客观条件的限制，新公文还留有旧公文的影子。当时所谓的新公文，实际上是新旧体式结合的产物。

中华人民共和国成立后，1951 年，中央人民政府政务院召开了全国秘书长会议，研究并通过了《公文处理暂行办法》，旧式公文才彻底退出历史舞台。这次会议为我国实用文中的新公文体式奠定了基础。由于新中国各行各业发展迅猛，为跟上时代的步伐，国家就公文的有关要求又陆续制定了一系列规定，使公文从此走上了规范化、系统化、科学化的建设轨道。

在中华人民共和国成立后的几十年中，实用文中的公文建设取得了卓越的成就；经济、科技、法律、新闻、交际、礼仪、商务等实用文也得到长足的发展，为国家的建设与发展做出了巨大贡献。

第二节　实用文的写作特性与功用

实用文种类繁多，虽然每一文种的特性与功用各不相同，但实用文特性与功用也有其普遍性。

一、实用文的写作特性

实用类文章在长期的发展过程中，形成了独特的、有别于其他文体的特性。

（一）突出实用性

文章的产生，源于实用的需要。实用文的实用性集中表现在它总是直接与工作、学习、生活中的某些具体问题、具体事项相联系，旨在解决现实中存在的某些问题，满足客观实际需要，因而实用性是其显著的特性之一。例如　上级行政机关有事情需要下级办理，这时候需要发文件给下级部门，要使用实用文中的行政公文；党政机关、社会团体、企事业单位或者个人为了实现某项目标或完成某项任务，保证工作的顺利完成，就需要使用应用文中的计划书；领导在公共场合要发言，这时候要写发言稿。也就是说，实用文的写作旨在应用、有用，能解决问题，满足客观实际需要。

（二）讲究规范性

实用文一般有固定的结构模式。人们使用实用文，为了提高办事效率，往往约定使用一种固定格式。政府机关制定法规将某些实用文的体式予以程式化，形成统一、规范的格式，要求人们在使用实用文时按程式化的规定去操作。例如，公文就按书写格式、结构层次、称谓要求、排版规定以及怎样落款等要求撰写；书信就要遵照习惯性的规定要求，按统一格式书写。实用文的体式有了较为固定的模式，便于实用文的写作与阅读，也利于事务办理和提高工作效率。

（三）强调真实性

真实是文章的生命，包括文学作品和实用文。然而，两者的真实是有区别的：文学作品强调的是艺术真实，它要求创作者通过想象、虚构、夸张等手法塑造出的艺术形象不能脱离生活现实；实用文强调的是现实真实，它要求撰文者在实用文写作过程中，所涉及的人与事，一定要尊重客观现实，不能虚构，如时间、地点、人物、事件，以及数据、数字等文章要素必须有根有据、真实可靠。实用文的内容如果不真实，就达不到解决现实生活中实际问题的目的。

（四）注重时效性

实用文一般是用来在特定的时间来解决某些特定问题的，时效性强。文学作品的创作在时间上的要求是非常宽松的，写作者可以因为灵感而迅速写下文字材料，也可以用一生的时间来慢慢构思、精雕细琢。而实用文则对时间的要求非常严格，一件事情出现了，为了迅速解决问题，写作者就要在一定时间内迅速完成，不能拖延，否则会影响工作；另外一种情况是，有些实用文的功效受时间的限制，过了规定时间就会失效，如行政公文里的下行文通知，如果上级部门对下级发了一份紧急通知，要求下级部门及时处理，下级部门如果没有及时按通知的规定完成，这份通知自然也就失去了它的意义了。

（五）追求平实性

实用文体的篇幅较短小，一般使用事务语体，而事务语体最大的特点是平实，即通俗易懂，质朴实在。这就要求在写作中坚持“辞达而已矣”的古训，避免堆砌辞藻、生造词语、半文不白、深奥难懂、空话废话的现象。平实，是对应用文语言总的要求。在这个总的要求下，不同的实用文体对语言的运用还有其具体的要求，如公文，其语言除了平实这一点以外，还要求简明、庄重。因此在写作实用文时，语言的运用要注意符合不同文体的要求，也就是要体现出所用语体的个性。

二、实用文的功用

实用类文章是与文学类文章相对而言的，它涉及社会生活的各个方面，其功用主要有以下四个方面。

（一）联系沟通功用

现代社会，信息很重要，对于一个单位或个人来说，掌握了信息就等于掌握了同一领域里的主动权。实用文在其中能起到联系、沟通的桥梁作用，是人们了解信息的一条有效途径。例如，通过调查报告，能了解某个部门、某个行业、某个领域里最真实准确的信息，为企事业单位提供决策依据。

（二）宣传教育功用

实用文作为处理公私事务的工具，要达到让人做什么、怎样去做的目的，就要进行宣传、教育。国家行政公文的颁布，目的是要宣传国家的政策，人们在学习、理解或执行过程中，其教育的目的也就达到了；有些日常实用文类的广告宣传，为让尽可能多的人了解，还要配上图片或一些装饰物，从而满足其业务或个人其他目的的需要，达到宣传教育的作用。

（三）管理约束功用

在实用文中，有相当一部分的文种是关于法律法规和约束人们行为的规范性文书，从对全体公民行为予以约束的《中华人民共和国宪法》，以及各项以宪法为前提的民法、刑法，到学校、企事业单位约束学生或员工行为的“守则”“规章制度”等，任何所属成员都必须自觉遵守，不得违反，否则将要受到不同程度的处罚。这样就在一定程度上维护了国家、单位、个体的利益，有利于社会的稳定。

（四）凭证依据功用

实用文凭证依据功用主要体现在两个方面：一方面，实用文是上下级或双方处理和解决问题以及管理事务工作的依据凭证，没有实用文在其中作为依据凭证的桥梁作用，双方就没有办法接触，问题或工作将无法解决或完成；另一方面，问题解决或工作圆满完成后，实用文又被双方或某一方作为凭证保存起来，以备今后的检查或必要时作为证明的凭据。例如，行政公文中的通知或会议纪要，都是上下级双方作为当时处理和解决问题以及管理事务工作的凭证依据，也是今后备查的凭证依据。

第七章 实用文体写作

第一节 新闻文书写作

新闻文书是新闻工作者对新近发生及发现的事实进行报道的文字。按照文体，可将新闻文书分为消息、通讯、新闻评论等。这里主要介绍消息和通讯。

一、消息

（一）消息的含义

消息是新闻文体中最常见的一种体裁，是向公众发布最新信息的文体。广义的新闻包括消息、通讯、综述、专访、特写和调查报告等。狭义的新闻专指消息，是以简明扼要的文字对新近发生的有一定社会意义的事实的报道。

（二）消息的特点

1. 真实性

真实是消息的生命。真实就是所写的人物、时间、地点、事件发生发展的经过不能想象虚构。每个事实细节都要准确无误，如果一条消息失真或有误，这条消息就失去了新闻价值；如果给政府和工作单位传递假信息，就会造成一定的危害。

2. 新颖性

消息的新颖性，是指时间新、内容新和角度新。时间新是新闻本质属性的重要内涵，必须是新近发生的有一定社会意义的事实，而非历史陈迹。内容新是指新闻事实必须包含新内容，蕴含新信息，具有新意义。角度新是指从新的角度和视点来报道新闻。

3. 时效性

新闻都具有极强的时效性，而消息对时间的要求是最高的，所以媒体、新闻界往往有“抢新闻”之说。如果今天报道前几天发生的事情，就失去了价值，变成了旧闻，失去了民众的关注度。

4. 简明性

消息的简明性，是指简明扼要、短小精悍，用尽可能少的文字传达尽可能多的信息。消息通常是一事一报，篇幅比较简短，一般在三五百字之间，有时一两句话就是一条消息，说清事实，写明时间、地点、人物、事件就可以了。

（三）消息的分类

消息的种类很多，因其划分标准不同而不同。按篇幅长短分，有长消息、短消息、简讯、一句话新闻、标题新闻等；按地域分，有国际新闻、国内新闻和地方新闻；按题材分，有时事新闻、经济新闻、军事新闻、体育新闻和社会新闻等；按内容分，有动态消息、综合消息、解释性消息、经验消息等。这里着重介绍按内容分的几种消息。

1. 动态消息

动态消息是对刚刚发生或正在发生的事实的报道，即通常所说的事件性新闻，是信息量最大、时效性最强和最受读者欢迎的一种消息。一些重大新闻事件通常是先发动态消息，然后以特写、综述、通讯等加以后续报道，以便满足受众对新闻信息的更多需求。动态消息最讲究时效性，要求以最快的速度和最简明的语言进行及时报道。一般只报道发生了什么事，而不必回答为什么和怎么样等问题，而且多是一个人、一件事和一个点，内容集中单一。多采用叙述的方法，少有描写、说明和议论。

2. 综合消息

综合消息是动态消息的发展与深化，具有内容丰富、报道面宽、综合性强等特点，能给受众提供全面的整体性认识。由于内容比较复杂，又有一定的时间跨度，因而时效性相对较弱，篇幅也较长。综合消息一般分为三种类型，即纵向综合消息、横向综合消息和纵横结合式综合消息。通常是按照时间、空间和时空结合的顺序，把一个地区、部门和系统内所发生的多个新闻事实加以综合叙述，用以反映主要成绩和存在问题，并分析意义、原因和发展趋势等。

3. 解释性消息

解释性消息是在报道新闻事件的同时，还要对背景、原因、性质和意义等进行解释和说明。如果说动态消息主要是报道发生了什么事，那么解释性消息不仅要回答“是什么”，还要重点回答“为什么”。解释性消息主要具有以下特点：一是内容有深度，是新闻报道的深入与扩展，往往要寻根问底；二是有倾向性、指导性强。这种倾向性既表现在新闻事实的报道中，也表现在对原因与背景的解释中；三是背景翔实，表达客观。作者的观点和评价常常隐藏在事实的叙述中，能给人以客观、公正的感觉。

4. 经验消息

经验消息又称典型报道，是通过新闻媒体来宣传典型事迹和成功经验的报道方式，也是我国新闻实践中一种特有的体裁。经验消息的主要特点，就是政策性与新闻性相融合，事实与经验相统一。经验消息按内容可分为两类：一类是单一经验消息，报道只介绍一条经验，其特点是内容集中突出，篇幅短小，信息量大；另一类是综合经验消息，报道围绕一个中心问题，介绍几条相关的经验，通常是采取并列或递进的方式，按时空和逻辑顺序来组织材料，结构全文。

（四）消息的结构

1. 标题

标题是消息的眼睛，是以简明、准确、生动的语言对新闻事实进行高度概括。标题一般分为两种类型：一类是完全式标题。通常由多行标题构成，既有主标题（主题、正题），又有引题（肩题、眉题）和副标题（辅题、次题、子题）。其特点是信息量大，内容较为详尽，多用于报道国内外重大事件和重要元素较多的消息。另一类是省略式标题。这种标题包含三种形式：一是主肩式标题，由引题和主标题构成；二是主副式标题，由主标题和副标题构成；三是主标式标题，只有一个主标题，多用于短讯、国际消息等。一般来说，主标题反映消息最主要的内容，引题用于交代背景、观点和意义等，副标题是对主标题的补充说明。标题的写作既要真实准确，又要简明扼要，还要形象生动、有趣味。

2. 电头

电头是消息的标志，用以说明消息的来源，包括消息首次发布的媒体、撰稿人、发稿时间和地点等，如“据×××报道”“本台消息”“本报讯”等。电头一般不得省略。

3. 导语

导语是消息开头的第一句话或第一段文字，是新闻特有的概念。对消息内容做提纲挈领的概括，介绍最重要、最精彩的事实，揭示消息的主题，便于读者迅速了解消息的中心内容，引起读者的注意和兴趣。导语一般有四种写法：一是叙述式。通常是把最重要的事实简要地写在开头，主要交代何人、何事、何果。二是提问式。采用设问的方式开头，首句先提出问题，然后予以解答，也可以不马上解答，造成悬念，吸引读者继续看下去。三是描写式。通过对新闻事件的主要场面，或某一侧面的描写来开头，用以引出报道的具体内容。四是评论式。先就某一事实发表评论，再叙述这件事情的经过和意义。导语的写作，要求简明扼要，重点突出，生动形象，具有吸引力。

4. 主体

主体是消息的躯干，它紧接导语，是消息的重要组成部分，是对导语的详细表述与具体说明。主体的写作要注意以下五点：一是紧扣导语。导语为整条消息定下了基调，规定了方向，主体如何展开，回答哪几个问题，都必须依据导语的具体内容来写，不能和导语相脱节；二是内容充实。要把新闻事件叙述清楚，必须有充分的事实材料，材料越丰富，事例越典型，就越有说服力；三是层次分明。主体部分的材料较多，涉及新闻事实的多个方面以及多种关系，一定要做到层次分明，条理清晰；四是手法灵活。主体的表现手法要灵活多样，善于借助生动的形象来说明抽象的道理；五是避免重复。主体是对导语进行扩展、补充和阐释，尽量避免和导语重复。

5. 背景

背景也称背景材料，包括历史背景、人物背景、社会背景、知识背景等，主要是帮助读者全面和深入地了解消息的内容。背景材料不是消息的事实本身，而是与消息有联系且具参考价值的事实。背景材料篇幅短小，位置灵活，有时也可以省略。

6. 结尾

虽然有些消息没有结尾，随着新闻事实的结束而自然了结，但为了表现新闻的完整性，大多数消息要有一个好的结尾，以增加消息的传播效应。结尾的写法多种多样，通常有以下几种：一是点明主题。用一两句精辟的议论点明新闻的主题，加深读者对新闻的理解。二是展示前景。在叙述事实的基础上，再对事态发展的前景予以展望，指明将来的变化趋势，提醒读者注意发展的动向。三是留下思索，或者从新闻事实中提出问题，引人思考和回味，或者用激励启发的话语作结。

【例文 1】

经管学院黄小荣、戴伟博士团队签约 120 万元横向项目

本网消息　5 月 11 日上午，经济与管理学院黄小荣、戴伟博士团队与湖北安达精密工业有限公司签署数字化智能制造管理系统项目合同，合同总金额 120 万元，其中 10 万元项目启动资金已先行支付。该项目成为我校近年来获得经费数额较大的重大横向项目之一。

湖北安达精密工业有限公司（以下称“公司”）成立于 2008 年，是一家从事内燃机滑动轴承的研发、生产及销售的高新技术企业，致力于为国内外主机厂及售后市场提供优质的滑动轴承产品和服务，是我国内燃机滑动轴承领域最大的供应商，国内市场占有率 20%以上。公司构建了从材料研发生产到滑动轴承研发生产的综合性产业链，拥有产品设计、材料生产、机械加工、表面处理、性能检测及销售服务的完整业务体系，技术及工艺方面处于国内领先水平。作为省级企业技术研发中心，公司拥有先进的试验及检测设备和一流的技术人才。研发中心拥有轴瓦计算与试验

研究室、材料研究室，拥有英国蓝宝石试验台、摩擦磨损试验台和美国安德伍德试验台。公司产品技术处于国内领先、国际先进水平，如具有高强度、高性能的四元轴瓦、五元轴瓦、细纹轴瓦、双栅层、真空等离子磁控溅射轴瓦（PVD 轴瓦）、无铅铜合金轴瓦等二十多种系列产品。公司多项产品获得国家专利，现已成为国内轴瓦行业先进技术标准的倡导者。

2016 年，黄小荣博士作为湖北省第五批博士服务团成员派驻湖北安达精密工业有限公司，因工作表现优秀，经该公司申请，团省委同意黄小荣博士在安达公司延期服务一年。

该项目将在安达公司信息化现状、业务流程、关键管控点充分调研的基础上，结合信息化建设行业情况、国内外标杆企业案例，通过对安达公司信息化现状的诊断、分析和评估，找出安达公司信息化建设的差距和问题的根源，确定信息化建设规划的核心。根据诊断报告和公司的发展战略，制定安达公司的信息化中长期发展规划。按照统一规划、由易到难、由简到繁、分期实施、讲求实效的原则，逐步为安达公司建立一套数字化智能制造管理系统，实现公司的制造工厂逐步向数字化工厂、智能化工厂的转变。

此项目签订、实施是湖北理工学院服务地方经济，提升地方企业竞争力的又一经典作品。

（www.hbpu.edu.cn/info/1041/17454.htm.）

二、通讯

（一）通讯的含义

通讯是生动、形象地反映新闻事件或典型人物的一种新闻报道形式，常运用叙述、描写、抒情、议论等表达方式。它是报纸、广播电台、通讯社常用的文体，一般起交流经验、树立典型的作用。

（二）通讯的特点

1. 新闻性

通讯的新闻性，是指新闻的真实性、典型性、思想性和时效性。通讯在报道人物和事件时，首先要讲究真实性，不允许有任何的虚构成分。在材料的选择上，要注重典型性，要抓住典型的人物和典型事件去表现主题。主题要深刻，有利于引导大众舆论向正能量的方向发展。在时间上，要迅速及时，力求在第一时间予以报道。

2. 评论性

通讯除了叙述事实，还必须有明确深刻的主题。主题是从新闻事实中归纳提炼出来的思想和观念，有的还带有哲理色彩。为了更好地表现主题，通讯在叙述事实和描写形象的同时，还要对新闻事实和人物发表相应的看法，或歌颂与赞美，或揭露与批评，从而使通讯具有一定的评论性。但必须注意的是，通讯中的新闻事实不是说明观点的论据，而是观点与认识产生的源泉。

3. 文学性

通讯和消息的主要区别之一，就是在一定的范围内可以借助文学的表现手法，使之具有独特的审美色彩。事实上，一篇好的通讯就是一篇好的文学作品。通讯在叙述新闻事件的过程中，可运用叙述、描写、说明、议论、抒情等表达方式和比喻、拟人、对偶、排比等修辞手法，使新闻故事曲折多变，使人物形象鲜明生动，从而增加通讯的感染力。

（三）通讯的分类

通讯一般按内容分为人物通讯、事件通讯、工作通讯、风貌通讯四种。

1. 人物通讯

人物通讯是以人物为报道对象，具体报道人物的事迹、经历。人物通讯既可写一人，也可写人物群像；既可写人的一生，也可写人物的一个阶段或某个侧面；既可写正面人物，也可写反面人物；既可写“大人物”，也可写普通百姓。无论写哪类人、哪个方面，人物通讯都要突出人的活动，揭示人的思想，透视人物心理，使人物形象血肉丰满、真实可信。

2. 事件通讯

事件通讯是详尽、具体、形象地描写新闻事件的通讯，以社会现实中发生的具有典型意义的事件为报道对象，用以表现现实生活，反映时代风貌。事件通讯和人物通讯的区别在于，人物通讯以刻画人物形象为主，事件通讯则以记叙事件为主。在事件通讯中往往不会着意去刻画某一个或某一类人物形象，而是在记事写实上下功夫，其他人物或事件都围绕这一中心事件展开。事件通讯以写具有典型意义的正面事件为主，但也有批判性的事件通讯。写好事件通讯要注意抓住一个或几个关键性场面、情节来写，写出事件的高潮，写好关键人物，恰当地点评事件的意义。

3. 工作通讯

工作通讯是用来谈工作经验、教训的一种通讯体裁，用以宣传成绩、推广经验和促进工作，有较强的针对性、政策性和指导性。工作通讯的种类很多，常见的有工作研究、采访札记、记者来信等。工作通讯写作上要求有现实针对性，切合当前工作需要，注重对现实工作的指导意义，还要具体、透彻地阐述问题或介绍经验；写作时常夹叙夹议，有理有据。

4. 风貌通讯

风貌通讯是记叙一个地区、单位和部门的发展现状，或反映某地历史文化、山川名胜与风土人情的通讯。它所报道的内容大多属于介绍性质，取材广泛，涉及面宽，在时效性上没有特别的要求，在写法上也比较自由灵活，可以运用叙述、描写、说明、议论和抒情等多种手法加以表达。风貌通讯非常强调现场感，能给人以身临其境的感觉。

（四）通讯的结构

通讯的结构要素很多，主要有标题、开头、正文、结尾等。

1. 标题

标题是通讯的重要组成部分，是对新闻事实的简要概括以及思想意义的表达。标题的表现方式很多，写法比较灵活，有直接点题式、含蓄表达式和启发思考式等。既可以用一行标题，也可以用两行标题。标题的确定应服务主题，以最精练的文字加以表达，并能够起到吸引读者的作用。

2. 开头

通讯的开头与消息的导语不同，它主要是起引导作用，用以引出新闻事实，吸引读者向下看。通讯开头的方法有很多种，主要有开门见山式、设问式、悬念式、倒叙式、抒情式、议论式、引经据典式等，内容上要紧扣题旨。通讯的开头要求短小精悍、简洁明了。

3. 正文

正文是通讯的主体部分，是对报道对象全面、深入、细致、完整的反映。正文部分大多材料丰富，头绪繁多，结构复杂，是通讯写作的关键所在。写作时必须注意处理好段落、层次、疏密、过渡、照应等问题，力求做到要素完备，结构合理，详略得当，过渡自然，完整统一。

4. 结尾

结尾是新闻事件的发展结果，也是文章内容的自然收束。结尾的方法多种多样，既可以概括和归纳全文，也可以引发联想和点明主题，还可以提出希望，发出号召，启发思考等。

【例文 2】

风雪中，伫立着四位“厚道”的农民工

打工数月却没拿到一分钱工资，每人每顿饭只吃两个馍，但望着欠薪老板留下的物资，他们却说：这里的任何东西我们都不会损坏，也不会卖掉，这是做人的原则！

打了两三个月的工，却没拿到一分钱工资。没有油了，蜂窝煤也快烧完了，四位农民工每人每顿饭只能吃两个馍。

更要命的是，王营村那家馍店赊给他们 25 元的馍后，告诉他们：不清账，就不能再赊馍吃了。现在，掏遍四人所有的口袋，摆到桌子上一数，只有 6 元 1 分钱。看着案板上仅剩的一棵大白菜，望着窗外纷纷扬扬的鹅毛大雪，接下来的日子他们不知道还能撑多久。

1 月 17 日，来自湖南岳阳的刘先仿到河南省南阳市卧龙区劳动保障监察大队投诉，称他们四人在一家铸造厂打工，但老板拖欠他们共计 5780 元工资后不见了踪影。1 月 18 日上午，执法人员来到这家工厂。厂内停着几辆自行车，四名衣着单薄的工人伫立在风雪中，瑟瑟发抖。

据介绍，刘先仿等四人分别于去年的 10 月 5 日、11 月 8 日和 11 月 25 日到该厂打工，可自去年 12 月 5 日起，老板就未发过工资。“要了不知多少次了，一分钱也没要到。”这位老板 1 月 16 日中午曾信誓旦旦地对工人承诺第二天发工资，可自那以后就再也找不到人了，连电话也不接。

因找不到该老板，劳动监察大队执法人员无法送达法律文书，执法手段无从开展。目前，执法人员正在积极寻求有关部门帮助，以期尽快解决此事。农民工坚守做人原则。“这个老板，太不地道！”刘先仿说。刘先仿本来在卧龙乡十二里河街的一家钢厂烧“中瓶炉”（把铁屑熔化成铁水），一个月能拿 2700 元工资。有一天，这位老板找到刘先仿，求他帮助渡过难关。原来这位老板在车站南路办了一家铸造厂，当时厂内的烧炉工回家收麦子了，又请不到其他的炉工，工厂因此停了产。讲义气的刘先仿听说老板有难，二话没说就投奔了过来。

“我放弃那么高的工资去帮他，结果却被搞得走投无路！”刘先仿气愤地说。

其实，只要刘先仿他们“动一动脑筋”，也不是无路可走——原来，厂区仍有一些化铁水用的铁屑，大概能卖两三千元；半成品的汽车压盘整齐地码在那儿，若当废品可卖 9000 元，若当半成品可卖 20000 元。另外还有 8 辆“解放”牌自行车存放在院内。

但刘先仿说，虽然未拿到一分钱工资，也要照看好这些物资。

今年 47 岁的刘先仿是湖南岳阳人，家里生活很困难，他的儿子刘敏也在这里打工。刘先仿的妻子早几年得了白血病，花掉家中所有积蓄还欠了 3000 多元债。

四人中最年轻的是 30 岁的张海龙，河南南阳邓县元庄乡张井村人。张海龙患中风的父亲 76 岁，无劳动能力，有一个小女儿 11 个月大了，一家人靠他打工挣钱糊口。可从去年 10 月 5 日到这儿打工，至今一分钱也没拿到，张海龙因此不敢给家里打电话，“也不知道他们过得咋样。”张海龙低着头说。

50 岁的李三海，是看门的，湖北襄阳黄集镇人，从去年 11 月 25 日来厂里干到现在，不但未拿到一分钱工资，一次老板招待客人时还向他借了 200 元。

尽管身无分文，但这四位农民工却认真看管着厂区存放的物资。他们说：“这里的任何东西我们都不会损坏，做人要厚道，这是原则！”

（付海厚，2006. 风雪中，伫立着四位“厚道”的农民工. 工人日报[N]. 2006-01-24. 劳动就业版.）

第二节 交际文书写作

交际文书指的是在日常交际活动中经常使用的文书，如求职信、贺词、感谢信等。

一、求职信

（一）求职信的含义

求职信也叫自荐信、应聘信，它是向用人单位自荐谋求职位的社交书信。如何展示求职者的才能、潜力，满足用人单位的要求，这是求职信的核心。求职信有两种形式：一是不知用人单位是否需要选聘人的自荐求职；二是在知晓用人单位公开招聘职位后的自荐求职。两种形式，目的都是推销自己。

（二）求职信的写作要求

1. 表明求职原因，以便用人单位选择

面对具体的岗位需求，求职者在求职信中应如实说明求职的原因。针对用人单位的实际和读信人的心理讲明求职原因，用人单位掌握了明确信息之后，才有可能给予求职者选岗的机会。

2. 准确介绍自己，供用人单位筛选

求职者在求职信中对自己的年龄、学历，成绩、成果、经历、特长等都必须真实准确地予以介绍，切忌虚构。对自己的能力也要有充分正确的估计，对所求职位是否胜任也应作出客观评判。

3. 适当推销自己，增添录用筹码

一个求职者适当推销自己，就是尽可能地将自己的学历、专长、闪光点等要全部、彻底地展示，尤其是对用人单位可能感兴趣的专长进行充分的介绍，但必须实事求是，讲求分寸，既不能妄自尊大、言过其实，也不能妄自菲薄、过分谦卑；努力使自己的专长与用人单位的岗位需求对接；不涉及无关的特长，避免因画蛇添足而造成负面影响。

4. 语言简洁明了

求职者一定要充分认识到，求职信是自己进入用人单位的“敲门石”，要努力做到文如其人。求职信要尽量手写，力求书写工整、规范，文面整洁；语言表达简洁明了，准确流畅；结构完整，条理清晰。这样的手书求职信，能给对方留下良好的第一印象。求职者给用人单位留下的印象越深，成功的希望就越大。

（三）求职信的格式

求职信的格式与一般的书信大体相同，包括标题、称呼、正文、落款、附注等部分。

1. 标题

标题就是“求职信”，其位置处在首页上方正中。

2. 称谓及问候语

顶格写收信者单位或个人姓名。单位名称后可加“负责同志”，个人姓名后可加“先生”“女士”“同志”等。在称谓后写冒号。另起一行，空两格写问候语“您好”。

3. 正文

正文要另起一行，空两格写求职信的内容。正文内容较多，要分段写。一般由开头、主体、结尾三部分组成。

1）开头。主要是说明写求职信的缘由，让用人单位知道求职者的目的。

2）主体。主体部分是求职信的重点，针对用人单位的需求，求职者应充分展示自身的优势和适当推销自己。求职信的主体内容应包括三个方面：首先是介绍自己的性别、年龄、民族、学历、专业等基本情况；其次是介绍自己的优势，包括发表论文、出版著作，以及特长、爱好和社会实践等情况；再次向对方提出求职的有关条件，让用人单位心里有底。

3）结尾。最后出于礼节，要按正规的书信格式表达尊敬之意，也可以用兼带祈盼的祝颂语。

4. 落款

落款是写信人的姓名与成文日期，要写在信的右下方。姓名在上，日期在下，成文日期要年、月、日俱全。还要交代具体的联系方式、地址、邮编等。

5. 附注

附注是随函的附件，是对求职者鉴定的凭证，附件的复印件单独订在一起随信寄出。附件不求多，但要有分量足以证明求职者的才华与能力。

【例文 3】

求职信

尊敬的校领导:

您好!

我叫刘英杰，是湖北理工学院师范学院汉语言文学专业的一名应届本科毕业生。值此择业之际，我怀着一颗赤诚的心和对教育工作的执着追求，真诚地向您推荐自己。

大学四年里，我时刻按照“宽口径、厚基础、强能力、高素质”的标准去锻炼及发展自我。学习上，我刻苦钻研，圆满完成了学校开设的语言文学、教育学、心理学等课程，每科成绩都达到优良以上，可以说掌握了从事教育工作所必须掌握的专业相关知识。我还利用一切机会训练教师技能: 顺利通过了全国普通话等级考试，并以优异的成绩获得一级乙等证书；平时坚持勤练书法，尤其擅长写钢笔字、粉笔字。课余时间，我还通过书刊、网络等媒介涉猎各方面的知识，不断扩充知识面。期间，我还以优异的成绩通过了国家英语四、六级考试、国家计算机水平二级考试，且能熟练操作 Word 等办公软件及 CAI 课件的制作，网络检索信息的能力也较强。我在两个多月的教育实习中表现出色，获得了“优秀实习生”称号，相信我有能力胜任中学语文的教育工作。

此外，我还一直担任学生干部工作，曾当过三年班长和社团部门负责人，有较强的班级管理能力、活动组织策划能力和人际交往能力。同时积极参加各种公共文体社会实践活动，在文艺和体育方面较有特长。因品学兼优，多次被评为校级“三好学生”“优秀团员”。

我正处于人生中精力充沛的时期，并且热爱教育事业，决心做一位优秀的人民教师。希望贵校能提供一个让我发挥专长的平台，我定会竭尽全力地在工作中取得好成绩。我相信，我的成长、我的努力将会给贵校带去新的活力。

感谢您的阅读，衷心期待您的回复。同时祝您身体健康，一切顺利！

此致

敬礼

××学院师范学院　刘英杰

2017年5月20日

附注：获奖证书（5张）

二、贺词

（一）贺词的含义

贺词是行政机关、企事业单位、社会团体或个人在喜庆场合对某人或某项已经取得成功的工作、事业表示祝贺的言辞或文章。贺词是祝贺喜庆之事的一类实用文，以函件形式送达的贺词叫作贺信，借助电报发出的贺词叫作贺电。贺信、贺电都是贺词。

（二）贺词的特点

1）篇幅的灵活性。贺词可长可短，少则几个字，多则几百字甚至上千字。

2）种类的多样性。贺词有很多种，在不同的场合或节日要用不同的贺词，如乔迁贺词、升学贺词、开业贺词、揭牌贺词、奠基贺词、新春贺词等。

3）感情的喜庆性。贺词要求感情真挚，喜庆气氛浓厚，语言准确，切合身份。

（三）贺词的格式

1）标题。由“祝贺内容＋贺词”构成。

2）称谓。

3）正文。首先，表祝贺之意；其次，对他人的工作、成就等，予以赞扬；最后，表达写作者的愿望。

4）落款。署上致辞单位名称或致辞人姓名，最后还要写上成文日期。

三、感谢信

（一）感谢信的含义

感谢信是得到某人或某单位的帮助、支持或关心后答谢别人的书信。感谢信对于弘扬社会主义核心价值观、树立良好的社会风尚、促进社会主义精神文明建设有着重要意义。根据寄送对象的不同，感谢信可以分为四种：一是直接寄送给感谢对象；二是寄送对方所在单位的有关部门或在其单位公开张贴；三是寄送给广播电台、电视台、报社、杂志社等媒体公开播发；四是在qq、微信、微博等新媒体上发表。

（二）感谢信的特点

1. 公开感谢和表扬

感谢信一般要发给要感谢人所在的单位，以使其精神得以发扬，所以具有公开性，同时只有针对好事才会写感谢信，是对做好事的个人、群体或单位的一种表扬和鼓励。

2. 感情真挚

感谢信的书写者一般是接受了帮助的一方，当自己的困难得以解决，表达对伸出援助之手者油然而生的感激之情。

（三）感谢信的格式

感谢信的格式一般由标题、称谓、正文、结语、署名与日期五部分构成。

1. 标题

感谢信标题可只写“感谢信”三字；也可加上感谢对象，如“致张子鸣同学的感谢信”“致平安物业公司的感谢信”；还可加上感谢者，如“赵明康全家致××社区居委会的感谢信”。

2. 称谓

称谓写感谢对象的单位名称或个人姓名，如“××交警大队”“刘自立同志”。

3. 正文

感谢信正文主要表达两层意思：一是感谢对方的理由，即为什么感谢；二是直接表达感谢之意。首先，准确、具体地叙述对方的帮助，交代清楚人物、时间、地点、事迹、过程、结果等基本情况。其次，在叙事基础上对对方的帮助作出诚恳的评价，以揭示其精神实质。在叙述和评价的字里行间要饱含感激之情。最后，在叙事和评论的基础上直接对对方表达感谢之意，也可在表达谢意之后表示以实际行动向对方学习的态度。

4. 结语

感谢信一般用“此致敬礼”或“再次表示诚挚的感谢”之类的话结束正文，也可自然结束正文，不写结语。

5. 署名与日期

在右下方写感谢者的单位名称或个人姓名和写信的时间，名称在上，时间在下。

【例文4】

致张哲同学的感谢信

张哲同学：

你好！

我于4月22日中午在静园食堂吃饭，不慎将手提包遗落在饭桌上，包里有近5000元现金、钱包、信用卡、移动硬盘等。事后我很焦急，往返几次，都没有找到。下午3点左右，我在师范学院教学办接到你的电话，得知手提包被你捡到，并通过移动硬盘材料中的电话号码告知了我，我很激动。我迅速与你取得联系并拿回失物，包里的东西一样都不少。为表谢意，我拿出200元表示感谢，但被你拒绝了，你说："这是我应该做的。"在我们再三追问下，才知道你是经管学院市场营销专业大一的学生。在此，我对你急他人之所急，想他人之所想，拾金不昧的崇高风尚，深表敬意和感谢！同时，我要感谢经管学院的领导、老师对学生的教导！

最后，我再次对张哲同学和经管学院的老师们表示最真心的谢意！

师范学院　孙晓红

2017年4月23日

第三节　公务文书写作

公务文书是指决定的机关与组织在公务活动中，按照特定的格式写作的书面材料。我国的公务文书一般按照2012年7月1日起实行的《党政机关公文处理工作条例》写作。

一、通知

（一）通知的含义

通知是批转下级机关、转发上级机关和不相隶属机关的公文，一般用于发布规章或传达要求下级机关办理和有关单位需要周知或共同执行的事项、任免或聘用干部。通知大多属下行公文。

（二）通知的种类

1）印发、批转、转发性通知。是用于印发本级机关，批转下级机关，转发上级机关、同级机关和不相隶属机关的公文。

2）指示性通知。上级机关对下级机关某一项工作作出指示和安排，而根据公文内容又不必用“命令”或“指示”时，可使用这类通知。

3）知照性通知。用于告之各有关方面知晓的事项等。这种通知发送对象广泛，对下级、平级均可发送。

4）事务性通知。用于上级机关对下级就某一具体事项布置工作，交代任务；同级机关及不相隶属的单位之间就某一项具体工作的进行或某一具体问题的解决要求对方配合、协助办理等。

5）任免、聘用通知。用于任免或聘用国家机关工作人员职务等。

（三）通知的格式

通知一般由标题、正文和落款三部分组成。

1. 标题

通知的标题通常有三种形式：一是由发文机关名称＋事由＋文种构成；二是由事由+文种构成；三是直接用文种“通知”作标题，但此种标题太过简单，较少使用。印发、批转、转发性通知，标题由发文机关、被印发、批转、转发的公文标题和文种组成，也可省去发文机关名称。批示性通知的标题由发文机关、事由和文种组成，也可省去发文机关名称。

2. 正文

通知的正文由开头、主体和结尾三部分组成。开头主要交代通知缘由、根据；主体说明通知事项；结尾提出执行要求，并常用“特此通知”作结。在写正文之前，要在标题之下、正文之上顶格写出被通知对象的名称，在名称后加冒号，或将名称以“抄送”形式写于最后一页的最下方。对印发、批转、转发的文件的通知主要是提出意见，表明态度，如“同意”“原则同意”“要认真贯彻执行”“望遵照执行”“参照执行”等；写明所印发、批转、转发文件的目的和意义；提出执行的希望和要求。批示性通知的正文由缘由、内容、要求等部分组成。缘由要简洁明了，说理充分。内容要具体明确、条理清楚、详略得当，充分体现批示性通知的政策性、权威性、原则性。要求要切实可行，便于受文单位具体操作。事务性通知的正文通常由发文缘由、具体任务、执行要求等组成。会议通知的正文内容一般应写明召开会议的原因、目的、名称，通知对象，会议的时间、地点。

3. 落款

发文机关印章和发文时间。

【例文5】

关于组织第五届“长江之春”音乐季·
“高雅艺术进校园”湖北理工学院专场演出的通知

校属各部门：

根据湖北省教育厅、湖北省文化厅《关于举办第五届“长江之春”音乐季的通知》（鄂教体艺函〔2016〕12号）精神，讴歌伟大的长征精神，为推进学校发展凝聚精神力量，现将第五届“长江之春”音乐季·“高雅艺术进校园”湖北理工学院专场演出的有关事项通知如下：

一、活动主题

弘扬伟大的长征精神 凝聚促进学校发展的精神力量。

二、活动时间

2016年11月3日（周四） 19:00～20:30。

三、活动地点

湖北理工学院体育馆。

四、参加人员

武汉音乐学院·青年民族管弦乐团师生110人。

湖北理工学院师生2000人。

特此通知。

湖北理工学院

2016年10月31日

二、报告

（一）报告的含义

报告是向上级机关汇报工作、反映情况、提出意见、答复询问和请求备案的陈述性应用文体。报告一般为事后、事中行文，不要求上级批复，行文较长。报告属上行文。

（二）报告的种类

1）综合性报告。是将全面工作或一个阶段许多方面的工作综合起来写成的报告，在内容上具有综合性、广泛性，写作难度较大，要求较高。

2）专题性报告。是针对某项工作、某一问题、某一事件或某一活动写成的报告，在内容上具有专一性。

3）回复报告。是根据上级机关或领导人的查询、提问作出的报告。

（三）报告的格式

报告通常由标题、主送机关、正文和落款四部分构成。

1. 标题

标题由发文机关、事由、文种组成。标题可以有多种形式，有事由＋文种，如《关于××年上半年工作情况的报告》；有报告单位＋事由＋文种，如《××学院科研处关于××年度工作情况的报告》。

2. 主送机关

主送机关一般为直属上级机关。

3. 正文

按正文的不同，报告分综合性报告和专题性报告两种。

1）综合性报告。综合性报告的正文一般首先简述情况，对工作时间、地点、背景、条件等进行介绍。接着陈述成绩做法，取得的经验、效果等，这是主体，成绩通常用数字、比较实事来表现，内容力求翔实。之后写工作上存在的问题，提出下步工作的具体计划。最后可写“请审阅”或“特此报告”等语作结。

2）专题性报告。专题性报告的正文首先概述工作的开展情况，或问题发生的原委、事项的起因和经过。接着说明理由、做法和影响，或说明理由，或介绍取得的成绩和经验，或分析存在的问题及原因，或说明工作措施和做法。之后写出基本看法和解决问题的建议、办法。最后通常以“请审核”“请审示”等语作结。

4. 落款

发文机关印章和发文时间。

（四）报告写作注意的事项

1）综合报告应注意抓住重点，突出主要矛盾和矛盾的主要方面，观点要鲜明，层次要清楚。支撑观点的材料要详略得当，以观点统领材料。

2）写专题报告，要一事一报，体现其专一性，切忌在同一专题报告中反映几件互无联系的事项和问题。

3）切忌将报告中提出的建议或意见当作请示，要求上级指示或批准。

【例文6】

××大学师范学院一届二次教代会、工代会提案整理报告

各位代表：

我受一届二次教代会、工代会筹委会委托，作××大学师范学院教职工一届二次会议提案整理报告。本次会议共收到提案21个，2012年7月7日上午，提案小组成员依据师范学院的实际情况对收集的提案进行了认真的讨论审查，拟定立案15个，缓立提案4个，否立提案2个，评出优秀提案4个。

立案的15个提案涉及以下六个方面的问题：改善教研室办公条件、环境及教师教学条件；提高教研室主任地位，充分发挥教研室功能；师范楼实验室教室环境卫生的管理；制订《学生学科竞赛奖励方案》和细化《学生综合素质测评方案》；建设学生成果展示平台；教职工体检、子女医疗保险与入园等。

提案"重新配置各教研室办公环境"，提出把教研室办公地点集中在二、三楼的设想，就目前师范学院的现状无法做到；提案"本科专业设置专业研修课"体现了对学生的关心，对提高师范学院教学质量的思考，但涉及的学生太多，目前教师指导学生的报酬无法落实；提案"确定并落实将学生文艺创作作为毕业设计选项之一"，有创新性，待与教务处反映之后再定；提案"全院普通话公选课纳入新生入学以教学方式开展"，目前正在与教务处语委办探索教学模式改革，在执行中。基于上述原因以上4个提案缓立。

提案"关于师范生技能训练课程改革"，目前正在实施，依据实际只能排在7、8节，下学期11级本科职业技能训练课已排进教学系统；提案"课程作业批改次数以及作业布置形式问题"，作业形式没有做统一的要求，可以有创新。上述2个提案否立。

经过提案小组审定立案、缓立、否立的提案都体现了教职工的主人翁意识，全体教职工群策群力，促进师范学院又快又好的发展。

提案整理小组对所立提案进行了评审，评出了优秀提案3个：改善教研室办公条件；关于细化《学生综合素质测评方案》的建议；建议师范学院网站增设学生成果展示版块。学院对优秀提案将予以奖励。

××大学师范学院一届二次教代会、工代会提案组

2012年7月7日

三、请示

（一）请示的含义

请示是下级机关向上级机关请求指示和批准的公文文种。请示必须事前行文，且一事一文。请示多用于政策规定不明确又需要处理的情况；或工作中遇到需要上级批准才能办理的事情；或超出本部门职权之外，涉及多个部门和地区的事情，请示上级予以指示。

（二）请示的种类

按照请示的目的，请示可分为批准性请示和呈转性请示两种。

1）批准性请示。内容单一、具体，多是对工作中实际难题的请示，请示单位按照批复的意见执行。

2）呈转性请示。内容较为特殊、复杂，具有一定的普遍意义，既要上级批准，还要上级转发，其执行范围较宽泛。

（三）请示与报告的区别

请示和报告虽然都是上行公文，但二者之间是有明显区别的。

1）行文目的不同。请示旨在请求上级批准、指示，需要上级审批，重在呈请；报告是向上级汇报工作、反映情况，提出意见或建议，答复上级询问，一般不需上级答复，重在呈报。

2）发送时间不同。请示需要事前行文，不能“先斩后奏”；报告一般在事后或者工作进行过程中行文。

3）主送机关不同。请示一般只主送一个直接上级机关，不宜多头、多级主送，以免因责任不明或者互相推诿影响到办公效率和质量。而报告有时可多级多头主送，如情况紧急需要上级领导机关尽快知道的灾情、疫情等。

4）受文机关处理方式不同。请示均属承办件，收文机关必须及时处理，明确作答，限期批复；报告多属阅知件，除需批转的建议报告外，收文机关对其他报告都可不作答复。

5）涉及内容不同。请示用于向上级机关请求批准、指示，凡是下级机关、单位无权处理、无力解决以及按规定应经上级机关批准认定的问题，均可写请示。而报告按其内容，可分为向上级汇报工作的工作报告，反映情况的情况报告，提出意见、建议的建议报告，答复上级询问的答复报告，报送文件、材料或物品的报送报告。

6）表述重点不同。请示和报告虽然都要陈述、汇报情况，但报告的重点就在汇报工作情况，报告中不能夹带请示事项。而请示中陈述情况只是作为请示原因，即使反映情况所占篇幅再大，其重点仍在请示事项。

（四）请示的格式

请示一般由标题、主送机关、正文、落款等部分组成。

1. 标题

请示的标题一般有两种构成形式：一种是由发文机关名称、事由和文种构成，如《阳新县人民政府关于请求拨款改建办公大楼的请示》；另一种是由事由和文种构成，如《关于开展暑期资产清查工作的请示》。

2. 主送机关

请示的主送机关是指负责受理和答复该文件的机关。每件请示只能写一个主送机关，不能多机关、多部门请示。

3. 正文

正文要写清请示原因、请示的事项及结束语。交代清楚请示的缘由是请示事项成立的前提条件，也是上级机关批复的根据。原因讲得客观、具体，理由讲得清楚、充分，上级机关才好及时决断，予以有针对性的批复。请示的事项是向上级机关提出的具体请求，内容要单一，要写得具体、明确、条项清楚，以便上级机关给予明确批复。结束语只是一个祈使句，应另起一段，一般有“当否，请批示”“妥否，请批复”“以上请示，请予审批”“以上请示如无不妥，请批转各区县、各部门研究执行”等。

4. 落款

落款一般包括署名和成文时间两项内容，附件可有可无。标题写明了发文机关的，这里可不再署名，但需加盖单位公章。

【例文 7】

关于购置办公设备的请示

校设备处：

目前我院办公设备均为 2006 年前购进，使用年限超长，故障频繁，无法适应工作需要，现需购买电脑 12 台、打印机 5 台，所需资金 7 万元。

以上请示，请予审批。

××学院

2016 年 5 月 20 日

第四节 事务文书写作

事务文书是机关、企事业单位在处理日常事务时用来沟通信息、布置工作、研究问题的书面材料，主要包括计划、总结等。

一、计划

（一）计划的含义

计划是党政机关、社会团体、企事业单位和个人，为了实现某项目标和完成某项任务而事先做的安排和打算。

（二）计划的特点

1. 预见性

计划最明显的特点是预见性。计划是在行动之前对执行任务、目标、方法、措施所做出的预见性安排。但这种预想不是盲目的，而是以上级部门的有关精神为指导，以本单位的实际条件为基础，以过去的成绩和问题为依据，对今后的发展趋势进行科学预测之后所作出的。可以说，预见是否准确，决定了计划的针对性和可行性。

2. 针对性

计划的针对性体现在两个方面，一是针对党和国家的方针政策、上级部门的工作安排和指示精神而制订，二是针对本单位的工作任务、主客观条件和相应能力而制订。总之，从实际出发制订的计划，才是有意义、有价值的计划。

3. 可行性

可行性是和预见性、针对性紧密联系在一起的，预见准确、针对性强的计划，在现实中才真正可行。如果目标过高、措施无力实施，计划就是空中楼阁；反过来说，目标定得过低，措施方法没有预见性，实现虽然很容易，但不能取得有价值的成就，计划也就缺失可行性。

4. 约束性

计划一经通过、批准或认定，在其所指向的范围内就具有了约束作用。在这一范围内，无论是集体还是个人，都必须按计划的内容开展工作，不得违背和拖延。

（三）计划的分类

按照不同的分类标准，计划可分为多种类型。

1）按其所指向的工作、活动的领域不同，计划可分为工作计划、学习计划、生产计划、教学计划、销售计划、采购计划、分配计划、财务计划等。

2）按适用范围的大小不同，计划可分为国家计划、地区计划、单位计划、班组计划等。

3）按适用时间的长短不同，计划可分为长期计划、中期计划、短期计划三类，具体还可以分为十年计划、五年计划、年度计划、季度计划、月度计划等。

根据不同的分类，计划类公文可以有规划、设想、计划、要点、方案、安排等不同名称。

（四）计划的格式

计划没有固定的格式，主要采用分条列项的形式，有的也采用表格形式，有的二者兼有。分条列项的形式，其写作结构一般由标题、正文、落款三部分组成，有的计划还有附件、附文、附图等。

1．标题

计划标题写在第一行的中间，包括制订计划的单位名称、时限、计划概要和计划种类，如《××学院 2008～2009 学年实习计划》。

2．正文

正文是计划的主体部分，也是计划的内容部分。其结构一般分为导言、主体以及结尾三部分。

1）导言。应当写出为什么制订这份计划。说明制订计划的依据，包括根据上级的哪些指示、当前的形势、本单位的具体情况等，或是阐明制订计划的指导思想。导言要简要。

2）主体。内容涉及要做些什么、怎么做、什么时候做完三个方面。首先是写明任务和要求，任务是在一定时间内要完成的工作；要求是具体写出所要完成任务的数量、质量、期限等。其次是写方法和措施，包括计划期内要做哪些具体工作，采取的措施、步骤、方法。再次是写进度和时间安排，也就是时间分配、人力安排等。

3）结尾。主要是补充说明一些注意事项，或者提出一些希望与号召。结尾要收束有力，切忌拖泥带水。

3．落款

署名和成文日期写在正文的右下方。

4. 附件、附文、附图

与计划有关的资料、材料另写成文字，作为计划的附件。需要补充的文字或图表，在正文里不便于写，可以作为计划的补充，也附在计划的后面。

表格式计划，一般分文字说明和表格两部分。文字说明部分要交代制订计划的客观依据和实现计划的措施方法。一些生产计划、财务计划、购销计划的指标和数字，科研计划的项目、成果类别、完成期限等，则常用表格的形式表达出来。

（五）计划的要求

1. 体现政策性

计划要以党和国家的方针、政策、法规为依据，遵循行业、部门的规章制度，体现政策性。

2. 具有科学性

计划是为了某项工作能按时保质保量地完成，计划的编写必须结合本单位、本部门以及自己的具体情况，既不过高，也不过低地制定目标，确定任务，必须具有科学性。

3. 执行灵活性

计划是在事前制定的，由于各种主客观原因，难免对未来预测有不周到的地方。因此，制订计划时要留有余地，以便在执行的过程中，根据情况的变化进行灵活修正。

4. 表述简洁性

计划的内容切忌烦琐，因为烦琐使人难以把握其要点。计划要写得明晰，内容要明白、具体，使人一看就了如指掌，才利于实施和检查。

【例文 8】

学前教育专业 2015 年建设计划

为迎接 2016 年本科评估以及加快学前教育专业的建设，提高人才培养的质量，现结合本专业的具体情况，制订本专业本年度的建设计划。

一、优化课程设置

以学校评估为课程改革的契机，结合本院师资等教育资源，修订学前教育专业各课程大纲。

二、进一步提高师资队伍的水平

1）关注青年教师成长，加强对青年教师的指导，重点放在教师敬业精神和提高业务能力水平上。鼓励青年教师继续学习、深造，提高学历层次；提高“双师型”教师的比率。

2）重视教师科研能力的提高，鼓励教师撰写教学研究和发表论文，组织专业教师参加课题研究。鼓励青年教师攻读博士学位。

3）教师到幼儿园锻炼机制。结合学生教学实习、见习，鼓励专业教师深入一线实践，获取教学和研究的第一手资料，为教学改革提供依据。

4）继续规划学前教育专业学科带头人、博士、硕士的引进工作，推动学科真正意义上的发展。

三、教学设备、设施建设

1）筹划建立新的实训室，如附属幼儿园、微格室、蒙台梭利工作室、儿童行为观察室等。

2）增创校外实训基地建设：随着人才培养模式的变化，在保持原有实训基地的同时拓展新的资源，增创新的校外实习实训基地，以满足学生实习实训的需要。

四、教材建设规划

现阶段选用的教材多为科学出版社等一级出版社出版的。我们将在今后的教学过程中，结合师生的实际需求和学前教育的发展变化，优选教材，尝试在某一领域编写高质量的实训教材。

五、完成学校、学院布置的其他各项工作

××学院

2014 年 12 月 28 日

二、总结

（一）总结的含义

总结是单位或个人对过去一段时期内的工作、活动作出客观的回顾、分析、评价，从中得出规律性认识，用以指导今后工作的事务性文书。

（二）总结的种类

从性质、时间、形式等角度可划分出不同类型的总结，从内容分主要有综合总结和专题总结两种。

1. 综合总结

综合总结又称全面总结，它是对某一时期各项工作的全面回顾和分析，进而总结经验与教训。

2. 专题总结

专题总结是对某项工作或某方面问题进行专项的总结，多用于推广成功经验。总结也有各种别称，如自查性质的评估及汇报、回顾、小结等都具总结的性质。

（三）总结的格式

总结由标题、正文、落款三个部分组成。

1. 标题

总结的标题可分为以下三种形式。

1）文件式标题。一般由单位名称、时限、内容、文种名称构成，如《××局××××年度党建工作总结》，多适合综合总结。

2）文章式标题。以单行标题概括主要内容或基本观点，不出现总结字样，但对总结内容有提示作用，如某高校的专题总结《创新实验设备管理机制，提高全校实验室设备使用效率》。这类标题适用范围较广。

3）双行式标题。即分别以文章式标题和文件式标题为正副标题，正标题揭示观点或概括内容，副标题点明单位、时限、性质和总结种类。这类标题多适合专题总结中的经验总结，如《师德标兵上讲台　教书育人结硕果——××学院德育工作总结》《加强医德修养树立医疗新风——××医院精神内科文明建设的经验》。

2. 正文

正文含有前言、主体、结尾三个要素。

1）前言。一般介绍工作背景、基本概况等，也可交代总结主旨并作出基本评价。开头力求简洁，开宗明义。

2）主体。应包括主要工作内容、成绩及评价、经验和体会、问题或教训等。这些内容是总结的核心部分，可按纵式或横式结构撰写。

所谓纵式结构，多适合于综合总结，即按主体内容纵向所做的工作、方法、成绩、经验、教训等逐层展开。

所谓横式结构，即按材料的逻辑关系将其分成若干部分，标序加题，逐一写来。这类标题多适用于专题总结。

3）结尾。作为结束语可以归纳呼应主题、指出努力方向、提出改进意见或表示决心信心等，语言要简短精练。

3. 落款

落款一般在正文右下方署名署时。如是报刊或简报刊用的交流经验的专题总结，应在标题下方居中署名。

【例文 9】

××学院 2012～2013 年第一学期教学工作总结

本学期，××学院的教学工作，在规范教学行为、促进教学改革、提高教育质量等方面做了一定的工作，取得期中教学评估第三名的好成绩。现总结如下。

1）确立了“规范教学行为、整顿教学秩序、提高教学质量”的工作思路，强化了教学常规管理。进一步严格落实了教学常规检查工作制度，加强了教学常规检查工作；通过教研室会议讨论学习《××学院教学事故认定及处理办法》，并严格贯彻落实了该办法，使教师违纪现象大大减少。

2）以抓学生到课率为突破口，加大学风建设力度。制订并落实学生到课承诺书学生到课情况反馈办法；教学办联合学工办组织全体学生和学院签订学生到课承诺书，并要求各科任课老师及时反馈学生缺勤情况，发现问题及时处理，使师范学院的到课率有了一定的好转。积极开展学生学风建设月活动，对良好学风的形成产生了一定的促进作用。2012 年 10 月，全院各班在教学办公室的指导下，结合本班实际均组织了不同主题的学风建设活动，学习部组织了“经典诵读”活动，该活动提高了学生的国学素养，激发了学生学习的兴趣。

3）注重制度建设。制订了《教研室工作评估体系》（讨论稿）、《××学院教师教学奖励办法》（讨论稿）、《××学院关于加强本科教学工作的实施办法》等。

4）加强教研室建设，充分发挥教研室的工作职能。以教研会议为主要形式，明确布置了学习相关教学文件的任务，对教风建设有一定的促进作用；以教研室为主阵地，举行了教学工作大讨论，较好地统一了老师们的教学思想；以教研室为主体，组织了青年教师教学基本功竞赛，并推荐了一名青年教师参加了院级青年教师赛课。

5）完成了专科培养方案及大纲的修订工作。加强实习基地建设，认真组织，圆满完成了 2013 届毕业生的实习工作。

教学工作主要存在以下的问题：一是课程、专业、学科建设投入不足、成效不突出。二是艺术类学生不断增加，艺术类教师缺乏，内、外聘教师管理需加强。今后我们要继续努力，克难攻坚，多途径地筹措资金，改善办学条件，提高人才培养质量。

××学院教学办公室

2013 年 1 月 10 日

第八章 申论写作

第一节 申论概述

一、申论的概念

“申论”一词，出自孔子所说的“申而论之”。从字面来理解，“申”为引申、申述，“论”为议论、论证。“申论”则指针对特定话题提出自己的观点，并展开论述，申论作为一种应试文体，最早出现于 2000 年中央国家机关公务员招录用考试中，是后来国家公务员考试中必考的一门科目。

从申论考试大纲规定及历年实际出题情况来看，申论考试是为应试者提供一系列反映特定实际问题的文字材料，要求考生在规定时间内仔细阅读这些材料，概括出它们反映的主要问题，并提出解决此问题的实际方案，并对自己的观点进行较详细的阐述和论证。

申论主要考查应考人员对给定材料的分析、概括、提炼、加工能力，具体测查应考人员的阅读理解能力、综合分析能力、提出问题和解决问题能力、文字表达能力等。近年来，申论应考者常见的写作问题主要有结构编排不合理、行文层次划分及衔接缺少紧凑性、行文缺少理论支持、语言表达不严谨等。

二、申论考试的内容和特点

（一）申论考试的内容

申论试卷由四部分组成：第一部分是卷头。第二部分是注意事项，注意事项的内容一般情况下是不会变动的，其内容包括考试时间、基本的考试题型。第三部分是材料，材料内容比较烦琐复杂，除了包括文字和数字，有时还会出现一些图表；材料字数在 5000～8000 字，篇幅一般是 12～19 则；一般锁定社会热点，目的就是引导考生关注社会热点、时事政治。第四部分是作答要求。

（二）申论考试的特点

申论考试，是具有模拟公务员日常工作性质的能力测试。这就要求考生对社会生活的方方面面都应当有所认识和思考，并且具备较高的思想水平和较强的分析能力。由于考生来自各个部门，所学专业也不相同，因此申论考试中让考生处理加工的材料大多具有普遍性，非专业性。申论考试的试题没有倾向性，适合各类考生。公务员录用考试的性质决定了申论考试的命题思路，即所给定的背景材料虽然涉及面很广，但绝对具有针对性、现实性和可行性，因此，申论考试主要有以下几个方面的特点。

1. 内容来源广泛

随着公务员考试的不断改革，申论材料也呈现出多样性。根据其性质和特点，可以把材料归结为政策文件型、理论分析型、事件阐述型、采访记录型和数据列举型五种。申论考试的给定材料主要来源于权威性的报刊、各大主流媒体网站的新闻报道、专家的著作以及政府的重要文件等。

2. 形式灵活多样

与传统作文相比，申论考试的形式比较灵活。申论试题由概括内容部分、提出对策部分、论述问题部分组成。概括内容部分可能属于记叙文、说明文、议论文中的某一种形式，也可能综合了多种文体形式，还可能是公文写作中的应用文写作。提出对策部分主要是应用文写作。论述问题部分是议论文写作，主要考查考生的普通文体的写作能力和公文写作能力。

3. 考查目的明确

申论涉及的内容非常广泛，形式也灵活多样，但其考查的目标却是非常明确的，主要考查应试者的阅读理解能力、综合分析能力、提出问题的能力和文字表达能力，因此要求考生准确理解材料所反映的内容，全面分析问题所涉及的各个方面，在把握材料主旨的基础上，提出自己的观点思路和解决方案，准确流畅地用文字表达出来，力求对策合理、合情、合法，切忌提出一些理想化、抽象化、超越现实的对策。

第二节　申论考试的解题要领

一、阅读概括是基础

申论考试的解题，阅读概括是基础。阅读概括有一个基本套路，即“三遍四步法”：读三遍文章，分四步完成概括主要内容的任务。阅读之前一定要有“问题意识”，要把一大堆看似没有联系的材料看成一个整体。

第一步：对段落标号，勾画关键词或关键句。一般有这样几个原则：一是首尾句原则。一般来说，写文章总是要讲究起承转合，60%左右的材料能从首句或尾句中找到要表达的主要意思。二是关联词原则。抓关联词对言语理解帮助较大。例如，转折连词出现的地方，强调的一般是后面的内容，后面的内容一般是应该选的答案。强调原因多见因果关系。常见的关联词有“因为……所以”“虽然……但是”“不但……而且”“然而”“同时”“于是”“其实”“还”等。三是常见词原则。在申论考试的材料中，往往涉及事件或问题的表现、原因或解决措施等方面。与此相关的常见词也经常出现。反思和分析历年的真题就会发现，这些词出现的地方就是关键的地方。因此，我们必须重点关注“根源”“危害”“教育”“体制”“领导”“法律法规”“监督”“落实”“经验教训”“经调查”“资料显示”“反映”“看出”“告诉”“据××讲”“据报道”“初步推断”“分析”“强调”“指出”“认为”等关键词。

第二步：总结段落大意。这一步不要花费太多时间，我们没有必要对每一段材料的段落大意都进行仔细推敲，只需要在理解材料的基础上整体把控，简单标注几个关键词即可，如“原因”“措施”等。这样做，既准确，又节约时间。

第三步：分门别类。这一步很重要，要按照问题表现、问题原因、问题对策三个方面对材料进行划分。这个分类的过程也是我们整理思路的过程。在这个过程中，我们要对整个材料有总体的把握。分类原则一般有：①横向比较积极方面和消极方面，正面和负面，成绩和问题，问题的原因（政治原因、经济原因、社会原因、文化原因）；②纵向比较问题的表现、原因、多层次措施。

第四步：概括主要内容。这里有一个八股模式，或称万能模式，简称“四句话”：①材料反映了什么问题？反映的主要问题是什么？说明了什么现象？②这些问题主要表现在哪些方面？这些问题主要体现了什么？③导致现象发生的主要原因是什么？④党和各级政府、相关部门应该采取哪些措施及时解决这些问题？应该采取哪些有效措施防止类似问题？（大多数时候没有这一部分）

按照这个模式，尽可能地把关键词写进概括当中，这一部分是按点给分。要点一般有10个左右，一般能找到6～7个。因此，一定要在有限的字数内多写关键词。

二、提出对策是核心

提出对策是申论考试答题的核心，提出对策的过程就是决策的过程。要想提出正确的对策，决策的过程就要严格按照程序进行。从理论上来说，决策程序包括以下内容：第一步，诊断问题所在，确定决策目标；第二步，收集尽可能完备的资料与信息，为制定决策提供充分的信息保障；第三步，收集广泛可靠的信息，对发展的趋势变化作出准确的预测；第四步，拟定各种可行的备选方案；第五步，对各种备选方案进行可行性与不可行性评价；第六步，从各种备选方案中选出最优方案。

三、分析原因是关键

根据矛盾特殊性找出问题根源，分析特定事实的现状和影响，在此基础上找出问题产生的原因。在寻找原因的过程中要善于运用辩证思维分析。辩证思维分析就是在认识问题和分析问题时，从客观实际出发，而不是从现成的理论出发；用发展的眼光，历史地看问题，而不是僵化静止地看问题；用普遍联系的观点看事物，而不是简单孤立地看事物。具体包括两个方面：一是要坚持重点论，即要抓住事物的主要矛盾，抓住问题产生的根源；二是要坚持两点论，进行多项求异分析。在寻找问题根源时，不仅要抓住事物的主要矛盾，还要看到事物的非主要矛盾；不但要看到内部性矛盾（内因），还要看到外部性矛盾（外因）。产生某个社会现象或问题的原因往往是多方面的，有政治原因、经济原因、文化原因和社会原因等。因此，要全面地、多方位地进行原因分析。常用的原因分析方法主要有以下三种。

1. 内外因分析法

内外因分析法是我们在提出对策和论证对策时最常用的一种方法。我们知道，内部矛盾是事物发展的内因，外部矛盾是事物发展的外因。内因是变化的根据，外因是变化的条件，外因通过内因起作用。内因和外因相互依存，在一定条件下相互转化。熟练掌握内外因的辩证关系原理对迅速找到解题思路具有事半功倍的作用。

2. 利益分析法

利益分析法是马克思主义主要的方法论之一，是研究人类社会现象的根本方法。马克思主义认为对利益的追求，尤其是对物质利益的追求，是一切社会矛盾运动和发展的最终动因。把历史唯物主义的物质利益原则转化成考察社会现象的方法论，这就是利益分析法。人的需要经过社会关系的过滤和渗透，就表现为人的利益。需求产生利益，利益引发动机，动机支配行为，行为导向利益目标。当行为主体的某个特定利益目标实现以后，则会产生新的需要，派生新的利益要求，引发新的动机并支配新的行为，导向新的利益目标，如此循环往复，这就是人的思想行为源于利益而又指向利益的规律。利益分析法尤其适用于社会中利益矛盾问题的解决。例如，当前构建社会主义和谐社会的根本措施就是要构建有效协调各方利益的利益协调机制。使用利益分析法的前提是主体分析，只有找到利益主体，才能明确各方的利益需求，从而找到满足不同主体的合理利益需求的途径，最终解决社会矛盾。

3. 多元分析法

辩证唯物主义认为，矛盾是多样的，产生某个社会问题的原因往往是多方面、多层次的。因此，我们在分析问题时，应当从不同的方面和不同的角度对矛盾的原因展开分析。既要分析政治原因、经济原因，又要分析文化原因和社会原因；既要分析现实原因，还要分析历史原因；既要分析内在原因，还要分析外在原因等。总之，要全面地、多方位地看待问题产生的原因。需要说明的是，我们这里所说的多维度的原因分析，并不是指一对矛盾中必须涉及上述的所有方面，而是提醒考生对问题的分析应尽可能地全面。

四、文章表达是保障

申论文章具有议论文的一般特征，必须具备论点、论据和论证三要素，同时还要注意源于材料、高于材料和政府角度的特性。

1. 论点

论点是文章所要议论或阐释的观点，是作者所要表达的核心主张，要求正确、鲜明，有针对性。无论是阐释分析问题，还是提出具体措施，文章都要紧紧围绕论点进行论述。论点分为总论点和分论点。其中，总论点是文章的核心和灵魂，是一篇文章的中心思想所在，一篇文章只能有一个总论点；分论点是对总论点的支撑和证明，多个分论点可以在一篇文章中同时存在。

2. 论据

论据是立论的根据，是作者用来证明论点的理由。论据必须真实、典型、精当、新颖。论据根据性质的不同，可分为事实论据和道理论据。事实论据是对客观事物的真实描述和概括，是证明论点的最有说服力的论据。理论论据是指来源于实践，并且已被长期实践证明为正确的观点。

3. 论证

论证是运用论据证明论点的方法和过程，基本要求是有效、充分、适当。议论文的论点要解决“证明什么”的问题，论据要解决“用什么来证明”的问题，而论证则是要解决“如何证明”的问题。申论文章写作常用的论证方法，有例证法、对比论证法、引证法、喻证法和反证法。论证方法不必新颖出奇，能有效证明观点就行；不必倚多为胜，足够反映问题、说明观点即可；不求惊人，把论证所需的各项要素安排妥当，在稳妥的基础上求创新和突破。

4. 两个特性

申论中论述题文章，除了具有议论文的一般特征外，其在内容性质上还具有一定的特殊性。申论文章是一种特殊的议论文——政论文，政论文是政治性论文的简称，它是从政治角度阐述和评论当前重大事件和社会问题的议论文。申论文章具有两个独有特征：源于材料、高于材料和政府角度。

（1）源于材料、高于材料

源于材料、高于材料，是申论文章的最主要原则。申论文章，要求针对给定材料进行申发论述，其实质就是划定了写作范围的应试作文。申论文章的论点、分论点等，必须符合材料的主旨，忠于材料原意，不能有偏差，更不能另起炉灶，表达与材料信息相反的观点。

申论文章的论点、论据都不能完全照抄材料，对材料要灵活运用，找准材料的弦外之音。

（2）政府角度

政府角度，也是申论文章的一个重要特性。申论考试是录用政府工作人员、模拟政府具体工作的考试，因此国家公务员考试网专家认为，写申论文章时观点必须符合主流，把落脚点放在解决问题上。

观点符合政府意志，并同中央政策精神保持一致。"主流价值观"是维护社会正常秩序的基础，观点符合社会主流价值观也是对公务员的基本要求。一般情况下，可以引用"时代最强音"，即党和政府近几年发布的主要文件中的重点语句，以及当前党和国家主要领导人讲话内容中的经典语句，佐证文章论点。要把解决给定材料所反映的问题作为文章的归宿。在政府工作中，最终目的是要解决问题，不存在发现和分析问题却不解决问题的情况。

五、申论答题"万能八条"模式

申论答题常涉及 8 个方面，也是具有内在联系的 8 个步骤。掌握了这一模式，有利于考生在分析问题的基础上提出正确、行之有效的解决方案。

1. 领导重视，提高认识

句式举例如下：

实行一把手负责制

建立和完善引咎辞职制度

建立健全领导问责制度

把……纳入议事日程

加强对问题的调查研究，从源头上理清……问题的来龙去脉

增强……的意识

倡导……的理念

各级领导干部要高度重视，树立正确的政绩观，密切关注……问题

2. 加强宣传，营造氛围

句式举例如下：

电视、报纸、网络等媒体要通过各种形式宣传……提高广大人民群众对……的认识

舆论关注

实行典型示范

社会示范

在全社会营造关于……良好的文化氛围

3. 教育培训，提高素质

句式举例如下：
通过……教育培训，提高广大领导干部的……素质
通过……教育培训，提高广大工作人员的……素质
通过……教育培训，提高广大人民群众的……素质

4. 健全政策法规，完善制度

句式举例如下：
建立健全各项制度（法律），做到有法可依
激励制度
利益相关制度
分工制度
规则制度
惩罚制度
决策制度（包括社情民意反映制度、社会公示制度、社会听证制度、专家咨询制度、决策的论证制和责任制）

5. 组织协调，形成机制

句式举例如下：
形成深入了解民情、充分反映民意、广泛集中民智、切实珍惜民力的科学决策机制
建立预防应急机制（编制应急预案，增加人力、物力、财力储备）和保障机制
组织机制、协调机制（包括派工作组/成立专门机构/增加人员等）
建立完善各种监督机制
形成信息的反馈机制

6. 增加投入，依靠技术

句式举例如下：
在……方面，大力增加财政投入
增加对……的财政和贷款支持
依靠……技术，解决……问题

7. 加强监管，全面落实

句式举例如下：

加强社会监督（群众监督），设立举报热线（举报信箱）

媒体监督（舆论监督）

领导（上级）监管

建立完善系统严格的评价、考核的指标体系

加大整顿力度

违法必究，执法必严：严厉查处和惩处责任人

发现问题及时纠正，对顶风违纪的行为从严查处，绝不姑息

有权必有责，用权受监督，违法要追究（强调制权）

8. 总结反思，借鉴经验

句式举例如下：

总结……的经验教训

借鉴国内外的各种先进经验

这里提出的“万能八条”体现了矛盾的普遍性，但是我们绝不能忽视矛盾的特殊性，在提出对策时要把辩证思维和发散性思维相结合，具体问题具体分析，针对不同的社会问题灵活地提出解决问题的各种策略，做到有的放矢。

“万能八条”中提到的八点内容，能用则用，没有必要面面俱到。

【例文 1】

谈谈我国的安全生产问题（节选）

李毅中

一、把安全发展的科学理念纳入社会主义现代化建设的总体战略，纳入“十一五”经济社会发展规划中。（高度重视，提高认识的经典应用）

二、贯彻党的安全生产方针，必须坚持标本兼治，重在治本。在采取断然措施遏制重特大事故的同时，探寻和采取治本之策。综合运用经济手段、法律手段和必要的行政手段，解决影响制约安全生产的历史性、深层次问题，建立安全生产长效机制。（健全政策法规，完善体制经典应用）

三、加强安全法制建设，实施依法治安，建立规范完善的法治秩序。必须严刑厉法，重典治乱。在全国人民代表大会常务委员会法制工作委员会等部门推动下，《中华人民共和国刑法》《中华人民共和国矿山安全法》《中华人民共和国煤炭法》等相关法律的修改以及司法解释工作正在推进。必须在法律的贯彻执行上动真从严。继续下决心解决“执法不严、工作不实”问题。纠正和惩处非法违法行为，维

护人民的利益、法律的尊严和政府的权威。不仅要严惩事故直接责任者，查处失职渎职行为，还要严肃查处事故背后的权钱交易、官商勾结等腐败行为。中纪委、高检、高法等部门将联合对近两年事故的查处落实情况进行督查。必须建立党委和政府统一领导、政府职能部门和公检法、纪检监察机关等共同参与的联合执法机制，有效打击非法违法行为。必须健全安全生产法律法规体系。把建立健全完善安全技术标准，作为安全生产法制建设的重要一环来抓。（健全政策法规，完善体制；加强监管，全面落实；组织协调，形成机制的经典应用）

四、落实两个主体、两个责任制，纳入政绩、业绩考核。政府是安全生产的监管主体，企业是安全生产的责任主体。党对安全生产工作的领导，主要体现在大政方针、法制建设、工作格局、运行机制、舆论导向、政治保证等方面。很重要的一条，就是明确支持两个责任制的落实，纳入政绩业绩，作为评价使用干部的重要依据。（加强监管，全面落实的经典应用）

五、实施科技兴国战略，用科技创新引领和支撑安全发展。（依靠科技的经典应用）

六、强化经济政策导向作用，增加安全投入。建立多元化的安全生产投入机制。除了落实好国家扶持资金外，主要依靠企业增加投入，提足、用好安全费、维简费、折旧费；地方政府也应投入相应配套资金。（增加投入的经典应用）

七、加强安全文化建设，提高全民安全素质，加强社会监督。实施“全民安全素质工程”。宣传普及安全法律和安全知识。提高全民安全意识，动员全党、全社会更加重视和支持安全生产工作。强制性进行安全培训和教育。特别要加强对农民工就业技能培训。加强对安全生产的舆论监督和社会监督。充分发挥工会等群众团体的作用，保障劳动者安全健康权益。将安全生产纳入“平安建设”，使各具特色的安全文化进社区、进工厂、进农村、进课堂、进家庭，构建和谐社会。（加强宣传，营造氛围；教育培训，提高素质；加强监管，全面落实的经典应用）

（安全监管总局网站）

【例文2】

高度重视加强领导　加快建设节约型社会（节选）

——温家宝在全国建设节约型社会电视电话会议上的讲话

一、抓紧制定和实施建设节约型社会的保障措施，全面推进资源节约，加快建设节约型社会，必须采取综合措施，形成长效机制，建立强有力的保障和支撑体系。

第一，加强宏观指导和规划，建立节约型国民经济体系。（健全政策法规、完善体制的经典应用）

第二，依靠科技进步和创新，构建节约资源的技术支撑体系。（依靠科技的经典应用）

第三，深化改革，建立节约资源的体制机制和政策体系。（形成机制的经典应用）

第四，强化监督管理，坚决制止一切浪费资源的行为。要建立健全各项规章制度，采取切实有效的措施，坚持科学管理和严格管理。（加强监管、全面落实的经典应用）

第五，加强法制建设，完善节约资源的法律法规体系。特别要加大资源保护和节约的执法力度，严肃查处各种破坏和浪费资源的违法违规行为。（健全政策法规；加强监管的经典应用）

二、切实加强领导，务求节约型社会建设取得实效。

第一，高度重视，明确责任。各地方、各部门、各单位要进一步提高对加快建设节约型社会的认识，切实把这项工作作为一件大事，放在重要议事日程。（领导重视，提高认识的经典应用）

第二，加强协调，密切配合。国务院各有关部门都要认真履行职能，按照职责分工，围绕做好建设节约型社会近期重点工作，尽快制定具体政策措施，指导各地方、各方面节约资源工作。要加强协调配合，形成工作合力。（组织协调的经典应用）

第三，政府带头，做好表率。政府带头节约资源，既是建设节约型社会的重点任务，又是加强政府自身建设的重要内容。要加大建设节约型政府的工作力度。严禁滥用公款消费，杜绝办公浪费，实行“阳光”采购。（教育培训，提高素质的经典应用）

第四，加强宣传，营造氛围。建设节约型社会是全社会的共同责任，需要动员全社会的力量积极参与。要在全社会树立节约意识、建设节约文化、倡导节约文明，教育每个公民过文明健康科学的生活，形成“节约光荣、浪费可耻”的社会风尚。（加强宣传，营造氛围；教育培训，提高素质的经典应用）

第五，狠抓落实，注重实效。（全面落实的经典应用）

（http://finance.people.com.cn/GB/1038/4600996.htlm.）

思 考 题

一、填空题

1. 实用文是指用________如实反映生活，并直接为工作以及社会生活服务的各类文章的______。

2. 实用文发展经历了_______、________、________三个发展阶段。

3. 1951年，中央人民政府政务院召开了全国秘书长会议，研究并通过了《__________》；这次会议，为中国实用文中的新公文体式奠定了基础。

4. 消息是______中最常见的一种体裁。

5. 求职信是指_______向用人单位谋求职位的一种_______书信。

6. 通知一般由_______、_______和_______三部分组成。

7. 从_______、_______、_______等角度可划分出不同类型的总结。

8. 申论的两个特性是______________________、___________________。

二、判断题（正确的在括号内打✓，错误的打×）

1. 求职信的作用是向用人单位介绍、推销自己。（　　）
2. 贺词是祝贺喜庆之事的一类应用文。（　　）
3. 计划有专用固定的格式。（　　）
4. 请示是平级相互往来的公文文种。（　　）

三、名词解释题

1. 实用文
2. 通讯
3. 请示
4. 计划
5. 总结
6. 感谢信
7. 申论

四、问答题

1. 为什么说“文章的产生源于实用的需要”？谈谈你的看法。
2. 简述实用文的特性。
3. 消息有哪些特点？

4. 通讯有哪些种类？
5. 简述申论考试的内容与特点。
6. 应对申论考试的“万能八条”是什么？
7. 计划有哪些特点？

五、论述题

1. 实用文有哪些功用？
2. 谈谈实用文的构成要素。
3. 为什么说总结是“指导今后工作的事务性文书”？
4. 怎样理解申论考试中“阅读概括是基础”“原因分析是关键”“提出对策是核心”？
5. 请示和报告有哪些区别？

六、写作实践题

1. 新闻文体：写一篇消息（篇幅约100字）和一篇通讯（篇幅约1000字）。
2. 交际演说文体：写一封求职信（篇幅约2000字）。
3. 公务文书：写一份请示（篇幅约300字）和一则通知（篇幅约200字）。
4. 交际文书：写一封感谢信（篇幅约800字）。
5. 事务文书：写一份计划（篇幅约2000字）和一份总结（篇幅约2000字）。

参 考 文 献

北京大学中国文学史教研室，1962．两汉文学史参考资料[M]．北京：中华书局．
陈必祥，1986．古代散文文体概论[M]．郑州：河南人民出版社．
陈廷焯，1959．白雨斋词话[M]．杜维沫，校点．北京：人民文学出版社．
陈振鹏，章培恒，1997．古文鉴赏辞典（上下册）[M]．上海：上海辞书出版社．
程千帆，吴新雷，1991．两宋文学史[M]．上海：上海古籍出版社．
褚斌杰，1986．中国文学史纲要[M]．北京：北京大学出版社．
褚斌杰，1990．中国古代文体概论（增订本）[M]．北京：北京大学出版社．
丁帆，朱晓进，2007．中国现当代文学[M]．南京：南京大学出版社．
杜牧，1995．杜牧选集[M]．朱碧莲，选注．上海：上海古籍出版社．
傅璇琮，蒋寅，2005．中国古代文学通论[M]．沈阳：辽宁人民出版社．
葛晓音，2013．唐诗宋词十五讲[M]．北京：北京大学出版社．
谷颖，2013．现代实用文体写作[M]．6 版．北京：清华大学出版社．
郭兴良，周建忠，2009．中国古代文学作品（上）[M]．2 版．北京：高等教育出版社．
郭正忠，张白山，1996．宋代五大文豪[M]．上海：上海古籍出版社．
洪本健，1995．欧阳修资料汇编[M]．北京：中华书局．
姜光斗，1995．欧阳修散文精品选[M]．西安：陕西人民出版社．
蒋星煜，1990．元曲鉴赏辞典[M]．上海：上海辞书出版社．
金圣叹，1986．金圣叹批才子古文[M]．张国光，点校．武汉：湖北人民出版社．
李清照，2002．李清照集笺注[M]．徐培均，笺注．上海：上海古籍出版社．
刘金同，张寿贤，2004．应用文写作教程[M]．3 版．北京：清华大学出版社．
刘禹锡，1989．刘禹锡集笺证[M]．瞿蜕园，笺证．上海：上海古籍出版社．
马茂元，1981．古诗十九首初探[M]．西安：陕西人民出版社．
马兴荣，1987．中国古代诗词曲词典[M]．南昌：江西教育出版社．
欧阳修，2001．欧阳修全集[M]．李逸安，点校．北京：中华书局．
彭定求，1979．全唐诗[M]．北京：中华书局．
彭少健，戈宝权．2010．外国诗歌鉴赏辞典[M]．上海：上海辞书出版社．
施旭升，2002．中国戏曲审美文化论[M]．北京：北京广播学院出版社．
苏轼，2002．东坡志林[M]．王松龄，点校．北京：中华书局．
孙昌武，1982．柳宗元传论[M]．北京：人民文学出版社．
唐圭璋，等，2003．唐宋词鉴赏辞典[M]．上海：上海辞书出版社．
唐浩明，2002．唐浩明评点曾国藩奏折[M]．长沙：岳麓书社．
童庆炳，1992．文学理论教程[M]．北京：高等教育出版社．
涂宗涛，1982．诗词曲格律纲要[M]．天津：天津人民出版社．
王季思，1990．全元戏曲[M]．北京：人民文学出版社．
王实甫，1948．《西厢记》笺证[M]．陈志宪，笺证．北京：中华书局．
王实甫，1986．金圣叹批本西厢记[M]．金圣叹，批改．张国光，校注．上海：上海古籍出版社．
王水照，2010．宋代散文选注[M]．上海：上海古籍出版社．
王文锦，2001．礼记译解[M]．北京：中华书局．
王兆鹏，宋克夫，2014．中国古代文学作品选[M]．武汉：武汉出版社．
温庭筠，1980．温飞卿诗集笺注[M]．曾益，等笺注．上海：上海古籍出版社．
吴楚材，吴调侯，1959．古文观止[M]．北京：中华书局．
吴庚舜，董乃斌，1995．唐代文学史[M]．北京：人民文学出版社．
吴功正，1987．古文鉴赏辞典[M]．南京：江苏文艺出版社．

吴小如，王运熙，1992．汉魏六朝诗鉴赏辞典[M]．上海：上海辞书出版社．
萧涤非，程千帆，1983．唐诗鉴赏辞典[M]．上海：上海辞书出版社．
萧统，1977．文选[M]．李善，注．北京：中华书局．
萧一山，2015．曾国藩[M]．南京：江苏人民出版社．
徐中玉，金启华，1999．中国古代文学作品选[M]．上海：华东师范大学出版社．
杨庆存，2002．宋代散文研究[M]．北京：人民文学出版社．
叶嘉莹，1997．唐宋词十七讲[M]．石家庄：河北教育出版社．
叶嘉莹，2006．唐宋名家词赏析[M]．天津：南开大学出版社．
叶嘉莹，2007．迦陵论诗丛稿[M]．北京：中华书局．
余冠英，1978．汉魏六朝诗选[M]．北京：人民文学出版社．
余国瑞，彭光芒，2002．实用写作[M]．北京：高等教育出版社．
俞平伯，1979．唐宋词选释[M]．北京：人民文学出版社．
袁行霈，1996．中国诗歌艺术研究（增订本）[M]．北京：北京大学出版社．
袁行霈，2014．中国文学史（全四卷）[M]．北京：高等教育出版社．
袁行霈，罗宗强，2005．中国文学史[M]．2 版．北京：高等教育出版社．
袁世硕，2002．中国古代文学作品选[M]．北京：人民文学出版社．
臧晋叔，1958．元曲选[M]．北京：中华书局．
张友鸾，顾肇仓，1979．关汉卿杂剧选[M]．北京：人民文学出版社．
张玉书，1991．外国抒情诗赏析辞典[M]．北京：北京师范大学出版社．
张璋，黄畬，1988．秦观词集[M]．郑州：中州古籍出版社．
中国社会科学院文学研究所，1981．唐宋词选[M]．北京：人民文学出版社．
周啸天，李伟译，2003．隋唐五代诗词鉴赏[M]．成都：四川人民出版社．
朱东润，1979．中国历代文学作品选[M]．上海：上海古籍出版社．
朱维之，赵醴，崔宝衡，等，2009．外国文学史（欧美卷）[M]．4 版．天津：南开大学出版社．